KB170383

유쾌하고 독한
쇼펜하우어

Original Title: "Der lachende Schopenhauer. Eine Blütenlese" by Ralph Wiener
Copyright ⓒ Militzke Verlag, Leipzig 1996
            ⓒ Militzke Verlag, Leipzig 2003
All Rights Reserved
Korean Translation copyright ⓒ 2006 by SIAA Publishing Co.

This Korean edition was published by arrangement with Militzke Verlag
through Literary Agency Y.R.J, Seoul, Korea

이 책의 한국어판 저작권은 유·리·장 에이전시를 통한 저작권자와의 독점 계약으로 시아출판사에 있습니다.
저작권법에 의해 한국 내에서 보호를 받는 저작물이므로 무단전재와 무단복제, 광전자매체 수록을 금합니다.

쇼펜하우어의 재발견

유쾌하고 독한
쇼펜하우어

랄프 비너 지음 / 최흥주 옮김

SIA 시아

낙관주의자 쇼펜하우어

"이 욕쟁이에 관해 책을 쓰려고?" 내 아내가 물었다. 그 후 온갖 만류에도 불구하고 내가 이 일을 시작하자 이제는 나의 큰아들이 나섰다. "칸트와 그의 '물자체物自體'에 관한 말로 시작하지는 마세요! 그러면 독자들이 모두 놀라 도망갈 거예요."

내가 이미 '사실은 임마누엘 칸트Immanuel Kant가 비관주의자이고 아르투어 쇼펜하우어Arthur Schopenhauer는 낙관주의자'라는 아주 멋지고 설득력 있는 설명을 한 후에 그들이 한 말이다. 나는, 칸트가 그의 『순수이성비판Kritik der reinen Vernunft』으로 사람들을 절망에 빠뜨린 반면 쇼펜하우어는 인식할 수 없다는 그 '물자체'를 우리 자신의 내면으로 옮겨 놓고 그것의 정체가 무의식적인 의지라고 밝힘으로써 사람들에게 다시 용기를 준다는 점을 증명했다고 생각했다. 또한 나는 가족들에게 생의 의지를 부인하라는 쇼펜하우어의 가르침은 일종의 구제 방법, 즉 쾨니히스베르크Königsberg의 철학자(임마누엘 칸트) 때문에 인류의 지성이 빠진 딜레마의 출구라는 부연 설명도 했다.

이미 말한 것처럼 나는 존경하는 청중들에게 이 모든 것을 자세히 설명했다. 그랬는데도 다름 아닌 아들이 "그런 것은 아무도 안 읽어요!"라고 말했으니……. 어찌하겠는가? 나는 서문 전체를 삭제하고 이 일의 핵심으로 관심을 돌렸다.

그것은 아르투어 쇼펜하우어가 그의 모든 저서에서 천성적으로 유머 있는 사람으로 나타난다는 사실이다. 우리로 하여금 미소를 짓게 만드는 그의 말은 수없이 많다. 또한 나는 50년 전 그의 저술들을 처음 접한 이후 문제를 다루는 그의 초연한 태도에 항상 감탄해 왔다. 정곡을 찌르는 익살, 이따금씩 나타나는 조소적인 비유와 노골적인 풍자. 이 모든 것은 세간에서 말하는 염세주의자와는 전혀 다른 그의 모습이다.

그의 철학에 대해서는 사람마다 입장이 다를 수 있다. 그의 가르침과 그의 삶 사이의 모순을 지적할 수도 있다. 철학자가 성인聖人은 아니지 않은가? 그의 정치적 오판은 1848년의 혁명에 대한 그의 태도 등을 통해 증명할 수도 있다. 또한 그를 '여성 혐오자'라고 부를 수도 있다.

그러나 한 가지만은 아무도 부인하지 못할 것이다. 철학자이자 문필가인 쇼펜하우어는 언어의 대가로서 모든 철학자들 가운데 가장 뛰어난 사람 중 한 명이라는 사실이다. 그는 마치 피아노를 치듯 언어를 사용한다. 그가 우리에게 가장 큰 인상을 남긴 것은 이상하게 들릴지 모르겠지만 그의 언어, 특히 그의 재치였다.

쇼펜하우어의 재치는 매우 독특하다. 그것은 그의 개성과 불가분의 관계에 있다. 그런데 그것이 그의 전 작품을 가득 채우고 있음에도 그것을 설명하는 학술 논문은 없다. 그의 주요 추종자들이었던, 프리드리히 니체와 쇼펜하우어 학회의 창립자이며 초대 회장이었던 파울 도이센Paul Deussen조차 쇼펜하우어의 그런 면을 이야기하지 않았다. 더욱이 대부분의 철학 서적들은 그러한 현상을 대개 '논제의 심각성에 배치되는' 것으로 매도한다. 철학과 재담이라니! 난센스라는 것이다.

쇼펜하우어 스스로가 그러한 태도의 잘못을 증명한다. 그는 이 주제에 관한 자신의 논문인 「웃음론」에서 뿐만 아니라 그의 저서 전반에서 유머라는 정신적 무기를 사용한다. 만약 사람들이 그를 세계 문학의 위대한 유머가로 분류한다면 그는 아마도 고개를 끄덕이며 미소를 지을 것이다. 왜냐하면 그의 『의지와 표상으로서의 세계Die Welt als Wille und Vorstellung』초판 서문의 한 구절이 웅변적으로 증명하듯, 그는 인생의 유쾌한 면에 탐닉하는 성향을 갖고 있었기 때문이다.

붙임성 없는 이 서문에까지 이른 독자는 현금을 주고 이 책을 샀으니 그 보상이 무엇이냐고 물을 것이다. 이제 내가 나의 변호를 위해 최소한 할 수 있는 것은, 책을 꼭 읽지 않고도 그 책을 다른 여러 가지 방법으로 사용할 수 있다는 점을 상기시키는 일이다. 이 책은 다른 많은 책들과 마찬가지로 서가書架의 빈자리를 채울 수 있다. 장정이 깔끔하기 때문에 분명히 멋지게 보일 것이다. 또는 학식 있는 여자 친구의 화장대나 차 테이블에 놓을 수도 있다. 또 마지막으로, 가장 좋은 방법이고 내가 특별히 권하는 것이지만, 이 책에 대해 평론을 할 수도 있다.

유머가 넘치는 많은 말들이 1818년 8월에 드레스덴Dresden에서 쓰인 이 구절의 뒤를 이었다. 이 책의 참된 목적은 그것들이 잊히지 않도록 하는 것이다. 그리고 누가 알겠는가? 이를 계기로 많은 독자들이 쇼펜하우어의 저작 전체를 읽으려고 할 수도 있다. 그렇게 될지 누가 알겠는가?

랄프 비너

온전히 진지해질 수 있는 사람일수록 더 유쾌하게 웃을 수 있다.

일러두기
1. 이 책의 외래어는 현행 외래어표기법을 적용하여 표기하였다.
2. 이 책의 본문은 저자의 글과 저자가 인용한 쇼펜하우어의 글을 구분하기 위해 각 부분의 색을 달리하여,
   저자의 글은 별색으로, 쇼펜하우어의 글은 검은색으로 처리하였다.
3. 본문에서 사용된 주석은 역자가 첨부하였으며, 저자의 주석은 별도로 표시하였다.
4. 본문과 부록에 나오는 도서, 희곡, 신문은 「 」로, 논문 등은 「 」와 〈 〉로 처리하였다.

목
차

1장

사람들은
자신의 무능력을
겸손으로 위장한다

무엇이 좋고 무엇이 나쁜지는 자신이 결정한다고
착각하는 비평가들이 있다.

스피노자^{Spinoza}는 1677년 2월 21일에 죽었다. 나는 1788년 2월 22일, 그러니까 그가 죽은 지 정확히 111년 후, 즉 100년 + 100의 1/10년 + 100의 1/10의 1/10년 후에 태어났다. 또한 그가 죽은 날짜에 1을 더하면 나의 생일이 된다. 피타고라스라면 '그것 참 이상하군'이라 말했을 것이다.

위대한 인물 중 자신의 생일을 이렇게 독특한 방법으로 해석한 사람은 쇼펜하우어 외에는 지금까지 없었다. 아닌 게 아니라 스피노자와 관련된 그의 이 숫자놀이는 매우 이상하다. 한편 피타고라스가 이에 대해 뭐라고 말했을지는 독자들의 상상에 맡긴다. 그러나 쇼펜하우어가 이런 수수께끼 같은 암시를 통해 자신과 스피노자의 특별한 관계를 부각시킨 데에는 그만의 이유가 있다. 즉 스피노자는 그의 위대한 정신적 형제였던 것이다.

사실 그들 사이에는 단 하나의 차이밖에 없었다. 그러나 그것은 중요한 차이였다. 그것은 자의식自意識, 더 구체적으로 말해 자부심의 표현에 관한 것이었다. 즉 그것이 쇼펜하우어에게는 극단적으로 두드러진 반면 스피노자에게는 전혀 나타나지 않았다. 광학 렌즈를 갈아 생계를 꾸렸던 스피노자는 오히려 어떤 명성도 거부하며 자신의 저술들이 익명으로 출판되도록 했다. 반면에 쇼펜하우어는 어떤 겸손함도 거부했고 자신의 가치를 확신했을 뿐 아니라 기회가 있을 때마다 그것을 분명하고 철저하게 강조했다. 그러면서 그는 다른 뛰어난 사람들도 그렇게 해왔다고 강변했다.

호라티우스, 루크레티우스, 오비디우스 등 거의 모든 고대인들은 자신을 자랑했다. 그것은 단테, 셰익스피어, 베이컨 등 다른 많은 사람들도 마찬가지였다. 위대한 정신을 가졌으면서도 그것을 조금도 자각하지 못할 수 있다는 주장은, 한심한 무능력자들이 자신의 하찮음에 대한 자각을 겸손이라 여기기 위해 믿는 난센스에 불과하다. 어떤 영국인은 장점merit과 겸손modesty은 첫 글자 외에는 공통점이 없다고 말했는데 이는 옳은 말이다. 겸손한 명사名士들은 그들이 실제로 자랑할 것이 없는 것이 아닌가라는 의심을 나에게 항상 불러일으켰다. 코르네유Corneille는 다음과 같이 단도직입적으로 말한다.

잘못된 겸손은 아무것도 믿을 수 없도록 만든다.

나는 나의 가치를 알기 때문에 사람들이 나에 대해 하는 말을 믿는다.

괴테^{Goethe}가 말했다. "사기꾼들이나 겸손하다." 그러나 더 확실한 것은, 그토록 열심히 다른 사람들에게 겸손을 요구하고 강요하며 끊임없이 '제발 겸손해라! 제발! 제발 겸손해라!'라고 외치는 자들은 틀림없이 사기꾼이며 공적이 전혀 없는 잡배^{雜輩}이자 자연의 대량 생산품이라는 주장일 것이다. 왜냐하면 공적이 있는 사람은 다른 사람의 공적도 인정할 줄 알기 때문이다. 물론 그것이 참된 진짜 공적일 경우에 말이다. 그러나 아무 장점도, 아무 공적도 없는 자들은 그런 것들이 세상에 아예 없기를 바란다. 그래서 그런 자들은 다른 사람들의 장점이나 공적을 보면 아주 약이 오르고 시기심으로 속이 시커멓게 탄다. 그들은 천부적인 장점을 가진 모든 사람들을 말살하며 절멸시키고 싶어 한다. 그러나 만일 하는 수 없이 그들을 살려두어야 한다면 무슨 수를 써서라도 그들이 자신들의 장점을 감추고 완전히 부인하며 더 나아가 그것을 버리도록 하고 싶어 한다. 이것이 바로 겸손에 대한 그 귀 따가운 찬사의 근원이다. 그러므로 만일 그런 겸손의 찬미자들이 공적을 싹부터 제거하거나 또는 그것이 나타나거나 알려지지 않도록 할 수 있는 기회를 잡을 경우 그렇게 할 것은 불 보듯 뻔하다. 왜냐하면 이는 자신들의 이론에 대한 실천이기 때문이다.

그는 겸손한 사람들을 노골적으로 경멸한다.

겸손이란 시기로 가득 찬 이 세상에서 자신이 가진 장점과 공적에 대해 그런 것들을 갖고 있지 못한 사람들의 용서를 구걸하기 위한 거짓 굴종에 불과하다. 왜냐하면 정말로 아무 장점도 공적도 없는 사람이 그런 것을 갖고 있는 체하지 않는다면 그는 겸손한 것이 아니라 다만 솔직할 뿐이기 때문이다.

1847년, 그는 1813년에 쓴 박사학위 논문의 제2판을 준비하면서 서문에서 두 판본 사이에는 중요한 차이가 있다고 이야기한다.

왜냐하면 철학을 하는 모든 사람들의 관심은 진리일 수밖에 없으므로 그들은 진리에 공헌하는 사람을 환영할 것이라고 마음속 깊이 진심으로 믿을 만큼 아직 순진하기 짝이 없었기 때문에, 자신의 주제를 격의 없이 토로하는 젊은이의 부드럽고 겸손한 어조와, 하지만 결국 자신이 어떤 귀하신 장사치들과 비굴한 아첨배들의 소굴에 빠지게 되었는지 깨달을 수밖에 없었던 늙은이의 단호하고 때로는 퉁명스럽기까지 한 목소리 사이에는 분명히 큰 차이가 있기 때문이다. 그러므로 이제 이 노인이 때때로 치밀어 오르는 분노를 쏟아내더라도 독자들께서는 너그러이 이해하시라! 왜냐하면 입으로는 진리를 외치면서 눈으로는 항상 최고 상전들의 눈치만 살필 때, 다른 편에서는 '신은 아무 나무로나 깎아 만들 수 있다'라는 말을 철학자들에게까지 적용하여 헤겔Hegel 같은 형편없는 야바위꾼을 거리낌 없이 위대한 철학자로 둔갑시킬 때 어떤 일이 벌어지는지는 결국 결과가 말해 주지 않았는가? 즉 독일 철학은 푼돈을 받으며 거리를 헤매는 헐벗은 여인처럼 경멸을 받는 채 외국의 비웃음거리가 되었고, 정직한 학문들로부터 추방당한 처지가 되었다. 또한 지금 세대의 학자들은 헤겔파의 난센스로 머리가 곯아 버렸다. 사고 능력도 없고 무지하며 멍해진 이들은 바실리스크의 알에서 기어 나온 천박한 유물론의 먹이가 되고 있다. 자, 그럼 행운을 빌며 나는 다시 내 일로 돌아가련다.

한편 그는 다른 곳에서 단순히 명성 자체가 중요한 것은 아니라고 말한다.

중요한 것은 명성이 아니라 명성을 가져다준 업적이다. 또 진정한 기쁨은 불멸의 아이를 낳는 일이다. 그러므로 죽은 후에는 명성을 얻어도 그 사실을 알 수 없기 때문에 사후의 명성은 쓸데없다고 주장하는 사람은, 이웃집 안마당에 쌓여 있는 한 무더기의 굴 껍질을 보며 부러워하는 사람에게 제 딴에는 매우 현명하답시고 그것들이 전혀 쓸모없다는 것을 증명하려는 잘난 체하는 사람과 같다.

그러나 쇼펜하우어는 명성을 얻든 못 얻든 진리는 자기편이라는 것을 철석같이 믿었다.

그동안 나는 진리와 한번 씨름하련다. 왜냐하면 내가 겪는 것을 그것도 같이 겪을 것이기 때문이다.

이에 대해 다른 사람들이 뭐라 하든 그는 전혀 개의치 않는다.

세상이 바보들로 가득하기 때문에 현자도 있는 것이다.

그는 칸트의 비판에도 불구하고 신의 존재에 대한 우주론적 증명, 즉 빅뱅을 신의 활동의 증거로 보는 논리를 계속 고집하는 철학교수들 역시 바보라고 생각했다.

이 신사 분들은 감히 나에게 물질 자체가 무에서 생겨났다고 말하려는 것인가? 아래에는 그들에게 줄 필연적인 결론들이 준비되어 있다.

그는 자신을 과시하지 말라는 요구를 단호하게 거부한다.

생각해 보면 겸손의 미덕은 소인배들을 위한 굉장한 발명이다. 왜냐하면 그것은 모든 사람들에게 소인배를 자처하라고 말하기 때문이다. 이는 모든 것을 절묘하게 평준화시킨다. 즉 이렇게 되면 온통 소인배들만 있는 것처럼 보이게 된다.

그는 항상 자기 자랑만 늘어놓는다는 비난을 일관되게 일축한다.

나는 이것을 끊임없이 되풀이하지 않을 수 없다. 왜냐하면 그 많은 대 사상가들의 한결같은 가르침을 완전히 무시하고 치마폭에서 배운 자신들의 철학에 따라 정반대의 것을 주장하는 무지한 자들과 어리석은 자들이 있기 때문이다. 더구나 나는 철학교수도 아니므로 다른 사람들의 무지 앞에 절을 할 필요도 없다.

그는 대부분의 동시대인들을 경멸과 조롱만을 받아 마땅한 자들로 간주했다.

내가 이 두꺼비, 독사 새끼들을 나와 같은 사람이라고 보는 환상에서 벗어날 수만 있다면 정말 좋으련만! 그러면 많은 도움이 될 텐데!

그는 때로 거창한 비유를 든다.

사람들 사이에서 나의 심정은 거의 항상, 항상 잠만 자고 있는 제자들을 부르는 나사렛 예수의 심정이다.

다음의 묘사는 그의 독특한 세계관을 잘 보여준다.

학계라는 말은 자주 한다. 그러나 천재계天才界 얘기는 하지 않는다. 이곳에서 일어나는 일은 다음과 같다. 한 거인이 몇 세기의 적막을 뚫고 다른 거인에게 외친다. 그러면 그 밑을 기어 다니는

페리 아를레(Ferry Ahrlé)의 스케치

난쟁이들은 그것을 어떤 지속적인 울림으로밖에 듣지 못하고 무
엇인가 진행되고 있다는 것 외에는 이해하지 못한다. 한편 밑에
있는 이 난쟁이들은 끊임없이 광대 짓을 하며 시끄럽게 떠들고 거
인들이 떨어뜨린 것을 질질 끌고 다니면서 저희 중 어떤 난쟁이들
을 반신半神이라고 선포하는 등의 짓을 한다. 그러나 거인들은 그
것에 신경 쓰지 않고 자기들끼리의 천재들의 대화를 계속한다.

　아직도 이 비유를 이해하지 못하는 사람은 다음을 보라.

　부처와 에크하르트Eckhard 그리고 나는 본질적으로 동일한 것을
가르친다. 그러나 에크하르트가 기독교 신화의 굴레를 쓰고 그렇
게 하는 반면 불교에서는 동일한 사상이 그런 신화에 의해 위축되

지 않고 나타난다. 그러나 불교의 단순성과 명료성은 종교가 가질 수 있는 명료성의 한계를 벗어나지 못한다. 반면 나의 철학에서는 그것이 전적으로 명료하게 나타난다.

그는 철학사에서 자신이 차지하는 위치를 다음과 같이 간단명료하게 표현한다.

칸트와 나 사이의 시기에는 어떤 철학도 없었고, 다만 대학에서 이루어진 야바위가 있었을 뿐이다. 그런 것들을 읽는 사람은 거기에 쓴 시간을 고스란히 허비하는 것이다.

그의 주저 제2판에는 다음과 같은 말이 있다.

나의 동시대인들은 다른 시대의 사람들과 마찬가지다. 어떻게 마찬가지라는 말인지는, 나와 같은 정신을 가진 사람이면 말을 안 해도 알 것이다. 그러나 그 밖의 사람들은 그것을 결코 깨닫지 못할 것이고, 또 인정하지도 않을 것이다……. 다만 나의 동시대인들은 내가 지금 자신들을 위해 글을 쓰고 있다고는 믿지 말아야 할 것이다. 우리는 서로 아무 상관도 없다. 서로 모르는 사이인 우리는 단지 서로를 스쳐 지날 뿐이다.

그가 좋아하는 시구 중에는 다음과 같은 것도 있다.

죽은 후에야 우리가 알아볼 수 있는 것이
이곳 지상에서의 위대한 사람들의 운명이다.

그는 또한 포이히터스레벤^{Feuchtersleben}의 다음과 같은 명시구도 종종 인용했다.

'도대체 하고 있는 것도 없고, 해놓은 것도 없다!'

그들은 주제넘게 이렇게 외친다.

한편 그사이 위대한 것이

조용히 자라고 있다.

이제 그것은 모습을 드러내지만 아무도 그것을 보지 않는다.

아무도 소란 속에 묻힌 그것의 소리를 듣지 못한다.

그것은 체념한 듯 슬픔에 잠겨

조용히 지나간다.

그는 시대 풍조에 따르는 모든 종류의 사람들과 자신 사이에는 적대 관계가 존재함을 분명히 선언한다.

살아 있는 동안에 사회로부터 감사 표시를 받고 싶어 하는 사람은 자신의 시대와 보조를 맞춰야 한다. 하지만 그래서는 결코 위대한 것이 나올 수 없다.

그러나 위대한 사람도 자부심에서 나오는 어떤 위안을 누릴 수 있다.

왜냐하면 우매한 사람들 사이에 살고 있는, 올바른 판단력을 가진 사람은 시계탑의 시계들이 모두 잘못 맞춰져 있는 어떤 도시에서 정확한 시계를 갖고 있는 사람과 같기 때문이다. 그 사람만이 정확한 시각을 알고 있다. 그러나 그것은 그에게 전혀 도움이 되지 않는다. 온 세상이 틀린 시계탑의 시계들에 따라 돌아가고 있기 때문이다. 심지어는 그의 시계만이 정확한 시각을 가리키고 있다는 것을 아는 사람들도 그렇게 한다.

이때에는 단 하나의 매우 구체적인 행동 지침밖에는 없다.

또한 어리석은 자들과 바보들을 상대로 자신의 지혜를 나타낼 수 있는 방법은 오직 하나뿐이라는 것을 깨닫게 될 것이다. 그것은 그들과 말하지 않는 것이다. 그러나 그렇게 하면 많은 사람들은 때때로 사회 속의 자신의 처지를 마치 마비된 사람들만 모인 무도회에 온 무용수같이 느끼긴 할 것이다. 도대체 누구와 춤을 춰야 한단 말인가?

그것은 분명 이른바 '보통 시민들'이 겪는 일은 아니다.

무엇보다도 바로 그 때문에 아주 평범한 사람들은 매우 사교적이며 어디서나 매우 쉽게 정말 좋은 친구들, 서로 마음이 맞고 듬직한 사람들을 만난다.

그러나 이 '듬직한 사람들' 축에는 끼지 않는 것이 좋다.

모든 소인배들은 딱하게도 사람들과 어울리는 것을 좋아한다. 반면 고결한 인간은 다른 사람들을 좋아할 수 없고, 그들과 어울리기보다는 점점 더 고독을 선호한다. 그리고 세월이 지날수록, 드문 예외를 제외하면 세상에는 오직 고독 아니면 상스러움의 양자택일밖에 없다는 사실을 깨닫게 된다.

어울리기 좋아하는 사람은 품성이 매우 의심스런 사람이다.

이 모든 것을 종합할 때 한 개인의 사교성은 대략 그의 지적 자질에 반비례한다고 볼 수 있다. 그러므로 '그는 매우 비사교적이다'라는 말은, '그는 높은 품격을 가진 사람이다'라는 말과 거의 동의어다.

그는 또다시 전적인 공감을 표하며 포이히터스레벤의 시구를 인용한다.

훌륭한 것을 인정하지 않으려고
사람들은 얼마나 발버둥 치는지!

그는 체념 조로 말한다.

현자들은 대체로 어느 시대에든 항상 같은 말을 했다. 그리고 어느 시대에든 항상 압도적인 다수를 차지하는 바보들은 항상 같은 것, 즉 현자들이 말한 것과 정반대의 것을 행했다. 그것은 앞으로도 마찬가지일 것이다.

그는 부당한 비판을 들으면 다음과 같은 괴테의 시에서 위안을 얻었다.

이렇게 우리 마구간의 스피츠는
우리를 계속 따라다니려 한다네.
그러나 그 개가 짖는 큰 소리는
우리가 말 타고 떠나감을 증명할 뿐이라네.

게다가 그는 비판을 대수롭지 않게 여겼다.

우리에게 가장 큰 기쁨을 주는 것은 경탄의 대상이 되는 것이다. 그러나 사람들은 당연히 경탄할 만한 것임에도 경탄에 매우 인색하다. 그러므로 가장 행복한 사람은 이유야 어찌됐든 진심으로 자기 자신에 대해 경탄하는 사람이다. 다른 사람들은 그저 그를 방해만 하지 않으면 되는 것이다.

특이한 점은, 거의 같은 시기에 러시아의 시인 푸시킨도 그의 『예브게니 오네긴Eugene Onegin』에서 같은 태도를 천명했다는 사실이다. 쇼펜하우어는 정곡을 찌르는 시구를 좋아했기 때문에, 만일 그가 테오도르 코미샤우Theodor Commichau의 번역을 읽었다면 분명히 그 구절을 인용했을 것이다. 그것은 쇼펜하우어의 생각과 비슷하기 때문에 여기서 부가적인 예증으로 인용한다.

그러므로 누구를 사랑하며 누구를 믿을 수 있겠는가?
믿을 만한 사람이 있는가?
한눈을 팔지 않고
우리의 잣대로 세계를 재는 사람,
등뒤에서 우리를 욕하지 않고
오히려 칭송하며 칭찬하고 변호하는 사람,
우리가 실수해도 너그럽게 이해하고
참는 사람이 있는가?
아니, 그와 같은 천사는
어디에도 없다. 그러므로 매우 존경하는 나의 독자여,
나는 여기서 당신에게
현명한 조언을 하고자 한다. 당신 자신을 사랑하라,
게다가 이 대상은 분명
당신에게 가장 사랑스러운 대상일 것이다.

푸시킨과 쇼펜하우어의 정신적 유사성은 현저하다. 또한 푸시킨을 계승한 러시아의 소설가 레오 톨스토이가 서재에 오직 쇼펜하우어의 초상화만 걸어놓고 "언젠가 생각을 바꾸게 될지는 모르지만, 나는 지금으로서는 쇼펜하우어가 가장 천재적인 인간이라고 생각한다."라고 말한 것도 의미 있는 일이다. 물론 쇼펜하우어가 그 사실을 알 수는 없었지만, 또 사실 그럴 필요도 없었을 것이다. 왜냐하면 그는 항상 자부심이 넘쳤기 때문이다.

사람들은 대개 자부심에 대해 비난과 비방을 퍼붓는다. 그러나 나는 그것이 주로 자랑할 것이 전혀 없는 자들이나 하는 짓이라고 생각한다. 자신에게 어떤 장점이든 있다면 그것이 완전히 잊히지 않도록 하기 위해 대부분의 사람들의 몰염치와 뻔뻔함에 맞서 그것을 스스로 소중히 지키는 것이 매우 중요하다. 왜냐하면 다른 사람들을 생각해서 자신의 장점을 무시한 채 그들과 똑같은 사람인 양 어울리면 그들은 즉시 진심으로 당신을 자신들과 똑같은 사람으로 여길 것이기 때문이다.

그러나 그는 그와 같은 동시대인들이 전혀 없어도 안 된다고 빈정댄다.

심지어는 오랜 세월이 지난 후에도 우리는 적들과 반대자들의 죽음을 친구의 죽음만큼이나 슬퍼하게 될 수도 있다. 즉 우리는 그들이 우리의 빛나는 성공을 보지 못하게 된 것을 아쉬워할 수 있는 것이다.

그는 또 다른 방식으로도 그들을 필요로 한다.

나는 때때로 아이들이 인형과 말하듯 사람들과 말한다. 아이들은 인형이 자기 말을 이해하지 못한다는 것을 알면서도 기꺼이 자신을 속임으로써 전달의 기쁨을 얻는다.

그는 이 주제를 우화로도 표현한다.

새끼 고양이들은 종이 공을 던져주면 굴리고 덤벼들고 앞발로 움직이면서 논다. 왜냐하면 새끼 고양이들은 그것을 자신들과 비슷한 것, 살아 있는 것으로 여기기 때문이다. 그러나 그놈들이 크면 이런 착각도 사라진다. 그놈들은 더는 그런 공들을 갖고 놀지 않는다. 왜냐하면 그런 것은 자신들과 같은 종류가 아니라는 것을 깨닫기 때문이다. 그래서 고양이들은 그것들을 내버려 둔다. 이 비유를 이해하지 못하는 사람은 아테네의 티몬*에게 가서 물어보라.

그는 심지어 괴테에게도 그의 『색채론』과 관련하여 훈계조로 말하려 했기 때문에, 괴테는 다음의 경구로 그에게 일침을 가했다. "학생이 금세 선생이 되는 것이 아니라면 아직은 선생이 지우는 짐을 달게 지고 있으라."

쇼펜하우어는 괴테에게 보낸 1815년 9월 3일자의 편지에서 올림포스의 신과 같은 존재였던 괴테를 다시 한 번 내려다보며 말한다.

나는 당신이 문학 활동은 항상 부차적인 것으로, 실제의 삶은 가장 중요한 것으로 여겼다는 사실을 당신에게 직접 들어 알고 있습니다. 그러나 나는 정반대입니다. 내게는 나의 생각, 나의 글이 가치 있고 중

---

* 전설적인 인간 혐오가.

요합니다. 반면 내가 개인적으로 경험하는 것들, 내게 생기는 일들은 내겐 부차적인 것일뿐더러 더 나아가 비웃음거리에 불과합니다.

후에 그는 자신의 저술에서 이 주제를 끊임없이 거론한다.

영예, 지위, 호사豪奢, 칭호, 명예 등 바깥으로는 얻고 안으로는 잃는 것을 위해 평안, 여유 그리고 독립성을 전부 또는 대부분 희생하는 것은 매우 어리석은 짓이다. 그러나 괴테는 그렇게 했다. 반면에 나의 수호신은 단호히 나를 다른 편으로 이끌었다.

그는 어차피 그런 일에 대해서는 크게 흥분할 필요가 없다고 주장한다.

각 시대의 천재들이 자신들의 동시대인들에 대해 한 한탄들을 읽어보라. 그것들 모두는 마치 오늘날에 쓰인 것처럼 보인다. 이는 인류가 전혀 변하지 않았기 때문이다.

그는 예외처럼 보이는 것도 사실은 그렇지 않다고 말한다.

가장 저속한 자들조차도 자신들의 약점을 들키지 않으려고 인정받는 대작들의 권위를 존중한다. 그러나 그들은 속으로는 사람들의 웃음거리가 되지 않고도 그것들에 대해 혹평을 할 수 있는 분위기가 조성되면 항상 그렇게 할 준비가 되어 있다. 그래서 그들은 그런 기회가 주어지면 한 번도 자신들의 구미에 맞은 적이 없고 바로 그 때문에 자신들에게 모욕감을 주었던 모든 위대한 것, 아름다운 것 및 그것들을 만든 사람들에 대해 오랫동안 억눌렀던 증오를 기쁘게 토해 버린다.

이것은 다음의 인식과 전적으로 일치한다.

참되고 진실된 것은 그런 것을 만들 수 없는 자들이 그런 것이 생겨나지 않도록 작당을 하지만 않는다면 세상에 더 쉽게 퍼질 수 있을 것이다. 이런 작당 때문에 세상에 유익을 줄 많은 것들이 질식해 죽지는 않았더라도 저해를 받거나 지연되었다. 나는 이 책의 초판이 내가 겨우 30세였을 때 출판된 반면 이 3판은 내 나이 72세가 되어서야 비로소 나오게 된 것도 바로 그 때문이라고 생각한다. 그러나 이와 관련하여 페트라르카의 다음과 같은 말은 나에게 위안을 준다. "종일 달렸어도 저녁에 도착했다면 그것으로 족하지 아니한가?" 왜냐하면 나도 결국 도착했고, 또한 내 인생의 종착지에서 나의 활동이 영향력을 발휘하기 시작하는 것을 볼 수 있는 즐거움을 누리고 있기 때문이다. 나는 그것이 옛 격언처럼 늦게 시작된 만큼이나 오래 지속되기를 바랄 뿐이다.

그는 진솔하게 다음과 같이 밝힌다.

훗날 사람들이 나에 대해 "그는 칸트가 낸 수수께끼를 푼 사람이다."라고 말한다면 그것은 나에게 최고의 찬사가 될 것이다.

칸트에 대한 쇼펜하우어의 입장을 의미심장한 맥락에서 보여주는 그의 「칸트 철학 비판」에 나오는 다음 구절은 위의 말을 이해하는 데 도움을 줄 것이다.

그러나 내가 나중에 칸트의 주저主著를 이미 희귀본이 되어버린 판본으로 읽었을 때, 참으로 기쁘게도 그 모든 모순들은 사라져버렸다. 즉 나는 칸트가 비록 '주관 없는 객관은 없다'라는 표현을 사용하지는 않지만 버클리Berkeley나 나만큼이나 단호하게, 시공時空 속에 존재하는 감각계는 그것을 인식하는 주관의 단순한 표상에 불과하다고 선언하는 것을 발견한 것이다. 그가 예를 들어 그 책의 383쪽에서 스스럼없이 다음과 같이 말하는 것도 그 같은 맥락에서다. "만일 사고 주관의 존재를 부인하면 모든 감각계도 사라진다. 왜냐하면 그것은 우리의 주관이 감각적으로 나타난 것 또는 우리의 주관의 일종의 표상일 뿐이기 때문이다." 그러나 칸트는 자신의 분명한 관념론적 입장을 매우 아름답고 명료하게 표현한 348쪽에서 392쪽까지의 글 전체를 2판에서는 삭제하고, 대신 그에 모순되는 많은 문구들을 삽입했다. 이로써 1787년에서 1838년까지 유통된 『순수이성비판』은 훼손되고 망가져 자가당착적인, 그래서 아무도 그 뜻을 완전히 그리고 분명하게 이해할 수 없는 그런 책이 되어버렸다.

나는 이에 대한 자세한 내용과 칸트가 자신의 불후의 명작을 그렇게 훼손하게 된 이유, 그의 쇠약에 대한 나의 추측을 로젠크란츠^{Rosenkranz} 교수님께 보내는 편지 속에 밝혀 놓았다. 로젠크란츠 교수님은 자신이 발행한 신판 칸트 전집의 제2권 서문에 그 편지의 주요 구절을 삽입했으므로, 나는 여기서 그것을 참조하도록 권하는 바이다. 즉 로젠크란츠 교수님은 나의 설명을 듣고 1838년, 『순수이성비판』을 그 원형대로 복원키로 결정하고 제2권을 1781년의 초판 내용대로 인쇄토록 했다. 그의 이 일은 철학에 대한 엄청난 공헌이며, 더 나아가 독일 역사에서 가장 중요한 이 저술을 어쩌면 파멸에서 구한 것인지도 모른다. 우리는 그의 이 공적을 결코 잊어서는 안 된다. 『순수이성비판』을 제2판 또는 그 이후의 판본으로 읽은 사람은 『순수이성비판』을 안다거나 칸트의 학설을 정확히 이해하고 있다고 착각하지 말라. 그것은 전혀 불가능하다. 왜냐하면 그런 사람은 훼손되고 망가진, 말하자면 가짜 원문을 읽었을 뿐이기 때문이다. 나의 의무는 그것을 이 자리에서 분명하게, 모든 사람들이 경각심을 갖도록 크게 말하는 것이다.

그는 도덕의 기초에 대한 자신의 현상 논문에서도 이 주제에 대해 언급한다. 그런데 이번에는 유머러스한 끝맺음을 하는 여유까지 보인다. 그는 칸트의 『도덕형이상학 원론Grundlegung zur Metaphysik der Sitten』과 관련하여 다음과 같이 쓴다.

이 책은 다른 어떤 책보다도 그의 윤리학의 기초, 즉 요체를 매우 체계적이고 간결하며 선명하게 담고 있다. 그 밖에도 이 책은 『순수이성비판』보다 4년 먼저 쓴 그의 최초의 윤리서이다. 그가 61세였음에도 불구하고 나이에 의한 부정적 영향이 그의 정신에 아직 나타나지 않은 시기의 작품이라는 중요한 장점도 갖고 있다. 반면 『실천이성비판』에서는 이미 그것이 명백하게 나타난다. 『실천이성비판』은 『순수이성비판』이 제2판에서 개작되기 1년 전인 1788년에 발간되었다. 그는 이 개작을 통해 자신의 그 불후의 주저를 망가뜨렸다고 볼 수밖에 없다. 로젠크란츠가 발행한 신판에는 이에 대한 분석이 실려 있다. 나는 이 문제를 직접 검토해 본 결과 그 분석에 동의할 수밖에 없었다. (그 분석은 내 자신이 쓴 것이지만, 나는 여기서는 익명으로 말하고 있다.)

이미 앞에서도 이 주석과 비슷한 유머가 언급된 바 있다.

쇼펜하우어는 칸트의 가르침을 무시하는 자들에 대해 한없이 분노한다.

만일 오늘날 독일의 사이비 철학자들이 감히 시간과 공간 및 인과율은 경험적 인식이라는 터무니없는 주장을 한다면, 즉 70년 전에 이미 제거되고 박살난, 그들의 할아버지 세대조차도 조롱했던 난센스를 이제 다시 유통시키려 한다면(지금 벌어지고 있는 그런 짓거리 뒤에는 어떤 저의가 숨어 있는데, 나는 그것을 이미 이야기한 적이 있다.) 그런 자들은 괴테와 실러의 2행 풍자시로 비난 받아 마땅하다.

한심한 경험주의 악당아! 너는 네 속의 어리석음조차도 모르는구나.
오! 그것은 선험적인 어리석음이로다.

나는 특히 운 나쁘게도 1854년에 출판된 에른스트 라인홀트^{Ernst} Reinhold의 『형이상학의 체계^{System der Metaphysik}』 제3판을 갖고 있는 사람들은 누구나 이 시구를 그 표지에 써넣도록 충고하는 바이다.
한편 그는 자신에 대한 계산된 침묵에도 불쾌해했다.
철학교수들이 이것을 자기들을 빗대어 한 말, 또한 자기들이 나의 작품에 대해 30년 넘게 구사해 온 전술을 빗대어 한 말이라고 생각한다면 그들은 제대로 본 것이다.
그는 1852년 10월 12일자 편지에서 프라우엔슈테트에게 다음과 같이 쓴다.

칸트와 나는 아무도 귀 기울이지 않는 멍청이들일 뿐입니다. 그것이 독일인들의 정직성이라는 것이지요.

또한 칸트의 영문 번역을 계획 중이던 그가 런던의 토머스 캠벨 Thomas Campbell에게 보낸 편지 중의 다음 구절도 특기할 만하다.

나는 내 스스로의 만족을 위해 이 일을 완수하려 하며, 이 계획을 추진하면서 칸트의 저술을 심지어는 독일어보다 더 이해하기 쉽게 영어로 옮길 수 있다는 희망을 갖고 있습니다. 왜냐하면 나는 천성적으로 명료성과 정확성에 마음을 쓰지만 칸트는, 말하는 김에 하는 말입니다만, 그렇지 않기 때문입니다.

그는 스코틀랜드의 철학자 데이비드 흄David Hume의 작품들에 대한 자신의 번역 구상에 대해 다음과 같이 말한다.

그러므로 내가 이 번역서를 펴내는 목적은 이 시대의 철학인들에게 이 책에서 가르침을 얻으라는 것이 아니라, 자기 자신의 위대성과 자신들이 도달한 높은 학문 수준을 이 책과도 다시 한 번 비교함으로써 확인해 보고 다음과 같은 기쁨을 누리라는 데 있을 뿐임을 밝히는 바이다.

한 현인賢人도 우리 앞에 있는 것을 보게 되기를 꿈꿨다.
우리가 결국 큰일을 해낸 것이다.

보았다시피 쇼펜하우어가 평생 동안 품어왔던 그의 자부심의 증거는 아주 많다. 그런데 그의 편지들 가운데 있는 다음의 몇몇 구절들은 이 자부심이 그의 독특한 유머와 얼마나 밀접하게 결합되어 나타나는지를 잘 보여준다.

1843년 5월 17일: 출판인 브로크하우스에게

존경하옵는 귀하께서는 거절하신다는 답변을 저에게 보내셨습니다. 그것은 저에게는 예상하지도 못한 충격적인 일이었습니다. 그럼에도 불구하고 저는 당신이 제시한 호의적인 제안들을 거절할 수밖에 없습니다. 저는 독자들에게 선물, 그것도 아주 귀한 선물을 하려고 했습니다. 그러나 제 자신의 돈을 쓰면서 선물을 받아 달라고 애걸할 생각은 없으며, 또 그렇게 하지도 않을 것입니다. 그것은 마치 자신에게 중요한 소식을 담은 편지를 저에게 받아야 할 사람이 저더러 그 편지에 우표까지 붙이라고 하는 것과 같습니다. 이 시대의 비루함은 익히 알고 있었지만, 그래도 헤겔의 난센스는 판版에 판을 거듭하고 100명의 둔재鈍才들은 자신들의 쓰레기 같은 철학적 잡담이 도서박람회 때마다 출간되므로 독자들에게서 돈을 벌어가면서 그런 짓을 하는 반면 저의 평생의 노고가 담긴 책을 위해서는 출판사가 인쇄비도 못 내놓겠다고 할 정도가 되었단 말입니까? 그런 것이라면 훗날 제가 쓴 모든 것을 반갑게 품에 안을 세대가 올 때까지 저의 저작들을 출판하지 않겠습니다. 그런 세대는 꼭 올 것입니다…….

만일 당신이 여기에 계시다면 저는 약 36페이지 분량의 성애性愛의 형이상학을 당신에게 읽어드릴 수 있을 텐데요. 물론 저의 집 안에서 말입니다. 왜냐하면 그것은 완전히 새로운 내용이기에 그것을 조금이라도 바깥으로 유출시키고 싶지 않기 때문입니다. 그것을 들으시면 당신도 틀림없이 생각을 바꾸실 것입니다…….

이번 겨울에 저는 당신이 발행하는 대중신문에서 괴테가『이피게니에Iphigenie』와 『에그몬트Egmont』가 잘 팔리지 않는 것에 대해 불편한 심기를 드러냈으며『빌헬름 마이스터Wilhelm Meister』는 전혀 팔리지 않았다는 기사를 읽었습니다. 그런데 일간지『기관차Lokomotive』는 매일 8,000부씩 팔립니다. 이것을 보면 물건의 매상과 가치 사이에는 어떤 상관관계가 있는지 분명히 알 수 있지 않습니까?

1858년 8월 8일:

이젠 저의 전집을 펴낼 때도 된 것 같습니다. 전집에서는 저의 저술들이 매우 긴밀하게 상호연관성을 보일 것이므로, 저를 제대로 이해하기 위해서는 저의 모든 글을 한 줄도 빠짐없이 읽어야 한다고 이미 오래전에 선언한 적이 있는 저로서는 더욱더 그런 생각이 듭니다.

1844년 12월 10일: 요한 아우구스트 베커Johann August Becker에게

즉 궁극적인 열쇠는 여기에만 있습니다. 더욱이 제2권 461쪽에는 저를 이해하기 위해서는 제가 쓴 모든 글을 한 줄도 빠짐없이 읽어야 한다고 각별히 강조되어 있습니다. 저는 도매로만 장사하지 소매로는 않습니다.

1849년 7월 20일:

저에게는 젊은 숭배자들도 있습니다. 지난가을에는 에버슈타인Eberstein이라는 젊은 남작이 찾아왔더군요. 스물한 살이라고 합니다. 그런 젊은이가 늙은이를 찾아오는 것은 대단한 일 아닙니까? 글쎄, 저

를 만나고 싶다는 거예요.

1848년 7월 11일: 율리우스 프라우엔슈테트에게

저의 저술들이 그토록 알려져 있지 않은 것은 아니라는 그 대[★] 헤겔주의자의 말은 전적으로 옳습니다. 즉 철학교수들의 집에서는 말이지요. 그들은 그것들을 집에 두고 마치 병 속의 만다라화曼陀羅華나 마술사가 병 속에 갇힌 요마妖魔 아스모데우스Asmodäus를 보듯 말합니다. "네가 밖으로 나오면 나를 잡아가겠지?"

1849년 3월 2일:

제가 아는 한, 저의 논문 제2판에 대해 비평을 게재한 곳은 한 군데도 없습니다. 그 신사 분들은 입 다물고 가만히 있는 것이 자기들이 구사할 수 있는 유일한 전술이라는 사실을 아는 거죠. 그래서 그들은 탈레랑Talleyrand이 말하는 완벽한 외교관같이 행동합니다. 즉 엉덩이를 걷어차여도 표정 하나 바꾸지 않는 거죠.

1850년 9월 30일:

저는 그 사람은 많은 돈을 벌게 되리라 봅니다. 왜냐하면 많은 것, 특히 제1권의 거의 반을 차지하는 처세술에 대한 경구는 매우 대중적이기 때문입니다. 그러나 시류 탓으로 그런 책을 펴내려는 출판사는 찾기가 매우 어렵습니다. 아직도 사람들의 관심은 온통 정치에만 쏠려 있으니까요……. 천둥 같은 목소리로 하인Hayn에게 계약 조건을 읽어주십시오. 저는 거기서 물러서지 않을 것입니다. 6년 동안 매일 작업하여(이른 아침의 첫 두 시간씩) 이 작품을 얻었고 이를 준비하는 데 저의 인생의 30년 이상이 걸린 것에 비추어 보면 저의 요구는 정말 작은 것입니다. 이런 주제는 금방 해치울 수 있는 쉬운 것이 아닙니다. 독일 문헌 중 나의 『의지와 표상으로서의 세계』 제2권처럼 어디를 펴든지 사람들이 단번에 소화할 수 없을 정도로 많은 양의 사상을 담고 있는 책이 또 어디에 있습니까? (아이고, 이 늙은이. 허풍떨지 마!)

1853년 10월 15일:

친애하는 사도使徒여! 저의 모습을 담은 화보가 통속신문에 나오도록 주선하실 생각은 아예 마십시오. 당치도 않습니다. 저의 모습이 가십이나 읽는 한가한 천민들의 심심풀이로 이용되는 것을 용납할 수 없습니다. 게다가 저서들을 배경으로 한 초상화는 저자 사후에나 어울리는 물건입니다. 제가 아는 한 위대한 저술가로서 살아 있는 동안에 그런 행동을 한 사람은 없습니다. 그것은 허영심 많은 건달들이나 하는 짓입니다. 예를 들면 『색채론』에 대한 자신의 형편없는 짜깁기 책 앞에 선 도브Dove처럼 말입니다. 다음과 같은 옛 격언시도 있지 않습니까?

너희의 생김새에 관해서는
단지 정확한 그림 한 점만 후세에 남기라.
작가들아, 사람들이 너희의 책을 읽지 않은 지 이미 오래면
그들은 기꺼이 그 그림 속의 너희 모습을 기뻐하리라.

1859년 3월 9일: 데이비드 아셔David Asher에게

저는 방금 저의 모든 저서들을 빠짐없이 적시한 주문이 바타비아[*]
에서 베어Beer 서점으로 왔다는 소식을 들었습니다. 드디어 아시아에서
말이죠!

1860년 8월 18일:

보헤미아에는 스스로 말하기를, 매일 저의 초상화를 새 화환으로 장
식하신다는 남자 한 분이 계십니다!

쇼펜하우어는 분명히 이런 말들을 자신의 소명을 확인시켜 주
는 증거라고 여겼을 것이다.

참되고 진지한 철학은 칸트가 그것을 놓아둔 자리에 아직도 그
대로 있다는 깨달음이 보편화되기 시작했다. 적어도 나는 그와 나
사이의 시기에 철학에서 어떤 일이든 일어난 적이 있다는 것을 인
정할 수 없다. 내가 그를 나의 논의의 직접적인 출발점으로 삼는
것도 그 때문이다.

그는 자신의 가르침이 세계의 대*종교들과 합치된다고 강조
한다.

이 때문에 나는 나의 윤리학이 베다 경전의 우파니샤드 및 세계
종교인 불교와 합치되며, 심지어는 고대의 참된 기독교와도 모순

---

[*] 바타비아(Batavia)는 네덜란드의 라틴명이면서 동시에 인도네시아의 수도 자카르타의 옛
이름이다.

쇼펜하우어가 바이마르에서 1809년에 지은 시

되지 않는다고 확신한다. 반면 나는 나를 이단으로 모는 다른 모든 중상에 대해서는 갑주와 세 겹의 철제흉갑으로 무장하고 있다.

그의 철학이 종교와 합치되는 까닭은, 우선 그 역시 내면에서 출발하여 존재의 수수께끼를 풀려 하기 때문이다.

외부에서 출발해서는 결코 사물의 본질에 이를 수 없다는 것이 벌써 여기서도 드러난다. 그런 식으로 해서는 어떻게 연구하든 이미지들과 이름들밖에는 얻을 수 없다. 그렇게 연구하는 사람은 마치 입구를 찾아 성 주위를 돌지만 찾지 못한 채 그저 성의 겉모습이나 스케치하고 있는 사람과 같다. 그러나 예전의 모든 철학자들은 이 길을 갔다.

한편 그는 다른 철학자들 사이의 논쟁에는 냉담했다.

페리 아를레의 스케치

이 시대의 철학 논쟁에는 끼어들고 싶은 생각이 전혀 없다. 그것은 길에서 서로 붙들고 싸우는 잡배들에게 가서 같이 치고받는 것과 같기 때문이다.

이는 다음과 같은 중요한 삶의 지혜와 일치한다.

어떤 사람의 의견도 반박하지 말라. 만일 그의 어리석은 생각들을 말로 다 고치려 한다면 므두셀라*의 나이가 될 때까지도 못할 것이다.

어차피 일반 대중들은 제시된 철학적 문제들에 특별한 관심이 없다는 것이 쇼펜하우어의 생각이었다.

———————

* 성경에 등장하는 인물 중 가장 장수한 사람.

많은 사람들은 철학자들을 자신들의 숙면을 방해하며 밤늦게 돌아다니는 자들로 여긴다.

그런데 쇼펜하우어는 진리를 억누르려는 철학교수들의 행태를 묘사하면서, 때로는 철학교수들조차 자신들의 숙면을 방해받고 싶어 하지 않는다는 것을 지적한다.

그러나 철학교수들은 이런 것에 아랑곳해서는 안 된다. 왜냐하면 그들의 정책이 이런 희생을 요구하기 때문이다. 이런 경우 그들의 지침은 다음과 같다. "진리야, 앉아! 우리는 더 높고 확실한 목적이 있단 말이야. 진리야, 네가 이미 이골이 나도록 해온 대로, '하나님의 더 큰 영광을 위해', 앉아! 네가 무슨 사례금이나 봉급을 주니? 앉아, 진리야 앉아! 착하지, 가서 구석에 쪼그리고 있어!"

그는 교수 양반들께서 자기를 싫어하는 이유를 설득력 있게 설명한다.

이 철학교수들은 이 문제를 달리 이해하며 주ヰ 하나님을 왕좌에 모시기 전에는 (마치 그가 자기들을 필요로 하기라도 한다는 듯이) 자신들의 빵을 명예롭게 먹을 수 없다고 착각한다. 이미 이것부터가 그들이 나의 일을 싫어할 수밖에 없었고, 또 나를 결코 자기들 편으로 여길 수 없는 이유다. 왜냐하면 실제로 나는 그런 일에 협력할 수 없을 뿐만 아니라, 그들처럼 미사 때마다 인자하신 하나님에 대한 최신 소식도 전할 수 없기 때문이다.

쇼펜하우어는 도덕에 관해서도 학식 있는 철학교수들로 이루어진 학파와 자신 사이에 분명한 선을 긋는다.

나는 도덕의 기초에 관한 내 논문에서 실천이성과 그 명령을 철저히 해부하여, 그 안에는 생명도 진리도 없었다는 점을 분명하고 확실하게 증명했다. 그래서 나는 누가 나의 논술을 논리적으로 반박하며 정직한 방법으로 정언명령定言命令을 복권시킬 수 있을까 자못 궁금했다. 그러나 철학교수들은 당황하지 않았다. 자신들의 윤리학에 기초를 놓기 위해서는 편리한 쾌도난마快刀亂麻의 해결책으로 '실천이성의 윤리규범' 및 '의지의 자유'가 반드시 필요함에도 말이다. 왜냐하면 그것들이야말로 그들의 '늙은 여편네 철학', '치마폭 철학'의 두 가지 최고 요체이기 때문이다. 이제 내가 그 둘을 모두 반증했지만 그들은 전혀 개의치 않는다. 즉 그들 사이에서는 그것들이 여전히 살아 있는 것이다. 이는 마치 때때로 정치적인 이유 때문에 이미 사망한 군주의 통치를 며칠 동안 더 지속시키는 것과 흡사하다. 그 두 가지의 뿌리 깊은 난센스에 대한 나의 가차 없는 파괴에 맞서 그 용감하신 양반들은 겨우 자신들의 그 오랜 전술만을 구사하고 있다. 침묵, 또 침묵, 아주 조용히 살금살금 지나가기, 아무 일도 없었던 체하기, 나 같은 사람이 말하는 것은 귀 기울여 볼 필요도 없다고 독자들이 생각하도록 말이다. 하긴 자기들은 정부부처에 의해, 반면 나는 겨우 천성天性에 의해 철학자로 임명되었으니까.

그는 흉내 낼 수 없는 어법으로 미래를 제시한다.

그러나 철학교수들은 이 진리뿐만 아니라 그 밖의 다른 크고 중요한 진리들, 즉 내가 내 평생의 과업과 직분으로 삼아 그것들을 글로 써서 인류의 영원한 재산이 되도록 하려 했던 그 진리들에 대해서도 전혀 주의를 기울이지 않았다. 왜냐하면 자신들의 입맛에 맞지 않았기 때문이다. 그것들은 모두 그들과는 맞지 않는다. 그것들은 신학을 만드는 데 쓰일 수도 없을뿐더러, 최고의 국가적 목적들을 위한 학생들의 적절한 조련 따위의 것은 아예 염두에도 두고 있지 않기 때문이다. 간단히 말해 그들은 나에게 아무것도 배우려 하지 않으며, 또 자기들이 나에게 배울 것이 얼마나 많은 지 깨닫지 못한다. 즉 그들의 자녀들, 손자들, 증손자들이 나에게 서 배우게 될 그 모든 것들을 보지 못하는 것이다.

그는 무신론자라는 비난에 대해 자기 나름의 방법으로 응수 한다.

철학으로 먹고사는 철학교수라는 사람이 다른 사람을 무신론자 라고 비난하는 것처럼 (완곡하게 표현하여) 체통 없는 짓이 있을까? 그런데도 이미 세 명의 교수들이 나에 대해 그런 비난을 했다. 그 신사 분들은 유신론의 기초는 세상에 오직 계시뿐임을 명심하고 무신론에 대한 험담은 좀 자제하는 것이 좋을 것이다. 왜냐하면 그렇지 않을 경우 우리가 자칫 그들과 싸우다 흥분하여 계시에 대 해 항상 갖춰야 할 예의를 잊게 될 수도 있기 때문이다.

교수는 공무원으로서 정부의 각 해당 부처에 소속되어 있기 때 문에, 쇼펜하우어는 그들이 대학교에서 철학을 가르치는 것을 몹 시 못마땅하게 생각했다.

철학을 위해 일어날 수 있는 가장 좋은 일은 철학과 관련된 모 든 교수직이 폐지되는 것이다. 그렇게 되면 모든 폐단 중 가장 큰 것, 즉 진리를 추구하는 사람들이 한 조각의 빵만을 추구하는 사 람들과 충돌하는 일이 없어질 것이다. 그들의 권모술수는 진리를 추구하는 사람들에게 방해만 되지 결코 도움이 되지는 않는다.

철학은 예외적인 사람들이 하는 것이다. 즉 오직 매우 특출한 천재들만이 철학의 발전에 도움이 될 수 있다. 반면에 범인凡人은 자신의 말을 한마디라도 덧붙이는 순간 철학을 타락시킬 뿐이다. 그 모든 교수들, 정원定員 외 교수들이 대화에 끼어듦으로써 칸트 이후 철학이 어떤 꼴이 되어버렸는가?

그는 교수들이 야기하는 폐해를 신랄한 어조로 비판한다.

철학으로 먹고사는 철학교수들보다 철학에 더 큰 해악을 끼치는 것은 없다. 이들은 자신들의 직무상 자기 나름의 생각을 가져야 한다고 믿고서는 다른 사람들이 생각한 것을 그대로 가르치는 대신, 자신들의 말과 조야한 생각을 개입시켜 철학의 발전을 크게 저해한다. 특히 그런 자들은 철학자 한 명당 약 1,000명씩 있기 때문에 그 피해는 매우 크다. 더구나 그들을 철학자라고 생각하는 사람들의 착각으로 철학은 민중의 경멸을 받게 된다.

그는 미래를 상상하며 몸서리를 친다.

머지않아 구더기들이 내 육신을 갉아먹게 되리라는 생각은 참을 수 있다. 그러나 철학교수들이 내 철학을 갉아먹게 되리라는 생각을 하면 몸서리가 친다.

때때로 그는 자신의 철학적 인식들을 사람들에게 매물賣物로 내놓는 것이 과연 적절한 일인지 자문自問한다.

만일 행상인이 남자에게는 머리핀을, 여자에게는 파이프 대통을 내놓는다면 사람들은 그의 어리석음을 비웃을 것이다. 하물며 진리를 시장에 내놓고 사람들이 사가기를 바라는 철학자의 발상은 얼마나 터무니없는가? 인간들에게 진리라니!

그는 마치 오늘날의 일간신문을 엿보기라도 한 것처럼 다음과 같이 외친다.

무엇이 좋고 무엇이 나쁜지는 자신이 결정한다고 착각하는 비평가들이 있다. 그들은 자신의 장난감 트럼펫을 파마*의 나팔로 알고 있다.

수많은 책들이 시장에 넘쳐나지만 그것들이 모두 좋은 책은 아닌 현실에 비추어 그는 다음과 같은 주목할 만한 충고를 한다.

그러므로 지혜로운 생각을 하기 위해 가장 먼저 해야 할 일은, 상스러운 생각을 하지 않는 것이라고 할 수 있다. 그저 좋은 생각을 위해 멍석만 깔아주라. 그러면 그것은 저절로 올 것이다. 짬이 난다고 무턱대고 책을 집어서는 안 되는 까닭도 바로 여기 있다. 우선 마음을 평안히 하라. 그러면 좋은 생각이 쉽게 떠오를 것이다.

텔레비전을 너무 많이 보는 우리 현대인들에게도 그런 조언은 도움이 될지 모른다. 쇼펜하우어가 생활 속의 많은 유해 요소들에 대해 대응책으로 권하는 것은 근본적으로 지적 활동이다. 그는 그 이유를 다음과 같이 설득력 있게 설명한다.

그러한 지적인 삶은 지루함뿐만 아니라 그것이 야기하는 해로운 결과들에서도 지켜준다. 그것은 나쁜 친구들과의 교제, 그리고 자신의 행복을 전적으로 실제의 삶에서 구할 경우 겪게 되는 많은

---

* 로마 신화에 나오는 평판의 여신.

위험, 사고, 손실, 낭비 등을 막아준다. 예를 들어 철학은 나에게 아무것도 가져다준 적이 없었지만 나로 하여금 많은 것을 면하게 해주었다.

그는 사회를 대하는 개인의 태도에 관한 자신의 인생철학을 다음과 같이 요약한다.

지혜로운 사람은 무엇보다도 고통과 괴로움이 없는 상태, 평안과 여유를 추구할 것이므로 조용하고 검소하며 가능한 방해받지 않는 삶을 원할 것이다. 그러므로 그는 이른바 사람이라는 존재를 좀 알고 난 후에는 은둔, 또는 그가 위대한 정신을 가진 사람일 경우 심지어 고독을 택할 것이다. 왜냐하면 자기 안에 가진 것이 많은 사람일수록 외부의 것을 덜 필요로 하며, 타인에 의존할 필요도 적기 때문이다. 그러므로 탁월한 사람일수록 비사교적이다. 만일 교제의 질을 양으로 대체할 수 있다면 심지어는 넓은 세상에 나가 사는 것도 보람 있는 일일 것이다. 그러나 100명의 바보들이 모여도 분별 있는 사람 한 명만 같지 못하다.

인류사의 수많은 예들이 그 말을 증명한다. 쇼펜하우어는 그런 예들을 수집했으며, 천재들의 명언들을 독자들에게 소개했다.

너희는 외친다. "그들은 지혜로운 사람들이니까." 그럼 너희는 바보고? 알긴 아네.

2장

진정한
예술의 원리는
자연이 증명한다

나는 뮤즈의 은총, 즉 자신의 시적 재능을 팔아 먹고살려는 사람을 보면
어쩐지 자신의 매력을 팔아 먹고살려는 소녀처럼 느껴진다.

쇼펜하우어는 예술, 특히 문학과 음악의 열렬한 애호가였다.

네 명이 앉아 사중주를 연주하는 것이 휘스트*를 한판 벌이는 것보다 비교도 할 수 없이 더 고상하고 품위 있다.

프란츠 리스트^{Franz Liszt}에게 보내는 리하르트 바그너^{Richard Wagner}의 1854년 12월 16일자 편지에는 다음과 같은 구절이 있다. "느리게 진척되고 있는 나의 음악을 제외하면 나의 관심은 지금 온통 한 사람에게만 쏠려 있습니다. 비록 책을 통해서뿐이기는 하지만 그는 마치 하늘이 내린 선물처럼 나의 고독 속으로 나를 찾아왔습니다. 다름 아니라 칸트 이후 가장 위대한 철학자인 아르투어 쇼펜하우어입니다."

---

* 카드놀이의 일종.

빌레^{Wille} 박사를 통해 니벨룽겐의 시를 전해 받은 쇼펜하우어의
답장은 다음과 같았다.

니벨룽겐을 보내준 것에 대해 제가 감사를 표하더라고 당신의 친구
바그너에게 전해 주십시오. 이와 함께 이제 음악은 그만두라고도 전해
주십시오. 그는 문학에 더 큰 재능을 갖고 있습니다. 저, 쇼펜하우어는
로시니와 모차르트의 팬으로 남을 것입니다.

그는 음악을 포함한 예술에 관해 매우 독자적인 견해를 갖고 있
었다. 그는 리하르트 바그너의 오페라를 비롯한 그 당시의 '현대
적인 것'에 감동을 느끼지 못했을 뿐만 아니라 심지어는 싫어하기
까지 했다.

이 시대의 작곡은 선율보다는 화성和聲에 주안점을 두고 있다.
그러나 나는 그와는 정반대의 견해로 음악의 핵심은 선율이며, 선
율과 화성의 관계는 고기와 소스의 관계와 같다고 생각한다.

실제로 그는 죽을 때까지 로시니의 열렬한 팬이었고, 플루트로
로시니의 작품들을 열심히 연주했다. 그러나 그러한 태도는 바그
너의 오페라, 특히 「트리스탄과 이졸데^{Tristan und Isolde}」야말로 쇼펜
하우어의 철학에 그 뿌리를 두고 있다는 점을 생각하면 더욱 이상
한 일이 아닐 수 없다. 그러나 쇼펜하우어는 입장을 바꾸지 않았
고 자신의 견해를 고수했다.

오페라는 길어도 두 시간을 넘지 않아야 한다. 반면에 연극은
세 시간까지도 가능하다. 그 이유는 연극을 보는 데 필요한 주의

력과 집중력이 음악보다 더 오래 지속되기 때문이다. 지속적인 음악은 결국 신경을 찌르는 고통이 될 수밖에 없다. 요즘 오페라의 최종막이 대개 청중들에게, 더욱이 가수들과 연주자들에게는 고문으로 느껴지는 이유도 그 때문이다. 그 모습은 마치 수많은 사람들이 자신들을 괴롭히기 위해 이곳에 모여 그 목적을 끈기 있게 끝까지 수행하고 있는 것처럼 보일 정도다. 사실 먼저 도망가 버린 사람들을 제외하고는 모두들 빨리 끝나기를 속으로 학수고대하고 있는 것이다.

그런데 여기서 염두에 두어야 할 점은, 그 당시의 오페라는 그후의 오페라에 비해 아직 참을 만했다는 점이다. 게다가 오직 박자만을 중시하며 전자앰프에 의존하는 오늘날의 음악에 대응되는 철학은 무엇일까라는 질문에는 쇼펜하우어 같은 사람도 대답할 수 없을 것이다. 이를 감안하면 다음의 언급은 오히려 완곡하다고 할 수 있다.

더구나 오늘날의 공허하고 무의미하며 선율 없는 음악에는 주로 파렴치한 헤겔 짓거리와 그 야바위에 근원을 두고 있는 모호하고 자의적이며 수수께끼 같은 의미 없는 글들을 좋아하는 이 시대의 취향이 그대로 나타나 있다.

그는 오페라 자체에 대해서는 단지 상대적인 가치만을 부여한다.

미사곡과 교향곡만이 온전하고 완전한 음악적 기쁨을 줄 수 있다. 반면에 오페라의 음악은 깊이 없는 연극과 엉터리 시詩로 인해 비참한 난항을 겪을 뿐만 아니라, 이질적異質的인 짐을 지고 힘이 닿는 대로 헤쳐 나가야 한다. 위대한 로시니가 대본을 다룰 때 때때로 보인 그 조소적 태도가 칭찬할 만한 것은 아니라도 진정 음악적이긴 한 것이다.

　로시니에 대한 그의 옹호는 철저했다.

　너무 비근하거나 이미 까마득하게 오래되지 않은 예로, 독일의 음악가들이 시기猜忌 때문에 한 세대 내내 위대한 로시니의 공적을 얼마나 인정하지 않으려 했는지 보라. 심지어는 나 자신도 그런 일을 체험한 적이 한 번 있다. 즉 나는 크고 이름 있는 어느 합창단이 그의 불멸의 '엄청난 불안과 고민 끝에'의 선율에 맞춰 조롱 조로 자신들의 식사 메뉴를 가사로 하여 노래하는 것을 들었던 것이다. 그러나 그들의 시기는 무력했다. 선율은 그 야비한 말들을 이기고 삼켜 버렸다. 그리하여 온갖 시기에도 불구하고 로시니의 아름다운 선율은 지구 전체에 퍼져 모든 사람들의 마음에 생기를 불어넣었다. 그때도 그랬고 지금도 그러하며 앞으로도 영원히 그러할 것이다.

　오늘날의 음악을 한번 살펴보면 쇼펜하우어의 지적이 오늘날에도 얼마나 의미심장한지 알 수 있다. 예를 들어 최근 라디오에서는 오페라 「나부코Nabucco」의 '포로들의 합창'이 '자, 또 한잔 하자!'라는 가사와 함께 권주가로 흘러나왔다. 그러나 이 합창의 의미를 조금이라도 아는 사람은 등골이 오싹했을 것이다. 이는 위에서 쇼펜하우어가 비난한 것보다 더 심각한 훼손이다. 그러나 여기서도 위의 인용처럼 "그들의 시기는 무력했다. 선율은 그 야비한 말들을 이기고 삼켜 버렸다."

쇼펜하우어는 인간적 주제를 다룬 오페라를 최고의 오페라로 친다.

나는 여기서 오페라 「노르마Norma」처럼 대단원의 진정한 비극적 효과, 즉 대단원이 야기하는 주인공의 체념 및 정신적 고양高揚을 그처럼 확실한 내적 구성을 토대로 분명하게 부각시켜 나타낸 예는 드물다는 점을 언급하고자 한다. 이 작품의 대단원은 이중창, '배신당한 마음, 차가워진 마음'인데 이 부분에 있는 음악의 갑작스런 중단은 의지의 반전反轉을 나타낸다. 한마디로 이 작품은 구성 및 내적 경제성만을 놓고 보더라도 최고의 완성도를 갖춘 비극, 다시 말해 비극적 모티브 구성, 줄거리의 비극적 진행 및 비극적 전개의 참된 모범이다. 이러한 전개를 통해 주인공의 의식은 세계를 초탈超脫하는데, 이를 계기로 그 효과는 관객들에게도 파급된다. 그런데 이 작품에는 기독교인도 기독교적 시각도 나타나 있지 않기 때문에 이것이 야기하는 효과는 그만큼 더 무해無害하며, 비극의 참된 본질을 더 잘 보여준다.

그러나 이 오페라는 참으로 아쉽게도 우리 공연계의 프로그램에서는 완전히 사라졌다. 마리아 칼라스Maria Callas가 부른 유명한 아리아 '순결한 여신Casta Diva'이 음악사의 보석으로 평가받고 있음에도 말이다. 이 점에서 「노르마」는 오페라 「그라나다의 야영Das Nachtlager in Granada」과 운명을 같이하고 있다. 즉 여기서도 겨우 합창, '벌써 저녁종이 울린다'만 남아 있는 것이다.

한편 쇼펜하우어는 가사는 부차적인 것에 불과하고 핵심적인 것은 선율이라는 점을 계속 강조한다.

이것이 가사를 가진 노래, 또한 오페라의 근원이다. 오페라의 가사는 바로 스스로가 일차적인 것이 되고 음악을 단순히 자신을 표현하는 수단으로 전락시키려 했기 때문에 결코 이 종속적 지위를 벗어날 수 없었다. 그것은 중대한 잘못이며 심한 도착倒錯이다. 그러므로 음악을 너무 가사에 맞추고 극중 상황과 일치시키려 하면 그것은 애써 자신의 언어가 아닌 다른 언어를 말하게 된다. 로시니만큼 그런 잘못을 삼간 사람은 없다. 이 때문에 그의 음악은 말이 전혀 필요 없을뿐더러, 악기로만 연주하여도 그 효과를 다 발휘할 수 있을 정도로 분명하고 순수하게 자신의 언어를 말한다.

음악의 느낌은 지역에 따라 서로 다를 수 있다.

생활환경이 척박한 북방 민족들, 특히 러시아인들에서는 교회 음악조차 단조短調가 주류를 이룬다. 프랑스의 음악에서는 단조의 알레그로가 매우 자주 나타나는 것이 특색이다. 그것은 마치 너무 꼭 끼는 신을 신고 춤을 추는 느낌이다.

음악 자체가 의지의 적나라한 표현이기 때문에, 쇼펜하우어는 쓸데없는 설명을 덧붙여 순수한 예술적 감흥을 저해하는 어떤 행위도 극도로 경계한다.

작곡가는 그 둘 사이의 유사성을 자신의 이성과는 무관하게 무의식적으로 세계의 본질을 직관함으로써 찾아야 한다. 즉 의식적으로 개념들의 도움을 받아 모방한 것을 그 유사성으로 제시해서는 안 된다. 만일 그렇게 한다면 음악은 내적 본질, 즉 의지 자체를 표현하는 것이 아니라 그것의 현상을 불충분하게 모방하는 데 그칠 것이다. 하이든Haydn의 「사계」 및 「천지창조」의 여러 부분들이 그 예다. 그것들은 감각계의 현상들을 직접적으로 모방하고 있다. 그것은 모든 전투곡戰鬪曲들도 마찬가지다. 그러나 그것은 전적으로 배척돼야 한다…….

그것의 언어가 얼마나 내용이 풍부하고 의미심장한지는 도돌이표나 다카포Da Capo에서조차 알 수 있다. 만일 이것들이 말로 된 작품들에서 쓰인다면 불쾌감을 주겠지만, 거기에서는 매우 합목적적일 뿐만 아니라 유익하게 사용되고 있다. 왜냐하면 작품을 완전히 이해하기 위해서는 그것을 두 번 들어야 하기 때문이다.

말로 된 작품들에서 쓰인다면 '불쾌감'을 줄 것이라는 이 '다카포'에 대한 지적은 이 대가가 지나가는 말로 던지지만 결국 오랫동안 웃음을 머금게 하는, 그런 부류의 유머러스한 구절에 속한다. 즉 햄릿이 그 유명한 독백을 여러 번 반복한다든가, 로미오가 "오, 끊임없이 그 둥근 얼굴을 바꾸는 변덕스런 달로 맹세치 마오. 당신 사랑 변하지 않도록!"이라는 대사를 처음부터 다시 한 후, 또다시 하고 줄리엣도 세 번 연달아 "나를 믿으세요, 내 사랑. 그것은 나이팅게일이었을 뿐이에요."라고 말한다고 상상해 보라. 그러면 관객들은 모두 도망갈 것이다. (그러나 오페라에서는 이런 반복이 예사다.)

한편 우주와 음악의 관계에 대한 쇼펜하우어의 고찰은 훨씬 더 진지하다.

동물과 식물은 인간의 낮은 5도 음정과 3도 음정이고, 무기물은 낮은 8도 음정이다. 이 마지막 비유에 담긴 진리의 전모는 우리가 다음 권卷에서 음악의 깊은 의의를 규명하면서, 높고 경쾌한 음으로 연관성 있게 진행되는 선율은 반성을 통해 연관성을 얻게 되는 인간의 삶과 노력을 나타내는 것으로 볼 수 있는 반면, 음악을 온전케 하기 위해 필요한 화음으로 구성되어 있지만 연관성은 없는 반주음들과 둔중한 저음은 여타의 동물계 및 의식이 없는 자연을 모사하고 있다는 것을 보여줄 때 비로소 명백하게 드러날 것이다. 그러나 이 주제는 적절한 곳에서 다룰 것이며, 그때에는 위의 말이 그렇게 역설적으로 느껴지지 않을 것이다.

그러나 음악을 어렵게 느끼는 사람들, 심지어는 그런 직업 집단들도 있다.

철학자의 입장에서 보면 천문학자들은, 큰 오페라 공연을 보면서 연극의 내용은 고사하고 그 음악에도 빠지지 못한 채 겨우 무대의 기계장치에나 관심을 기울이며 그것의 전동장치 및 구조를 완전히 이해할 수 있게 된 것에 기뻐하는 사람들과 같다.

또한 몇몇 장면들만을 발췌하여 보여주어야만 오페라를 즐길 수 있는 그런 부류의 예술 애호가들도 쇼펜하우어의 비판을 받을 것이다.

보드빌Vaudeville*은 벼룩시장에서 산 옷들을 입고 뽐내는 사람과 같다. 그 옷들은 모두 이미 다른 사람들이 입던 것이고, 그들을 위해 그들의 몸에 맞도록 만들어진 것이다. 또한 그것들이 서로 어울리지 않는다는 것은 금방 알 수 있다. 단정한 사람들의 저고리에서 잘라낸 조각들을 기워 만든 어릿광대의 웃옷 같은 메들리도

---

* 프랑스에서 유래한 통속 노래극.

그와 마찬가지다. 그것은 실로 음악의 수치로서 경찰에 의해 금지되어야 한다.

한편 그는 음악계의 어떤 현상에 대해서도 격렬히 비난한다.

반면 청각과는 정반대로 시각은 적극적인 성질을 가졌기 때문에 눈을 위한 음악 같은 것은 있을 수가 없을뿐더러, 색채피아노 Farbenklavier** 역시 우스운 난센스일 수밖에 없었다.

또다시 궁금해지는 것이 있다. 쇼펜하우어가 오늘날의 디스코텍을 방문해서 조명들의 현란한 색채 변화가 음악과 함께 끊임없이 이어지는 모습을 본다면 어떤 말을 할 것인가? 아마도 춤추는 사람들의 몸동작이 보이는 경련보다 더 심한 경련이 이 철학자의 뇌 속에서 일어나지 않을까? 한편 그는 음악과 건축의 관계에 대해서도 논한다.

지난 30년 동안 종종 되풀이된 농담, 즉 건축은 얼어붙은 음악이라는 말이 생겨난 것도 분명하지는 않지만 이 유사성을 느꼈기 때문이다. 이 농담의 근원은 괴테라고 할 수 있다. 왜냐하면 에커만Eckermann의 『대화』 제2권 88쪽에는 그가 다음과 같이 말한 것으로 되어 있기 때문이다. "나는 내 원고 속에서 내가 건축을 굳어버린 음악이라고 부르고 있는 종이 한 장을 발견했다. 그런데 그것은 정말로 일리 있는 말이다. 즉 건축이 주는 느낌은 음악의 효과와 비슷하다." 아마도 그는 이 농담을 그보다 훨씬 전에 대화 중 지나가는 말로 했을 것이다. 하지만 잘 알려진 바와 같이, 그런 자

** 다채로운 빛의 영사 등, 시각 효과를 음악과 결합하려는 건반악기.

리에는 항상 그가 흘린 것을 주워 나중에 그것으로 치장을 하고 다니던 사람들이 있었던 것이다.

음악과 관련하여 쇼펜하우어가 이렇게 지나가는 말로 한 명언들은 매우 많으며, 그것들만으로도 하나의 장章을 만들 수 있을 정도다. 슈바벤 사람들의 "여기 악사가 묻혀 있다."*라는 말도 그 중 하나이며, "그들은 평화롭게 손톱을 깎으며 촌스런 노래를 불렀다."라는 시구도 마찬가지다. 한편 그는 다른 모든 예술에 대해서와 마찬가지로 음악에 대해서도 하나의 분명한 원칙을 지켰다.

예술작품을 대할 때에는 대인大人을 대하듯 해야 한다. 즉 그것이 자신에게 말을 걸 때까지 그 앞에 서서 기다려야 한다.

이 말은 물론 회화와 건축에도 적용된다. 특히 건축에 대해서는 특이한 견해를 갖고 있었는데, 그 당시 건립 예정이었던 괴테 기념상에 대한 그의 소견을 통해 그것을 확인할 수 있다.

그 반대의 경우를 가정해 보자. 베를린의 광장들에는 여덟 명의 장군들의 기념상들이 있다. 그런데 그것들은 모두 전신상全身像이다. 이 경우 흉상은 거의 우스워 보이기까지 할 것이다. 그러나 다른 한편 쾨니히스베르크 시가 작고 여윈 몸집의 칸트의 입상을 세운다면 그것 역시 우스워 보일 것이다. 칸트는 그 여덟 명의 장군들을 모두 합쳐 놓은 것보다 더 위대한 사람임에도 불구하고 말이다.

---

* 슈바벤 지역의 사람들은 누가 포도주를 마신 후 잔디 위에서 중심을 잃으면 본문과 같은 관용적 표현을 사용한다고 한다. 루트비히 파우(Ludwig Pfau)의 시에 의하면, 그것은 포도주를 즐기며 바이올린만 켜다 세상을 떠난 한 악사의 시기 때문이라고 한다.

즉 기념물을 만들 경우 작가는 단지 그 머리만, 반면에 장군들 및 정치가들은 전신을 형상화해야 한다는 것이다. 그러므로 만일 쇼펜하우어가 바이마르의 괴테, 실러의 상이나 노이루핀Neuruppin 의 폰타네Fontane 상을 보게 된다면 분명히 싫어할 것이다. 또한 그는 기념상의 대상자를 선정하는 기준도 매우 잘못되어 있다고 보았다.

그들은 장차 후세에는 전혀 무의미해질 사람들의 기념상은 세우면서 뷔르거의 기념상은 세우지 않는다.

그는 집의 건축양식도 비판한다.

오늘날의 세련된 양식으로 지어진 많은 집들의 모서리에 튀어나온 돌출 창은 지주支柱 없는 하중의 분명한 예다. 여기서는 무엇이 그것을 받치고 있는지 알 수가 없다. 그것은 마치 공중에 떠 있는 것같이 보이므로 마음을 불안하게 한다.

한편 쇼펜하우어는 건축, 회화, 조소 등의 효과에는 큰 기대를 갖지 않는다.

문학작품이 회화나 조소보다 더 강하고 깊고 넓은 효과를 내는 이유가 부분적으로는 이미 여기서 분명해진다. 즉 대부분의 회화나 조소는 민중의 마음을 사로잡지 못한다. 단적으로 말해 조형예술은 감동이 가장 덜한 예술이다. 그것을 특이하게 증명하는 것이 있는데, 그것은 거장들의 그림이 그토록 자주 개인의 집이나 그밖의 온갖 장소에서 발견되거나 출현한다는 사실이다. 그것들은 그곳에 묻혀 있었거나 숨겨져 있었던 것이 아니라 그저 주목을 받지 못한 채, 즉 효과 없이 여러 세대 동안 걸려 있었던 것이다.

내가 피렌체에서 지내던 때(1823년)에는 심지어 라파엘의 '마돈나' 한 점이 발견되기도 했다. 이것은 산토 스피리토 구區에 있는 한 대저택의 하인 방 벽에 걸려 있었다. 더구나 이런 일이 다른 어떤 민족보다 뛰어난 미적 감각을 가진 이탈리아 사람들에게 일어나고 있는 것이다. 이것은 조형예술 작품의 효과가 얼마나 직접적이고 즉각적이지 못한가를, 또한 그것을 올바로 평가하기 위해서는 다른 어떤 예술보다 훨씬 더 많은 교육과 지식이 필요하다는 것을 증명한다. 반면 마음을 사로잡는 아름다운 선율은 항상 지구 전체로 퍼지며, 뛰어난 문학작품은 이 민족에서 저 민족에게로 전파된다.

그런데 위의 마지막 문장과 관련하여 염두에 두어야 할 점은, 쇼펜하우어가 그 말을 한 것은 그가 다른 어떤 노래보다도 더 성공적으로 지구 전체에 퍼졌던 '노래 중의 노래'를 아직 알기 전이었다는 점이다. 왜냐하면 그 노래는 그가 죽은 후에 작곡됐기 때문이다. 그것은 스페인의 작곡가 세바스티안 데 이라디에르Sebastian de Yradier의 '비둘기La Paloma'다. 이 노래는 쿠바와 멕시코를 지나 단시간에 전 세계를 정복함으로써 위 인용문의 증거가 되고 있다. 또한 다른 곳에서 언급한 벨리니Bellini의 아리아 '카스타 디바' 역시 마찬가지다.

예술가와 작가는 분명히 사상가보다 형편이 더 낫다. 왜냐하면 그들은 사상가보다 적어도 100배는 더 많은 사람들을 상대로 하고 있기 때문이다. 그렇지만 모차르트와 베토벤은 살아 있을 때 어떤 대접을 받았는가? 또 단테는? 심지어는 셰익스피어Shakespeare

조차 마찬가지다. 만일 셰익스피어의 동시대인들이 그의 가치를 조금이라도 알았더라면 회화 예술의 전성기였던 그 시대에 그려진 양질良質의 그리고 확실히 공증된 초상화 한 점쯤은 우리에게 전해졌을 것이다. 그러나 지금 있는 것이라고는 겨우 매우 의심스런 초상화들, 매우 형편없는 동판화 한 점, 그리고 그보다 더 형편없는 묘석墓石 흉상뿐이다. 그뿐만 아니라 만일 그랬더라면 그의 육필 원고 역시 수백 장 남아 있을 것이다. 지금처럼 법적 서류들에서 볼 수 있는 서명 몇 점 정도가 아니라 말이다.

　이것은 과거에 관한 말이었지만, 그 내용은 부분적으로 쇼펜하우어 자신의 시대에도 적용된다.

　독일인들이 독창적인 경우는 드물다. 그러므로 독일인이 독창성을 발휘하는 경우 곧바로 그것을 곤봉으로 패서는 안 된다. 그러나 실러Schiller와 슐레겔Schlegel 형제는 그렇게 했다. 이들은 이플란트Iffland에 대해 부당한 태도를 취했고, 심지어는 코츠부에Kotzbue에게도 너무 심하게 굴었다. 오늘날에도 똑같이 사람들은 또다시 라우파흐Raupach에 대해 부당한 태도를 취하고 있다. 반면 한심한 삼류들의 낯짝에는 박수를 보내고 있다.

　쇼펜하우어가 보기에는 고결한 성품들로 충만한 인물들을 등장시키는 작가들은 모두 '한심한 삼류'였다.

　내 생각으로는 호메로스의 작품들에는 선량하거나 정직한 인물들은 종종 등장해도 본래적 의미의 고결한 인물은 어느 작품에도 등장하지 않는다. 셰익스피어의 경우에도 작품들 전체를 통틀어 코델리아Cordelia, 코리올란Coriolan 정도의 고결하기는 하지만 결코 완벽하지 않은, 서너 명의 인물들만을 찾을 수 있을 뿐이다. 대신 그의 작품들은 위에서 언급한 부류의 인물들로 가득하다. 그러나 이플란트와 코츠부에의 희곡에는 고결한 인물들이 많이 등장한다. 반면에 곤돌니Gondolni는 내가 위에서 권고한 것처럼 해오고 있다. 이는 그가 이플란트나 코츠부에보다 수준이 더 높다는 것을 보여준다. 반면에 레싱Lessing의 '민나 폰 바른헬름Minna von Barnhelm'은 과도하고 빈틈없는 고결성 때문에 고생하고 있다. 괴테의 작품들 모두를 합쳐 봐도 포자Posa 후작 한 사람이 보여주는 것만큼의 고결성은 나오지 않는다. 또 마치 『실천이성비판』에서 따온 것 같은 제목을 가진 『의무를 위한 의무』라는 독일 희곡은 등장인물이 단지 세 명이지만, 이 세 명 모두 처치 곤란할 정도로 고결하다.

그는 작가가 갖춰야 할 자질을 다음과 같이 요약한다.

위대한 작가들은 표현코자 하는 각각의 인물로 완전히 변신하여 마치 복화술사처럼 그 각각의 인물을 통해 말한다. 즉 처음에는 주인공을 통해, 그 다음에는 순결한 어린 소녀를 통해 말하는 것이다. 셰익스피어와 괴테가 그 예다. 이류 작가는 표현코자 하는 주인공을 자기 자신으로 변신시킨다. 바이런Byron이 그 예다. 이때 주변 인물들은 생명력을 갖지 못하는 경우가 많은데, 삼류 작가들의 작품에서는 주인공조차 거기에 포함된다.

그는 삼류 문학에 대해 가차 없는 공격을 선언한다.

이런 삼류 작가들의 무리가 얼마나 많이 자신 및 타인의 시간과 종이를 허비하게 하며, 그들의 영향이 얼마나 해로운지는 심각하게 생각해 볼 문제다. 그들의 영향력이 큰 이유는, 독자들이란 한편으로는 항상 새로운 것을 찾으며 다른 한편으로는 본능적으로 자기들과 더 비슷한 그릇된 것이나 저속한 것을 선호하기 때문이다. 그러므로 삼류 작가들의 그런 작품들은 참된 걸작들 및 그것들의 가르침에서 독자들을 떼어놓는다. 이로 인해 그런 것들은 천재들의 유익한 영향을 정면으로 거스르면서 사람들의 미적 감각을 점점 더 타락시켜 시대의 진보를 저해한다. 그러므로 비판과 풍자를 통해 이 삼류 작가들을 아주 가차 없이 무자비하게 혹평함으로써 그들이 자신들을 위해서라도 가장 좋은 일, 즉 여가를 형편없는 것을 쓰는 데가 아니라 훌륭한 것을 읽는 데 사용하도록 해야 한다. 왜냐하면 온유한 아폴로 신조차도 자격 없는 자들의 어설픈 솜씨에 격분하여 마르시아스의 살가죽을 벗겼다면* 그 삼류 작품들이 무슨 근거로 관용을 요구할 수 있는지 나는 모르겠기 때문이다.

쇼펜하우어는 실제의 삶이 비극과 희극에 대해 갖는 관계에 대해 의미심장한 말을 한다.

전체적이고 일반적으로 개관하여 단지 가장 중요한 특징들만을 놓고 보면 모든 개인의 삶은 사실 항상 비극이다. 그러나 하나하나 자세히 살펴보면 그것은 희극의 성격을 갖는다. 왜냐하면 일상의 분망*忙과 고통, 순간순간의 끊임없는 당혹, 한 주간의 희망과 걱정, 항상 장난칠 기회만을 노리는 우연으로 인해 매시간 일어나

---

* 그리스로마 신화에 따르면 사티로스인 마르시아스는 예술의 신 아폴로와 겨루다 패하여 산 채로 껍질을 벗기는 벌을 받았다고 한다.

는 사고 등은 전부 희극적인 장면들이기 때문이다. 그러나 끝내 이루지 못한 소망들, 물거품이 된 노력, 운명에 의해 무자비하게 짓밟힌 희망들, 평생 품고 있었던 슬픈 착각들, 마지막의 점증하는 고통과 죽음은 항상 비극적이다. 그러므로 운명은 우리 존재의 비탄에 조소까지 덧붙이려 한 듯하다. 왜냐하면 우리의 삶은 비극의 모든 고통을 담아야 함에도 불구하고 우리는 삶의 구체적인 면에서는 비극의 인물들이 갖는 품위조차 주장하지 못한 채 대부분 어쩔 수 없이 우스운 희극의 인물일 수밖에 없기 때문이다.

수학적 재능이 전혀 없는 예술의 천재들도 희극적인 인물들로 보일 수 있다.

그런데 마찬가지로 잘 알려져 있는 사실인 뛰어난 수학자들은 예술작품에 대한 감수성이 부족하다는 것 역시 앞서 언급한 것과 동일한 이유로 설명할 수 있다. 라신Racine의 『이피게니에』를 다 읽은 후 "이것은 무엇을 증명하는 겁니까?"라고 물었다는 프랑스 수학자의 유명한 일화는 이를 특히 적나라하게 보여준다.

문학작품에 수학적인 요구를 하는 것은 문제성이 많다. 그것이 아니라도 충족해야 할 조건이 많은 것이다.

시작은 항상 어렵다고 한다. 그러나 극작劇作에서는 그 반대다. 즉 항상 마무리가 어렵다. 수많은 연극들이 이를 증명한다. 그것들은 전반부에서는 매우 흥미진진할 듯 보였다가 후에는 지리멸렬해지고 정체되며 오락가락하는데, 이는 특히 악명 높은 4막에서 심하다. 그것들은 결국 부자연스럽거나 만족스럽지 못해서 혹은 어느 순간부터 누구나 예견할 수 있었거나 때로는 심지어 「에

밀리아 갈로티Emilia Galloti」처럼 불쾌한 결말로 끝나, 결국 관객들은 완전히 기분이 상해 집으로 돌아가게 된다.

여기서는 아무리 열렬한 쇼펜하우어주의자라도 멈칫하지 않을 수 없을 것이다. 다른 작품도 아닌 「에밀리아 갈로티」가 그런 결점을 가졌단 말인가? 이 작품에서야말로 그 '악명 높은 4막'이 오르지나Orsina 백작부인의 등장으로 작품 전체의 절정이 되지 않았는가? 나는 내가 이 연극을 처음 보았던 1940년의 포르스터 장미 연극제Forster Rosenfestspiele에서 '완전히 기분이 상해 집으로 돌아간' 기억이 없다. 그것은 영화로도 잘 알려진 여배우 힐데 쾨르버Hilde Körber가 탁월한 연기로 주인공 역을 감동적이면서도 충실하게 소화한 것 때문이기도 하지만, 줄거리 자체도 결코 기분을 상하게 할 만한 것이 아니었다. 쇼펜하우어가 황당하다고 여긴 것은 아마도 아버지 갈로티의 지나친 명예의식이었을 것이다. 그러나 그것이 바로 레싱이 표현하고자 한 것이었다. 이처럼 쇼펜하우어가 스피노자에 관해 말한 것, 즉 스피노자의 저술을 읽노라면 "감탄과 짜증 사이를 오가게 된다."는 언급은 때때로 쇼펜하우어 자신에게도 적용된다. 그렇다고 그의 다른 비판들이 주는 쾌감이 감소하는 것은 물론 아니다.

우리의 이 실제세계가 아니라면 단테가 어디서 그의 지옥의 소재를 취할 수 있었겠는가? 그는 실로 제대로 된 지옥을 그려낼 수 있었다. 반면 천국과 그 기쁨을 묘사해야 하는 과업에 이르자 그는 극복할 수 없는 어려움에 직면하게 되었다. 왜냐하면 우리가 사는 세상은 그 같은 것에 대해서는 어떤 소재도 제공할 수 없기 때문이다.

한편 그는『신곡』은 그 제목이 원래 함의하듯 '천지창조'에 대한 비판은 아닐까 의심해 보기도 한다.

단테 스스로가 그런 분명한 세계 질서를 은연중 풍자하고 있는 것은 아닐까라는 의심을 지우기가 어렵다. 그렇지 않고서야 아주 특이한 취향이 아니라면 어떻게 치가 떨리도록 부조리한 사건들과 끊임없이 이어지는 잔혹한 장면들을 그렇게 즐거이 자세히 묘사할 수 있겠는가?

더욱이 모든 시는 시인의 속마음을 어느 정도 숨긴다. 즉 시인은 시 뒤에 교묘히 숨을 수 있는 것이다.

운율과 운韻은 족쇄이면서도 또한 덮개다. 시인은 그것을 두름으로써 그렇게 하지 않았다면 하지 못했을 말을 한다. 바로 그것이 우리에게 즐거움을 준다. 즉 시인은 자신이 말하는 모든 것에 대해 절반만 책임을 지면 된다. 왜냐하면 그 나머지 절반은 운율과 운이 지기 때문이다.

그러나 쇼펜하우어는 위의 예에서, 레싱에 대해 그랬던 것처럼 다른 작가들을 공격할 때도 운율이나 운의 도움은 받지 않는다.

뷔르거는 진정한 천재시인으로 독일의 시인 중에는 아마도 괴테 다음으로 높은 자리를 차지해야 마땅할 것이다. 왜냐하면 그의 담시에 비하면 실러의 담시는 차갑고 부자연스럽게 느껴지기 때문이다.

그의 거침없는 평가는 다음의 언급에서도 나타난다.

시는 번역할 수 없다. 단지 개작改作할 수 있을 뿐이다. 그러므로

단테의 지옥, 28번째 노래
구스타프 도레(Gustav Doré)의 스케치

항상 불만족스러울 수밖에 없다. 심지어는 순수한 산문조차 그것을 아무리 잘 번역해도 번역문과 원문의 관계는 기껏해야 원래의 악곡과 그것을 조바꿈한 악곡의 관계와 같을 뿐이다. 음악에 조예가 있는 사람이라면 이 말이 무슨 뜻인지 알 것이다.

한편 그는 칸트와 괴테의 관계를 다음과 같이 요약한다.

만일 괴테가 칸트와 같은 시대에 세상에 보내짐으로써, 말하자면 칸트에 맞서 시대정신의 균형을 이루지 않았다면 칸트는 많은 탐구자들 위에 악몽처럼 놓여 그들을 아주 고통스럽게 짓눌렀을 것이다. 그러나 지금은 이 두 사람이 서로 정반대의 방향에서 그지없는 유익을 주고 있어 어쩌면 독일정신을 심지어는 고대조차 뛰어넘는 경지로 고양시킬지 모른다.

또한 종교에 대한 셰익스피어와 괴테의 입장에 대해서도 다음과 같은 간결한 평가를 내린다.

종교는 민중을 위해 꼭 필요하며, 그들에게 엄청난 유익을 준다. 그러나 종교가 진리 인식이라는 점에서 인류의 진보를 저해하려 한다면 가능한 손상되지 않도록 주의하면서 그것을 옆으로 밀어놓아야 한다. 그리고 심지어는 셰익스피어나 괴테 같은 천재들에게까지 어떤 종교의 교의를 맹목적으로 그리고 순진하게 '곧이곧대로' 믿으라고 요구하는 것은, 마치 거인에게 난쟁이의 신을 신으라고 요구하는 것과 같다.

이 현자는 도덕을 가르치는 것과 도덕성, 미학과 예술작품은 서로 다르다는 것을 잘 알고 있었다.

창조성처럼 덕도 가르칠 수 없다. 즉 개념은 덕성을 기르는 데 별 도움이 되지 못하며, 기껏해야 그것의 도구로나 쓰일 수 있을 뿐이다. 이는 예술에서도 마찬가지다. 그러므로 우리의 도덕체계나 윤리학이 윤리적인 사람들, 고결한 사람들, 성스러운 사람들을 일깨울 수 있을 것이라고 기대하는 것은 우리의 미학이 작가들, 조각가들, 음악가들을 일깨울 수 있을 것이라고 기대하는 것만큼이나 어리석은 생각이다.

그는 금전적인 이해관계를 폐지하라고 항상 요구했다.

문학과 철학을 통해서는 돈을 벌 수 없도록 함으로써 그것들 자체를 중요시하는 사람들, 즉 그것들을 수단이 아닌 목적으로 여기는 사람들만이 그것들을 할 수 있게 하는 것이 그것들을 위해 매우 좋은 이유도 그 때문이다. 정부가 문학과 철학을 위해 할 수 있는 가장 좋은 일은 모든 철학교수직을 폐지하거나 또는 적어도 논리학이나 철학사 분야에만 한정하는 것, 그리고 문학작품 및 철학 저술에 대해서는 사례금 청구소송을 제기할 수 없으며 그것들의 복제도 허용한다고 선언하는 것일 것이다. 아! 그렇게 되면 얼마나 공기가 맑아질 것인가? 그렇게 되면 진리가 아닌 생계비를 구하는 무리들이 이 성스런 구역에서 내쫓길 것이고 칸트 이후의 철학도 달라질 것이며 그 해로운 엉터리 시들, 삼류 소설들, 저질 일간지들도 없어질 것이다.

그는 이 말을 다른 곳에서는 더 적나라하게 표현한다.

나는 뮤즈의 은총, 즉 자신의 시적 재능을 팔아 먹고살려는 사람을 보면 어쩐지 자신의 매력을 팔아 먹고살려는 소녀처럼 느껴진다. 이들은 진심에서 우러난 선물이어야 할 것을 하찮은 벌이를 위해 사용함으로써 더럽힌다. 또한 그 둘 모두 피폐해질 뿐만 아니라 대개 비참한 최후를 맞는다. 그러므로 너희의 뮤즈를 창녀로 전락시키지 말라. 시인은 다음을 자신의 좌우명으로 삼아야 할 것이다.

나는 나뭇가지에 사는
새처럼 노래 부른다.
내가 받는 보수는 내 목에서 나오는 노래
이는 아주 풍성한 보수라오.

그는 대중에 영합하려는 것은 품위도 없고 문학에도 유익하지 못한 태도라고 보았다.

셰익스피어의 불후의 명작들은 재미가 별로 없다. 또한 그 줄거리도 앞으로 곧장 전진하는 대신『햄릿』전체가 그렇듯 지연되거나, 또는『베니스의 상인The Merchant of Venice』에서처럼 넓게 퍼진다. 흥미를 불러일으키는 것은 시간적 전개임에도 불구하고 말이다. 그리고 장면들 역시『헨리 4세King Henry IV』에서처럼 단지 느슨하게 연결되어 있을 뿐이다. 이 때문에 셰익스피어의 연극은 우중愚衆에게는 특별한 인상을 주지 못한다.

그는 지속적으로 이 원리를 주장한다.

셰익스피어의 희곡에 적용되는 이것은 괴테의 희곡에도 적용된다. 즉 심지어는『에그몬트』조차 대중에게는 별 인상을 주지 못하는 것이다. 그 이유는 갈등이나 전개가 거의 없기 때문이다. 그러니『타소Tasso』나『이피게니에』야 오죽하겠는가?

그는 유머러스한 비교를 통해 라이프치히 박람회Leipziger Messe를 자세히 묘사한다.

서사 문학도 대부분 그 희곡들과 비슷하다. 그런 서사 문학은 베네치아나 나폴리의 거리에서 모자를 놓고 서서 청중들이 모이면 이야기를 시작하는 사람들의 상상의 산물이다. 그것은 매우 재미있어서 대단원이 가까워 오면, 이야기꾼들은 모자를 집어 들고 완전히 푹 빠져 있는 청중들에게 돈을 걷는다. 하지만 그들은 이제 사람들이 슬금슬금 꽁무니를 뺄 것이라는 걱정은 조금도 하지 않는다. 그런데 이들이 독일에서는 출판사, 라이프치히 박람회, 책 대여점 등을 통해 간접적으로 장사를 한다. 이 때문에 이들은 이탈리아의 동료들처럼 넝마 같은 저고리를 입고 다니지도 않을 뿐더러 자신들의 상상이 낳은 것들을 소설, 이야기, 낭만주의 문학, 동화 등의 이름으로 독자들에게 내놓는다. 아마도 독자들은 이 재미있는 것을 난로 옆에서, 잠옷을 입고 더 편한 상태로, 그리고 더 지긋하게 즐기려 할 것이다.

'재미있는 것'에 대한 그의 비판은 끝이 없다.

우리는 그 사실을 불후의 네 소설, 즉 『돈키호테』, 『트리스트럼 샌디Tristram Shandy』, 『신 엘로이즈La Nouvelle Héloise』 및 『빌헬름 마이스터』에서도 발견한다. 이것들은 우리의 흥미를 자극하는 것에 주안점을 두지 않는다. 심지어 『트리스트럼 샌디』에서는 주인공의 나이가 겨우 여덟 살일 때 책이 끝난다.

그는 각 시대에 유행했던 예술이나 학문은 높게 평가하지 않는다.

그러므로 예술사 또는 학문사를 읽거나 또는 보존되어 있는 작품들을 살펴보면 인류란 매우 현명한 존재라는 생각이 든다. 그러나 어느 시대건 그 당시 만들어지고 있는 작품들과 작가들을 가까이서 살펴보면, 예를 들어 (어느 시대건) 지난 수년 동안에 출판된 책들을 읽거나 생존해 있는 화가들의 전시회에 가보거나 최신 악보들을 연주해 보면 항상 삼류밖에 없어 인류의 어리석음이 그대로 드러난다. 자기 스스로가 그런 부류인 사람들은 그런 것을 매우 좋아한다. 왜냐하면 괴테가 말했듯 "그런 자들은 많고, 또 같이 하는 것을 좋아하기 때문이다."

비극도 역시 마찬가지다.

그러나 '줄거리의 일치'라는 것도 프랑스 비극들처럼 항상 동일한 사건만을 이야기해야 할 정도로 지나칠 필요는 없는 것이다. 프랑스 비극들은 그것을 너무 철저히 지켜 극의 전개가 마치 두께 없는 기하학적인 선 같을 정도다. 거기에는 항상 "오직 앞으로! 네 일만 생각해!"가 있을 뿐이다. 또한 아주 사무적으로 사건을 표현하고 전달하면서, 그것에 속하지 않는 사소한 일들로 인해 지연되거나 좌우의 주변정황을 표현하는 법이 없다. 반면 셰익스피어의 비극은 두께를 가진 선에 비유할 수 있다. 그것은 주변적인 사건들도 다루지만 느긋하게 진행된다. 여기서는 줄거리 진행에 전혀 도움이 안 되는, 심지어는 줄거리와는 관계도 없는 대사들이 나오기도 하며, 어떤 경우에는 장면 전체가 그렇기도 하다. 그러나 우리는 그것들을 통해 등장인물들 또는 그들이 처한 상황을 더 잘 알 수 있고, 줄거리도 더 깊이 이해하게 된다.

쇼펜하우어는 자신이 주장하는 예술의 원리는 자연이 증명한다고 말한다.

이와 마찬가지로 우리는 다른 경우에도 아름다움이 유용성과 결합되는 일은 드물다는 것을 안다. 크고 아름다운 나무는 열매를 맺지 않는다. 과일나무는 작고 못생겼으며 굽어 있다. 여러 겹의 잎을 가진 정원 장미는 번식능력이 없는 반면 작고 거의 향기도 나지 않는 야생 장미는 번식능력이 대단하다. 또한 아름다운 건물들은 실용성이 없다. 즉 신전은 주택이 아닌 것이다. 탁월하고 비범한 천부적인 재능을 가진 사람에게 가장 평범한 사람이라도 할 수 있는, 하지만 단지 유용할 뿐인 일을 강요하는 것은 매우 아름다운 그림으로 장식된 귀한 꽃병을 스튜용 냄비로 쓰는 것과 같다. 또 쓸모 있는 사람을 천재와 비교하는 것은 건축용 석재를 다이아몬드와 비교하는 것과 같다.

그는 쓸모를 물어서는 안 되는 분야들이 있다고 주장한다.

음악, 철학, 미술, 문학은 그저 할 뿐이다. 즉 천재의 작품은 쓸모를 위한 물건이 아닌 것이다. 쓸모가 없다는 것은 천재의 작품이 갖는 하나의 속성이다. 즉 그것은 그 작품의 고결성을 나타내는 증거다.

하지만 유용한 물건을 만드는 사람은 더 쉽게 공정한 평가를 받을 수 있다.

그러나 다른 한편 유용성 또는 심지어 직접적인 감각적 즐거움을 위해 만들어진 물건들은 올바른 평가를 받는 데 아무 어려움이 없다. 예를 들어 탁월한 파이 요리사는 후세에 호소할 필요가 없는 것은 물론이고 어느 도시에서나 금방 이름이 난다.

재미있는 사람으로 인정받고자 했던 실러의 성향 때문에 쇼펜하우어가 그를 낮게 평가했다는 것은 이미 언급한 바 있다. 그러나 쇼펜하우어의 다음 예언은 적중하지 않았다.

실러의 『돈 카를로스Don Karlos』에 등장하는 인물들은 확연하게 좋은 사람들과 나쁜 사람들, 천사들과 악마들로 구분할 수 있다. 그들은 이미 지금도 이상해 보이는데, 하물며 50년 이상이 지난 후에는 어떻겠는가?

연극에서의 흑백논리는 실제의 삶을 제대로 묘사하지 못한다. 즉 마귀들은 뿔을, 바보들은 방울을 달고 세상을 활보할 것이라고 믿는 사람들은 항상 마귀들이나 바보들의 먹이나 노리개가 될 것이다.

이 철학자가 세상의 인정을 얼마나 빨리 받을 수 있는가를 기준으로 분류한 예술들의 등급을 끝으로 그의 예술관에 대한 장을 마무리하고자 한다.

공중 곡예사, 곡마사曲馬師, 발레 무용가, 마술사, 배우, 가수, 연주가, 작곡가, 작가, 건축가, 화가, 조각가, 철학자. 이 중 철학자는 어느 것에도 견줄 수 없는 꼴찌다.

그러나 쇼펜하우어가 매우 즐겨 인용한 다음 시구는 그들 모두에게 적용된다.

우리는 그들의 손에 씨앗을 쥐여 준다.
행운이 싹트지, 불행이 싹트지는 결말이 말해 줄 것이다.

3장

바보로
태어난 자는
바보로 죽는다

교사들은 돈을 벌기 위해 가르치며, '지혜'가 아니라
지혜가 있다는 '평판과 명성'을 구한다.

철학자 스피노자는 짧지만 의미심장하게 "개개의 사물을 더 잘 알수록 신을 더 잘 알게 된다."라고 말했다. 즉 진리는 아련히 먼 곳에 있는 것이 아니라 가장 작은 자연현상 속에도 있다는 것이다. 쇼펜하우어의 다음의 언급에도 비슷한 생각이 담겨 있다.

소설가의 일은 큰 사건들을 이야기하는 것이 아니라 작은 사건들을 흥미롭게 만드는 것이다.

이 말대로 쇼펜하우어는 자신의 저술 곳곳에서 세계와 생의 근본 문제들에 대해서와 똑같은 열정으로 일상의 온갖 문제들에 대해 자신의 생각을 표현한다.

아주 몰상식하고 천박스럽게 문을 쿵하고 닫는 등의 불필요한 소음에 대해 대부분의 사람들이 너그러운 것은, 그야말로 그들의 머리가 대개들 아둔하고 비었다는 표시다. 독일에서는 쓸데없이

Schopenhauer

쇼펜하우어의 장서표(藏書票)

북을 치는 것 등을 보면 아예 소음으로 아무도 정신을 차리지 못하도록 하려고 작심을 한 것 같다.

각종 소음에 대한 그의 반감은 여러 곳에서 나타난다.

우리가 몇 년 동안 울부짖은 대가로 평생 동안 매일 온갖 아이들의 울부짖음을 들어야 하는 것은 공평하기는 하지만 혹독하다.

그는 소음에 너그러운 정도와 지적 능력 사이에는 상관관계가 있다고 생각했다.

나는 한 사람이 부담 없이 참을 수 있는 소음의 양은 그의 지적 능력에 반비례하며, 그 때문에 그것은 지적 능력의 대략적인 척도로 간주될 수 있다는 생각을 오래전부터 정말로 갖고 있었다. 예를 들어 어느 집 안마당에서 아무도 달래는 사람 없이 개들이 몇

시간씩이나 짖는다면 그것은 나에게 그 집사람들의 지적 능력을 판단할 수 있는 근거가 된다.

소음에 대한 쇼펜하우어의 분노를 이해하려면 그 당시 거리의 소음은 끊임없는 말발굽 소리와 채찍 소리로 오늘날의 교통 소음을 훨씬 능가했다는 사실을 알아야 한다. 게다가 여기저기 쌓이는 말들의 분뇨로 인해 벤진 냄새를 훨씬 압도하는 지독한 악취도 났다. 이른바 '좋았던 옛 시절'은 우리가 때때로 상상하는 전원적 삶은 결코 아니었다. 또한 거리의 포장 역시 항상 좋은 것만은 아니었다.

장식 건축물, 기념비, 오벨리스크, 화려한 분수 등에 형편없는 거리 포장을 가진 대부분의 독일 도시들은 금과 보석으로 치장을 했지만 더러운 누더기를 걸친 여자와 같다. 이탈리아의 도시들처럼 도시를 꾸미고 싶으면 우선 그것들처럼 거리를 포장하라. 그리고 말하는 김에 하는 말이지만, 입상立像도 집채만큼 높은 받침대 위에 세우지 말고 이탈리아 사람들처럼 세워라.

그렇다면 쇼펜하우어가 후대에 세워진 자신의 기념상을 본다면 무슨 말을 할까? 기념물이나 성유물聖遺物에 대해서도 쇼펜하우어는 물론 독자적인 견해를 갖고 있었다.

수많은 기독교도들이 성인의 생과 가르침을 전혀 모르면서 그들의 성유물을 숭배한다. 또한 수많은 불교도들도 부처의 높은 가르침을 철저히 깨닫고 충실히 실천하는 것보다는 오히려 부처의 뼈 같은 사리, 그것이 보관되어 있는 사리탑, 발우鉢盂, 석화石化된 발자국, 부처가 씨를 뿌린 성수聖樹 등을 숭배하는 것으로 자신들의 종교를 대신하고 있다. 이와 마찬가지로 아르콰에 있는 페트라르카의 집, 페라라에 있는 이른바 타소의 감옥, 스트랫퍼드에 있는 셰익스피어의 집과 그의 의자, 바이마르에 있는 괴테의 집과 가구, 칸트의 낡은 모자 그리고 그들 각각의 친필들을 그들의 작품을 한 번도 읽어보지 않은 많은 사람들이 주의 깊게 존경하는 마음으로 구경한다. 하긴 그들이 구경 이상의 무엇을 할 수 있겠는가?

칸트의 낡은 모자라는 말이 나온 김에, 이 쾨니히스베르크의 철학자에 대한 일화에 쇼펜하우어가 특히 민감했다는 점을 지적하고 싶다. 쇼펜하우어에 따르면 칸트는 매년 3일간 교외의 여름별장에서 지냈다고 한다. 이것이 그의 전원생활이었다는 것이다. 이때 한번은 낯선 사람이 칸트를 만나려고 찾아왔지만 그가 없자 그의 하인인 람페Lampe에게 그의 장서藏書라도 보여 달라고 부탁했다고 한다. 그러자 람페는 자랑스럽게 다음과 같이 말했다. "우리에게는 장서가 없어요. 우리가 쓰는 책들은 다 머리에서 나오는 거예요." 그러나 쇼펜하우어는 이런 일화들을 제외하고는 유명인들에 대한 모든 피상적 애깃거리들을 싫어했다.

철학자의 사상을 공부하는 대신 그의 전기傳記나 읽으려고 하는 사람은 그림 대신 그 틀에 마음을 뺏겨 그것의 조각 양식이나 그 금박의 가치를 골똘히 따져보는 사람과 같다.

나도 이와 비슷한 경험을 1952년에 한 적이 있다. 즉 아이스레벤의 한 변호사가 바이마르 국립극장을 방문한 후 나에게 다음과 같이 이야기한 것이다. "환기가 아주 잘 되더군요. 좌석 열들 사이에 여유 있게 공간을 두어 신선한 공기가 통과될 수 있도록 했어요. 아주 훌륭했어요." 그것이 그가 그곳에서 공연된 괴테의『파우스트』에 대해 할 수 있는 말의 전부였다.

가르치고 배우기 위한 그 많은 다양한 기관들 그리고 쇄도하는 그 많은 학생들과 교사들을 보면 인간들은 정말 깨달음과 진리에 관심이 많다고 착각할 수 있다. 그러나 여기서도 진실은 겉보기와는 다르다. 교사들은 돈을 벌기 위해 가르치며, '지혜'가 아니라 지혜가 있다는 '평판과 명성'을 구한다. 또한 학생들도 지식이나 인식을 얻기 위해서가 아니라 아는 척이나 하고 거드름이나 피우려고 배운다. 이 때문에 30년마다 아무것도 모르면서 수천 년 동안 축적되어 온 인간 지식의 결과를 개괄적으로 순식간에 집어삼킨 다음 그 모든 과거보다 영리한 척하는 신종新種, 즉 애송이들이 등장한다. 이를 위해 그들은 대학에 입학하고 책들을 읽는데 자기들과 동시대, 동년배인 최신의 책들만 읽는다. 이들은 자기들이 새로운 만큼이나 다른 모든 것도 간단하고 새롭기를 바란다. 그러고 나서는 내키는 대로 평가를 한다. 나는 본격적인 생계용 학문은 아직 전혀 고려도 하지 않은 채 이 말을 한 것이다.

사람들은 새것도 곧 낡고 잊혀진다는 사실을 잊는 때가 많다.

헤로도토스에 따르면 크세르크세스는 어마어마하게 많은 자신의 군사들을 보고 울었는데, 그 이유는 백 년이 지나면 그 많은 사람들 중 아무도 살아 있지 않을 것을 생각했기 때문이라고 한다. 그렇다면 누가 두꺼운 측정자료 목록을 보고 울지 않을 수 있겠는가? 왜냐하면 이런 책들 역시 겨우 10년 후면 모두 없어져 버릴 것이기 때문이다.

한편 무엇이든지 지나친 것은 금물이다.

그러므로 거의 종일 책을 읽으면서 간간이 아무 생각 없이 시간을 보내는 것으로 휴식을 삼는 사람들은 자발적인 사고능력을 점점 잃어버리게 된다. 이는 항상 말을 타고 다니면 결국은 걷는 법을 잊게 되는 것과 마찬가지다. 그러나 아주 많은 학자들이 이 꼴이 되어 있다. 그들은 바보가 될 때까지 읽은 것이다.

쇼펜하우어는 말로 실질實質을 대신하려는 것은 크게 잘못된 일이라고 말한다.

아이들조차도 실질을 이해하려는 대신 말에 만족하고 그것을 암기하여 유사시 그것의 도움을 받아 곤경에서 빠져나가려는, 좋지 않은 성향을 갖고 있다. 이러한 성향은 나중에까지 남는데, 많은 학자들의 지식이 단순한 말장난에 그치는 원인도 바로 여기에 있다.

그는 심지어 지금은 일종의 숭배의 대상이 되어버린 표어들조차도 '단순한 말장난'에 불과하다고 규정한다.

심지어는 나의 윤리학조차도 교수들의 주목을 받지 못하고 있다. 이 때문에 대학에서는 아직 칸트의 도덕원리가 통용되고 있다. 그것의 여러 형태 중 지금 가장 인기 있는 것은 '인간의 존엄성'이다. 이 개념의 공허함은 내가 이미 도덕의 기초에 관한 나의 논문 8절 169쪽에서 밝힌 바 있다. 그러므로 자세한 것은 그것을 참조하라. 일단 이 '인간의 존엄성'의 근거가 도대체 무엇이냐고 물었다고 하자. 그에 대한 답변은 곧 '그것은 도덕성이다'라는 취지로 흐를 것이다. 즉 도덕성은 존엄성에, 존엄성은 도덕성에 근거한다는 얘기다. 그러나 이것 역시 차치하고라도 '존엄성'의 개념은 죄성罪性으로 물들어 있는 의지와 편협한 정신, 다치기 쉬운 신체를 소유한 나약한 인간 같은 존재에게는 다만 반어적으로나 사용할 수 있을 뿐이라고 나는 생각한다.

이 생각을 일관되게 전개하면 오직 하나의 탈출구밖에는 남지 않는다. 그런데 이 탈출구를 제시할 수 있는 사람은 오직 이 위대한 사상가뿐이다.

인간을 증오하거나 경멸하지 않도록 하려면 이른바 인간의 '존엄성'을 주장하는 것이 아니라 반대로 동정심에 호소하는 것이야말로 진실로 유일하게 타당한 입장이다.

그러나 이것은 후에 다른 위대한 사상가들의 반발을 불러일으켰다. 작가 고리키Gor'kii는 『무료숙박소』에서 다음과 같이 단도직입적으로 말한다. "인간은 존중해야 한다. 동정심 따위로 인간을 모욕해서는 안 된다." 쇼펜하우어는 그런 주장에 대해 항상 조소적으로 응수했다.

그러나 교양 높으신 합리주의자들은 말한다. "그런 주장은 모두 사실도 아니며 단순한 괴변일 뿐이다. 우리는 꾸준히 진보하며, 한 단계 한 단계 더욱더 위대한 완성을 향해 나아갈 것이다." 그렇다면 우리가 더 일찍 출발할걸 그랬지. 그랬더라면 우린 벌써 거기 도착해 있을 텐데.

그의 사후 태어났던 고리키뿐만 아니라 그보다 먼저 살았던 라이프니츠Leibniz도 철학적으로는 그의 적이었다. 그러나 쇼펜하우어는 별 어려움 없이 라이프니츠를 무력화시킨다.

라이프니츠가 이 세상의 악의 존재를 정당화하기 위해 자주 되풀이하는 주장은, 악도 종종 선의 원인이 된다는 것이다. 그런데 그는 이 주장을 자신의 책으로 실증하고 있다. 왜냐하면 그 책은 그 책 자체로는 형편없지만, 후에 위대한 볼테르^{Voltaire}로 하여금 불멸의 소설 『캉디드^{Candide}』를 쓰게 함으로써 매우 큰 공을 세웠기 때문이다.

그는 라이프니츠의 학설을 간단히 해치운다.

라이프니츠는 누구보다도 먼저 근거^{根據}의 원칙을 모든 인식과 학문의 기본원칙으로 공식적으로 천명했다. 그는 그것을 자신이 쓴 여러 책에서 매우 거창하게 선언했고, 그것으로 잘난 체를 했으며, 심지어는 마치 자신이 그것을 처음으로 창안한 것처럼 행세했다. 그러나 그가 그것에 대해 했던 말은 "모든 것은 그것이 바로 그리할 수밖에 없는 충분한 이유를 가질 수밖에 없다."는 것이 전부였다. 그 정도라면 라이프니츠 이전의 사람들도 충분히 알고 있었을 것이다.

그는 그리스의 스토아학파 철학자들도 라이프니츠와 비슷하게 다뤘다.

그들은 로마의 진수성찬 앞에 앉아 모든 요리를 맛보면서, 이것들은 모두 '발전된 것'일 뿐 '좋은 것'은 아니라고 강변한다. 즉 그들은 먹고 마시고 즐기면서도 그것을 하게 해준 자비하신 신에게 감사할 줄은 모르고 오히려 진저리내는 표정을 지으며, 자기들은 먹는 것에는 전혀 신경을 쓰지 않는다고 줄기차게 꿋꿋이 강변함으로써 자신들의 원칙과 화해할 수 있다고 믿었다.

한편 그의 다음의 언급 역시 타당하다.

원한에 차 있는 것 같은 사람이 아니라 영리해 보이는 사람이 무섭고 위험해 보인다. 이처럼 인간의 두뇌는 사자의 발톱보다 더 무서운 무기다.

인간 두뇌의 우위는 특별한 삶의 원칙들을 세우고 지키는 데서도 증명된다.

단지 매우 예리하지만 잘 알려져 있지 않은 몇몇 아랍 격언들만을 여기 덧붙이고자 한다. "너의 적이 알아서는 안 될 것을 너의 친구에게 말하지 말라." "내가 내 비밀을 지키고 있는 동안에는 그것이 나의 포로다. 그러나 내가 그것을 누설하면 내가 그것의 포로가 된다." "침묵이라는 나무에는 평화라는 열매가 열린다."

같은 취지로 그는 다음과 같이 말한다.

그러나 허영심이 강한 사람은 이것을 알아야 한다. 즉 다른 사람들에게 높은 평판을 얻는 데는 말보다는 지속적인 침묵이 훨씬 쉽고 확실한 방법이라는 사실이다. 가장 좋은 말만 하려고 할지라도 말이다.

이 원칙은 특히 명성을 얻는 데 중요하다. 그러나 공교롭게도 쇼펜하우어가 자신의 이 충고를 항상 지킨 것은 아니었다.

그러므로 명성을 얻으려면 다만 그것을 얻을 자격을 갖추라. 즉 상대적으로 돋보이기 위해 다른 사람을 비하하지 말라. 또 친구로 하여금 자신을 칭찬하도록 해서도, 그 밖의 다른 방법으로 세인의 이목을 끌려고 해서도 안 된다. 또한 자신의 공적을 공공연하게 알리려 해서도 안 된다. 공적이 스스로 알려질 때까지 기다리라. 공적은 결국 알려지게 마련이다.

쇼펜하우어는 '마음의 소리'를 믿는 것을 생활의 중요한 지혜로 여긴다.

또한 우리는 여기서 소크라테스의 '내면의 음성'을 떠올리게 된다. 그것은 그에게 다른 사람이 자기에게 요구했거나 권고한 특정 행동을 해서는 안 된다는 느낌을 주었다. 그는 그 원인을 알 수 없었는데, 이는 그가 그것에 관해 꾼 자신의 예언적 꿈을 잊어버렸기 때문이었다. 우리 시대에도 이와 비슷한 경우들이 있다. 그래서 나는 그것들을 잠깐 상기시키고자 한다. 어떤 사람이 배의 좌석을 예약했는데, 배가 출발할 때가 되자 그는 스스로도 이유를 모른 채 그냥 배에 오르지 않았다. 그런데 그 배가 침몰한 것이다. 또 다른 어떤 사람은 동료들과 함께 화약고로 가다가 원인을 알 수 없는 두려움에 사로잡혀 더 가기를 한사코 거부하고 재빨리 돌아와 버렸다. 그 화약고는 폭발했다. 세 번째 사람은 대양을 향해 하던 어느 날 저녁, 아무 이유도 없이 옷을 벗고 싶지 않아 옷과 장화 심지어는 안경까지 착용한 채 잠자리에 들었다. 그런데 그 밤에 배에 화재가 났고, 그를 포함한 소수의 사람들만이 보트를 타고 탈출할 수 있었다. 이 모든 것은 잊혀진 예언적 꿈의 어렴풋한 여파 때문으로, 본능과 예술적 충동을 유추적으로 이해하는 열쇠를 제공한다.

그러나 위의 예들은 입장을 달리하면 얼마든지 당연한 것으로 설명할 수 있다. 예를 들어 침몰한 배에 타기로 되어 있던 200명의 사람 중 마지막 순간에 한 명이 타지 않기로 결정했다고 해서 이상할 것은 아무것도 없다. 다른 경우들도 마찬가지로 생각할 수 있다. 그러나 위의 모든 예들의 문제점은, 이상한 것을 일종의 신성한 것으로 다루고 있다는 점이다. 그러나 오히려 스피노자가 지적한 것처럼, 자연의 순리를 벗어나는 것이야말로 신의 존재를 의심케 만든다. 하지만 쇼펜하우어는 즉시 다른 문장으로 우리를 다시 진정시킨다.

일반적으로 사람들이 운명이라고 부르는 것은 자기 자신의 바보짓일 뿐이다.

"자신의 행복은 자신이 만든다."라고 고대인들은 말했다. 대개의 경우 그 말은 옳다.

그러므로 우리의 도덕적 가치뿐만 아니라 우리의 지적 가치도 외부에서 우리 안으로 들어오는 것이 아니라 우리 자신의 존재 깊은 곳에서 솟아난다. 그러므로 어떤 페스탈로치적 교육법도 천부적인 바보를 분별 있는 인간으로 만들 수는 없다. 결코! 바보로 태어난 자는 바보로 죽을 뿐이다.

그러나 바보를 항상 금방 알아낼 수 있는 것은 아니다.

지적, 그리고 도덕적 측면에서 젊은 사람이 일반인들의 행동양식에 매우 빨리 적응하고 그것에 금방 친숙해지며 마치 기다렸다는 듯이 그것을 따라 하는 것은 좋지 않은 징후다. 그것은 저속함을 예고한다. 반면 그런 상황에서 낯설어하고 당혹스러워하며 서툴고 엉뚱한 태도를 보이는 것은 보다 더 고결한 천성天性을 암시한다.

그렇다고 서툰 행동이 항상 더 고결한 품성을 나타낸다는 것은 아니다.

무엇인가 기다려야 할 때 자신의 지팡이, 칼, 포크 등과 같은 손에 잡히는 것을 가지고 박자를 맞춰 두드리거나 달그락대는 대신 아무것도 하지 않고 그대로 앉아 있는 사람은 100명 중 한 명 있는 훌륭한 사람으로서 나의 존경을 받을 것이다.

위의 단상斷想에는 소음에 대한 혐오가 다시 터져 나온 것으로 보인다.

어려울 때 친구는 드물다고? 천만에! 이제 막 사귄 사람들도 벌써 어려움에 처해 있다면서 돈을 빌렸으면 하는데도?

흔히 어려움의 반대 개념으로 무료함을 든다.

잘 알려진 바와 같이 나쁜 일은 나눌수록 가벼워진다. 그런데 사람들은 무료함도 나쁜 일 중의 하나라고 여기는 듯하다. 그래서 그들은 같이 모여 앉아 같이 무료해한다.

무료함은 카드놀이를 낳는다.

카드놀이 등에는 그런 의도가 담겨 있다. 그런 것들은 앞서 언급한 목적을 위해 발명되었다. 그런데 그런 것이 없을 경우 어리석은 사람들은 대신 손에 잡히는 대로 달그락거리며 두드린다. 여송연도 그들에게는 사고思考의 반가운 대용물이다. 그래서 어느 나라 어느 사회에서건 카드놀이가 주요 활동이 되어버렸다. 그것은 사회의 가치를 나타내는 척도이며, 또한 모든 사고의 파산 선언이다. 그들에게는 생각이란 것이 없기 때문에 대신 카드를 교환하며 서로의 금화를 노리는 것이다.

한편 사람들을 즐겁게 하는 것은 쉬운 일이다. 자신이 최근에 당한 큰 불행에 대해 이야기하거나, 그 정도는 아니더라도 어떤 개인적 약점을 숨김없이 밝히는 것만큼 사람들을 즐겁게 하는 것도 드물다. 어련하겠는가?

그야말로 희곡적으로 잘 짜인 다음의 성찰은 우리가 어떻게 심지어 행복이나 불행과도 즐겁게 대화를 나눌 수 있는지를 보여준다.

예를 들어 개인적인 문제를 곰곰이 생각하던 우리가 실재하는 위험의 위급성 및 불행한 결말의 가능성 등을 생생하게 상상하게 되면 곧 두려움이 심장을 짓누르고 혈관의 피는 멈추게 된다. 그러나 이제 지성이 그와는 정반대되는 결말의 가능성으로 관심을 돌린 후 상상想像으로 하여금 그 결말을 통해 얻어진 오랫동안 갈망했던 행복을 마음껏 그려보도록 하면 곧 모든 맥박은 즐거이 뛰놀 것이며, 심장은 깃털처럼 가벼워질 것이다. 그러나 지성이 그 꿈에서 깨어나서 이제 가령 어떤 계기로 아주 오래전, 언젠가 한 번 당했던 모욕 또는 피해의 기억이 되살아난다고 하자. 그러면 곧 분노와 원한이 마음 가득 밀려올 것이다. 그러나 이제 많은 사연과 황홀한 기억을 간직한 아주 오래전 잃어버린 연인의 모습이 우연히 떠오른다고 하자. 그러면 분노는 곧 깊은 그리움과 애수에 자리를 내줄 것이다. 또 마지막으로 과거의 어떤 부끄러운 사건이 생각난다고 하자. 몸은 오그라들고 어디론가 꺼지고 싶을 것이며 얼굴은 부끄러움으로 화끈거릴 것이다. 이런 경우 우리는 종종 마치 악령들을 쫓아내듯 큰 소리를 질러 억지로 관심을 돌리거나 기분전환을 하려고 한다. 우리는 여기서 지성이 연주하면 의지는 그것에 맞춰 춤을 출 수밖에 없음을 본다. 즉 지성은 보모保姆가 즐거운 이야기와 슬픈 이야기를 번갈아 늘어놓거나 들려주며 자기 마음대로 아이를 온갖 감정에 빠져들게 하듯, 의지로 하여금 이런 아이 노릇을 하게 한다.

한편 상호이해를 전제로 지적인 대화를 하려는 순진한 풋내기들은 곧 야릇한 감정에 빠지게 될 것이다.

도대체 어떤 풋내기이기에 자신의 지각과 분별력을 나타내는 것이 사람들의 사랑을 받는 방법이라고 착각할 수 있단 말인가?

인간사회는 그것 나름의 법칙을 따른다.

대부분의 사람들이 자신에 대한 비난의 낌새에도 민감하게 반응하는 것과 그들이 자신에 대한 지인知人들의 대화를 엿듣는 경우 듣게 될 내용을 비교하면 얼마나 뚜렷한 대비가 될 것인가?

"비슷한 사람들은 멀리서도 서로 통한다."라는 말은 모든 부류의 사람들에게 적용된다.

그러므로 예를 들어 실용적인 목적을 지향하는 큰 공동체에 두 명의 진짜 악당이 있을 경우 이들은 마치 같은 부대의 표식을 달고 있는 것처럼 서로를 금방 알아볼 것이며, 곧 횡령이나 배신을 모의하기 위해 만날 것이다. 한편 다른 모든 사람들은 매우 사려 깊고 지적인 데 비해 그들 사이의 두 사람만 바보인, 실제로는 있을 수 없는 큰 사교모임을 가정할 경우 이때도 마찬가지로 이 두 바보는 어떤 교감을 통해 서로에게 끌릴 것이며, 곧 저마다 분별 있는 사람을 그나마 한 사람이라도 만나게 된 것을 내심 기뻐할 것이다.

악당에게 사기당하는 것은 결코 불운이 아니다.

사기당한 돈보다 더 잘 쓰인 돈은 없다. 왜냐하면 우리는 그 대가로 즉각 처세의 지혜를 얻기 때문이다.

한편 인류는 그래도 아주 형편없는 존재 같지는 않다.

그러나 나는 다른 한편, 비록 개인, 즉 예외들에 의한 것이기는 하지만 그래도 이런 종種에서 어떻게 훌륭하고 아름다운 다양한 예술과 학문이 생겨나서 뿌리를 내리고 보존되고 완성되어 갈 수 있었는지, 그리고 이 종이 어떻게 호메로스, 플라톤, 호라티우스 등과 같은 천재들의 작품들을 이삼천 년 동안 필사筆寫와 보관을 통해 성실하고 끈기 있게 간직하여 그 역사의 온갖 고통과 참상 속에서도 그것들이 없어지지 않도록 보호할 수 있었는지 놀라지 않을 수 없었다. 이 종은 그것으로 자신들이 그 천재들의 가치를 알아보았다는 것을 증명한 것이다…….

실제로 수사修士들이 얼마나 세심하게 망각으로부터 과거 문명을 지켜왔는지 살펴보면 그들의 끈기에 감탄하지 않을 수 없다. 그러므로 한때 있었던 소문, 즉 모든 고대문학은 수사들의 상상의 산물이라는 말은 그저 주변적인 일화로나 간주될 수 있을 것이다.

그러나 종종 언급되는 인간과 동물의 근본적 유사성은 일화에 불과한 것이 아니다.

개나 원숭이처럼 가장 영리한 동물들만이 활동의 욕구 및 그로 인한 무료함을 느낄 수 있다. 이 때문에 그런 동물들은 장난치기를 좋아하며, 심지어는 지나가는 동물들을 즐거이 구경한다. 이는 그 동물들이 이미 창밖을 구경하는 사람들과 동급임을 보여준다.

우리는 그런 사람들의 시선과 어디서나 마주치지만, 그들에 대해 진심으로 화가 나는 경우는 그들이 학생이라는 것을 발견할 때뿐이다.

그러나 유사성은 인간 공동체 내부에서도 발견된다. 그가 우리 시대를, 특히 독일인들의 생활양식을 체험한다면 어떤 말을 할까?

문명의 가장 낮은 단계인 유목생활은 문명의 가장 높은 단계에서 보편화된 관광문화로 되살아난다. 전자는 곤궁 때문에, 후자는 무료함 때문에 생겨났다.

그러나 쇼펜하우어가 인용하는 다음 시구는 모든 사람을 위한 것이다.

> 그러나 여보시게. 우리가 기름진 것을
> 평안히 즐길 수 있을 때도 올 것이라네.

그는 어떤 특정 부류의 사람들에 대해 다음과 같이 신랄한 평가를 내린다.

그들을 좀 보라. 대머리에 긴 수염, 눈 대신 안경, 생각 대신 짐승 같은 주둥이에 여송연을 꽂고, 저고리 대신 등이 불룩한 포대자루 같은 옷을 입고 부지런히 일하는 대신 빈둥거리며 아는 것은 없으면서 오만하고 업적 대신 뻔뻔스러움과 패거리를 앞세우는 자들이다.

이런 부류를 차치하고라도 인간은 전체적으로도 좋은 평가를 받지 못한다.

이 세상에는 거짓말하는 존재가 단 하나 있는데, 그것은 인간이다. 반면 다른 모든 존재들은 참되고 정직하다. 왜냐하면 그들은 자신을 있는 그대로 숨김없이 드러내며, 느끼는 대로 표현하기 때문이다. 이 근본적인 차이를 상징적, 또는 우의적寓意的으로 보여주는 것이 있다. 즉 모든 동물들은 자연 그대로의 모습으로 다닌다. 동물들을 보면 좋은 느낌을 받는 것도 이 때문이다. 특히 자유로운 상태의 동물들을 보면 나의 마음은 항상 환해진다. 반면에 인간은 옷으로 인해 하나의 희화戱畵 혹은 괴물이 되어버렸다. 이것만으로도 인간의 모습은 불쾌한데 이제는 비자연적인 흰 화장과 자연에 역행하는 육식, 알코올 음료, 담배, 무절제, 병 등에 의한 그 모든 혐오스런 영향으로 인해 더욱더 불쾌하게 되었다. 즉 인간은 자연의 오점汚點인 것이다. 그리스인들은 그것을 느꼈기 때문에 가능한 한 간소한 옷차림을 했다.

게다가 대부분의 사람들은 독자적 판단 능력이 없다고 그는 생각했다.

평범한 사람들은 가장 작은 일들에서조차 자신의 판단을 믿지 못한다. 그것은 그들이 경험을 통해 자신의 판단은 믿을 만한 것이 못 된다는 것을 알고 있기 때문이다. 그래서 그들은 선입견과 결과론結果論으로 판단을 대신하게 된다. 이로 인해 그들은 지속적으로 미성년 상태로 머물게 되고, 수백 명 중 한 명 꼴로도 거기에서 벗어나지 못한다. 물론 그들은 그 사실을 자백하지 않는다. 오히려 그들은 자기 자신에게까지 독자적 판단을 하는 양 꾸며 보인다. 그러나 그들은 그러면서도 항상 다른 사람들의 의견을 곁눈

질하는데, 그 이유는 그것이 여전히 그들의 은밀한 지향점이기 때문이다. 저고리나 모자, 외투를 빌려 입고 다니는 것은 누구나 부끄러워할 것이다. 그럼에도 그들은 모두 빌린 의견들만을 갖고 있다. 그들은 그것들을 손에 넣을 기회만 생기면 탐욕스럽게 잡아채서는 자기 것이라 사칭하며 뽐낸다. 그러면 다른 자들이 이것들을 다시 그들에게서 빌려 똑같이 하고 다닌다. 이 때문에 잘못된 생각들이 그토록 빠르고 넓게 퍼지는 것이며, 형편없는 자들이 명성을 얻는 것이다. 왜냐하면 가장무도회 복장을 대여하는 사람들이 가짜 보석들만을 내주듯 직업적인 의견 대여자, 즉 저널리스트 등도 대개 가짜 상품들만을 내주기 때문이다.

분명한 것은 쇼펜하우어가 '오늘날의 의견 대여자들'을 보았다면 전율을 금치 못했을 것이라는 점이다. 심지어는 천재들까지 비판하는 그가 아닌가?

가장 부족한 사람에게조차 수치일 수밖에 없는 부정직한 언행을 가장 뛰어난 사람들이 저질렀다고 의심할 수밖에 없는 경우 우리는 매우 착잡해진다. 왜냐하면 부자의 도적질은 가난한 사람의 도적질보다 더 용서할 수 없는 일이라고 우리는 느끼기 때문이다. 그러나 우리는 이 문제에 대해 침묵할 수 없다. 왜냐하면 여기서는 우리가 바로 후세後世고, 그러므로 공정해야 하기 때문이다. 그렇지 않고서야 우리가 어떻게 후세 사람들이 우리에 대해 공정하기를 바라겠는가? 그래서 나는 그 사례들에 덧붙여 제3의 보충 사례를 제시하고자 한다. 그것은 괴테의 『식물변태론Die Metamorphose der Pflanzen』의 기본 사상은 이미 1764년에 카스파르 프리드리히 볼

프Kaspar Friedrich Wolf가 그의 『발생론Theorie von der Generation』에서 언급한 내용이라는 것이다.

또 '중력계'의 경우도 마찬가지다. 유럽의 대륙에서는 여전히 뉴턴Newton이 그것의 발견자로 되어 있다. 그러나 영국에서는 적어도 학자들만은 그것을 발견한 사람이 로버트 후크Robert Hooke라는 사실을 아주 잘 알고 있다. 그는 그 이론을 1666년에 이미 '왕립학회에 보내는 편지'에서 비록 단지 가설일 뿐이었고 증거도 내놓지 못했지만 매우 분명하게 제시했다. 그것의 주요 대목은 듀걸 스튜어트Dugal Stewart의 『인간정신철학Elements of the Philosophy of The Human Mind』 2권 434쪽에 게재되었는데, 그것은 『후크의 유작R. Hooke's Posthumous Works』에서 발췌한 것으로 보인다. 이로 인해 뉴턴이 궁지에 몰린 과정은 인물백과의 뉴턴 편에도 나와 있다. 또 『쿼터리 리뷰Quarterly Review』 1828년 8월 판은 천문학 약사略史에서 후크가 먼저라는 것을 이론異論의 여지 없는 사실로 다루고 있다. 이에 관한 자세한 내용은 나의 『소품Paregis』 제2권 86절(제2판의 88절)에서 볼 수 있다. 사과 낙하落下의 이야기는 인기는 있지만 신빙성은 없는 동화이다. 그것은 아무 근거도 없다.

쇼펜하우어는 뉴턴의 사례를 되풀이해서 다룬다.

나는 이제 자기도 아버지인 사람, 스스로도 가설을 세우고 발전시키고 지킨 경험이 있는 모든 사람에게 묻겠다. 자기 자식을 그런 식으로 다루는가? 모든 것이 한번에 들어맞지 않는다고 자식을 가차 없이 집에서 내쫓고 문을 닫아버린 후 16년 동안 관심조차 갖지 않는가? 그런 경우 사람들은 오히려 그 비통한 "이건 아니야!"라는 말을 내뱉기 전에 자신이 낳고 기른 귀한 자식이 아닌 다른 어떤 것, 심지어는 세상을 만든 '하나님 아버지'에게서라도 먼저 잘못을 찾고자 할 것이다. 더구나 이 경우에는 조금이라도 그런 마음이 있었다면 무엇이 잘못인지 쉽게 찾을 수 있었다. 왜냐하면 그것은 (조준각照準角을 제외하고는) 유일한 경험적 데이터였기 때문이다. 더구나 그것은 계산의 토대가 되었지만 그 정확성에 대해서는 많은 의심이 있었기 때문에, 프랑스인들은 이미 1669년부터 그것에 대한 측도測度를 해왔던 것이다. 그러나 뉴턴은 이 문제성 많은 데이터를 전혀 거리낌 없이 보통 통용되는 자료에 따라 영국의 마일 단위로 채택했다. 세계를 해명할 수도 있는 참된 가설을 그렇게 다루는가? 만일 그것이 자기 것이었다면 결코 그렇게 하지 못했을 것이다. 그렇다면 사람들은 누구에게 그렇게 하는가? 마지못해 집에 들인 다른 사람의 아이들에게가 아닌가? 그런 사람들은 (단지 한 번, 그것도 괴물을 낳은 자신의 불임不姙 아내 옆에서) 불신과 악의에 찬 시선으로 그 아이들을 쳐다보며 오히려 그 아이들이 불합격되기를 바라는 마음으로 그저 직무상 그 아이들에 대한 검사를 허용한다. 그러나 자신의 바람대로 그 아이들이 불합격되면 즉시 큰 소리로 비웃으며 그 아이들을 집에서 쫓아낸다.

적어도 나는 이 논증이, 중력의 기본 개념을 처음 생각한 사람은 후크이고 뉴턴의 공로는 단지 그것을 계산에 의해 증명한 것뿐이라는 주장의 완벽한 증명으로 충분하다고 생각한다. 이렇게 볼 때 불쌍한 후크도 콜럼버스와 같은 꼴을 당한 것이다. 즉 사람들은 '아메리카'라 하는 것처럼 '뉴턴의 중력계'라고 말하는 것이다.

그는 비범한 가설을 세우는 것에서 특별한 기쁨을 느낀다.

지성과 분별력을 나타내는 것은 모든 타인他人을 무능하고 우둔하다고 질책하는 간접적인 방법일 뿐이 아닌가?

온갖 문헌들을 인용하며 그의 잘못을 지적하려는 사람들을 그는 간단히 해치운다.

그 박식한 사람들의 인상적인 학식을 대하면 나는 때때로 다음과 같이 생각하게 된다. '오, 얼마나 생각할 것이 없었으면 저렇게 많이 읽을 수 있었을까?'

그가 프라우엔슈테트에게 보낸 몇몇 편지 속에 소개한 자신의 건강 비결은 그 자체가 하나의 특별한 주제다.

1852년 10월 12일:

치통이 생기면 긴 모직毛織 붕대로 목(머리가 아니라)을 2회 내지 3회 감고 하룻밤 자고 나면 낫습니다. 이와 목은 서로 교감하거든요. 꼭 심한 치통을 앓고 싶은 사람은 뜨거운 여름에 팬티 없이 남경南京 모직 바지를 입고 왕립도서관의 서늘한 지하 독서실로 가면 됩니다. 약효를 보증함.

1853년 2월 17일:

잠을 잘 못 주무신다는데 그것은 정말 안 좋은 일입니다. 잠은 모든 건강의 근원이며 생명의 파수꾼입니다. 저는 예나 지금이나 여덟 시간씩 자고 있습니다. 대개 중간에 한 번도 깨지 않고 말입니다. 매일 꼭 한 시간 반씩 빨리 걸으세요. 앉아서 심심풀이하는 대신에 말입니다.

여름에는 냉수욕을 많이 하십시오. 밤에 깨면 절대로 복잡하거나 재미있는 것이 아니라 아주 무미건조한 것들만을 다양하게 생각하되 올바르고 정확한 라틴어로 하십시오. 저는 그렇게 한답니다. (약효를 보증함.) 그러면 문법과 구문에 가려 의미는 희미해집니다. 최악의 경우에는 프랭클린Franklin의 방법을 써 보십시오. 이불을 걷어차고 일어나 속옷 바람으로 두 시간 정도 왔다갔다하다가 다시 누워 보십시오. 거의 틀림없습니다.

1853년 9월 23일:

저는 여기서는 맥주도 전혀 마시지 않습니다. 칸트는 맥주를 싫어해서 한 번도 마셔 본 일이 없답니다.

1855년 9월 23일:

계신 곳에 또 콜레라가 돈다면서요? 안전하시길 빕니다. 만일 징후가 나타나면 중탄산염 소다를 물에 한 숟가락 넣어 반복적으로 드십시오. 벵골의 한 장교가 『타임스Times』에 특효라고 소개했더군요.

또 요한 아우구스트 베커에게 보내는 1858년 10월 1일자의 편지에는 다음과 같은 구절이 있다.

그러나 이제는 아주 조심하셔야 합니다. 어떤 식으로든 눈에 무리가 가지 않도록 하셔야 됩니다. 또 예를 들어 물속에서 눈을 떴다 감았다 하면서 눈을 단련시키세요. 아직도 눈이 그것을 견딜 수 있다면 말입니다. 저는 40년 전부터 그렇게 해오고 있답니다.

한편 쇼펜하우어는 동일 수취인에게 보낸 편지에서 수염 기른 사람들에 대한 자신의 혐오를 표현한다.

문예신문이 없는 시대는 이 시대뿐입니다. 여름에 샘이 마르듯 독일어에 그것이 없어지면 독일어도, 또한 항상 수염으로 상징되던 야만도 갈 때까지 다 간 것입니다.

다음의 간결한 언급은 그가 심지어는 최근에야 인구人口에 회자되기 시작한 오존층 파괴조차도 이미 어떤 식으로든 예감하고 있었음을 보여준다.

햇볕은 끊임없이 새로운 온기溫氣를 유입하고 기존의 온기는 이미 밝혀진 대로 결코 없어지는 일이 없이 다만 이동하거나 기껏해야 잠재상태로 변할 뿐이기 때문에, 전체적으로 보아 세계는 점점 더워지고 있다고 추론할 수 있다. 그러나 나는 이 문제를 미결로 남기고자 한다.

물론 쇼펜하우어가 세운 수많은 가설들은 그가 살아 있는 동안에도 여러 가지 반론과 항의를 불러일으켰다. 그러나 그는 눈 하나 깜짝하지 않았다. 이는 특히 그가 자기를 비판하는 사람들은 진리와는 상관없이 그저 항상 토론에서나 이기려 하는 사람들과 마찬가지라고 보았기 때문이다. 그는 다음과 같은 조롱 섞인 충고로 그들에게 엄중 경고한다.

상대방이 제시한 근거에 맞서 아무것도 내세울 수 없을 때는 다음과 같이 기품 있는 반어법으로 자신은 판단을 내릴 수 있는 입장이 못 된다고 선언하라. "당신의 말씀은 저의 부족한 판단력의 범위를 넘어서는군요. 그것은 아주 옳으신 말씀일 수도 있겠습니다만 저는 그것을 이해하지 못하겠고, 그러므로 어떤 판단도 내릴 수 없습니다." 이것은 자신을 존경하는 청중들에게 '그것은 난센스다'라고 귓속말을 해주는 것과 같다. 그래서 『순수이성비판』이 출판되자, 더 정확히 말해 그것이 사람들의 주목을 끌기 시작하자 절충주의적인 구학파舊學派의 많은 교수들도 그렇게 선언했다. "우리는 그것을 이해하지 못하겠다." 그들은 그로써 『순수이성비판』은 처리된 것이라고 생각했다. 그러나 신학파新學派의 몇몇 추종자들이 그들에게 그들은 정말로 자신들의 말대로 그것을 이해하지 못하고 있을 뿐이라는 것을 보여주자 그들은 몹시 불쾌해했다.

4장

부패한
언어의 속삭임에
속지 말라

앞으로 나의 저술을 출판할 때 문장이든,
하나의 단어·음절·글자·구두점에 불과하든,
그것을 조금이라도 의도적으로 변형하는 자는 나의 저주를 받을 것이다.

쇼펜하우어가 자신이 쓴 글들을 얼마나 중요하게 생각했는지에
대한 증거로, 출간 예정이던 자신의 전집 서문에 남긴 다음 글귀
를 마치 그의 유언처럼 인용하고자 한다.

수년 전부터 수천 명의 형편없는 작가들과 분별없는 인간들이
무지한 만큼이나 열심히, 조직적이고 신나게 저지르고 있는 치욕
적인 독일어 훼손에 대한 분노에 가득 차서 나는 다음의 선언을
한다.

"앞으로 나의 저술을 출판할 때 문장이든, 하나의 단어·음절·글자·
구두점에 불과하든, 그것을 조금이라도 의도적으로 변형하는 자는 나
의 저주를 받을 것이다."

이로써 한 가지는 분명하다. 즉,『두덴DUDEN』* 등을 근거로 쇼펜
하우어의 언어를 '현대화'하는 것은 그가 기록으로 남긴 뜻에 비추
어 당연히 허용될 수 없다. 그럼에도 불구하고 그렇게 하는 사람
은 이 프랑크푸르트Frankfurt** 현자의 저주를 받을 것이다. 아무리
비판적이고 뛰어난 언어학자라도 진심으로 저주를 바라는 사람은
없을 것이다. 그래서 이 책의 모든 인용문은 그동안 변화된 어법
에 비추어 때때로 다소 이상하게 느껴질지라도 쇼펜하우어의 정
서법을 그대로 따랐다.

쇼펜하우어는 위의 인용 구절에 설명을 덧붙였다.

**나는 과작가寡作家라는 명예로운 칭호를 받을 자격이 있다고 생
각한다. 왜냐하면 이 다섯 권이 내가 지금까지 쓴 모든 것이고, 나
의 73년 인생이 거둔 모든 성과이기 때문이다. 이는, 내가 항상 독
자들에게 특별히 할 말이 있을 때에만 글을 썼기 때문이다. 만일
이 원칙이 다른 사람들에게도 지켜진다면 서적의 양은 크게 감소
할 것이다.**

이 경우 우리는 어쩌면『오디세이』중 특히 마음에 드는 구절에
모두 밑줄을 치려다가 결국 그 서사시 전체에 밑줄을 치게 된 어
떤 호메로스 숭배자와 같은 경험을 하게 될지도 모른다.

그럼 이제 유머의 측면을 보자. 그것은 심지어 그 서문 끝 부분
의 진지한 설명 한가운데에서도 번뜩인다.

---

* 콘라트 두덴(Konrad Duden)이 편찬한 독일어 사전.
** 쇼펜하우어는 생의 후반기를 프랑크푸르트(Frankfurt)에서 보냈다.

철학교수들은 나를 차가운 경멸로 대한다. 그러나 그 뒤에는 불타는 증오가 숨어 있다. 나는 앞으로도 그것을 받을 자격이 있도록 항상 노력할 것이다.

서두에 서술한 주제로 돌아가 보자. 그는 추종자인 율리우스 프라우엔슈테트 박사Dr. Julius Frauenstädt에게 보낸 1853년 10월 15일자의 편지에서 다음과 같이 썼다.

오, 당신이 킬처Kilzer의 그 고귀한 열광을 조금이라도 갖고 있다면 좋으련만! 그는 이미 올해 여름, 저의 저술에서 철자 하나라도 고치지 못하도록 지속적으로 감시하기 위해 신탁 유증을 설정하라고 저에게 진지하게 충고해 주었답니다.

그로부터 6주 후 그는 다음과 같이 덧붙였다.

저는 저의 방식대로 씁니다. 거기서는 모든 말이 가치와 필연성을 갖습니다. 당신이 그것을 느끼거나 인식하지 못한다 하더라도 말입니다. 그러므로 저는 당신이 저의 글을 인용할 경우 철자 하나라도 빠뜨리지 말 것을 요구합니다. 저는 그렇게 요구할 권리가 있습니다. 솔직히 말해 그것은 당연한 것입니다.

출판인 브로크하우스Brockhaus에게 보낸 1818년 9월 22일자 편지의 다음 구절은, 그가 자신만의 특유한 정서법을 이렇듯 철저히 고집하는 것은 나이 때문에 생긴 괴팍함 때문이 아니라는 것을 증명한다.

알텐부르크^{Altenburg}에서 세 번째 교정이 시작된 이래 많은 오자들이 생기고 있습니다. 저는 교정인이 바뀌기를 바랍니다. 자세한 내용은 인쇄소에 보내는 저의 편지에 있습니다.

언어는 쇼펜하우어의 실질이었다. 이 문제에서 그는 어떤 간섭도 허용하지 않았다. 이미 잠깐 암시한 것처럼, 그가 자신의 저작이 갖는 가치를 확신했기 때문에 더욱 그랬다. 다음 구절은 그 사실을 특히 잘 나타낸다.

내가 요구하는 원칙은, 나의 철학을 알고자 하는 사람은 내가 쓴 모든 글을 읽어야 한다는 것이다. 왜냐하면 나는 다작가^{多作家}도, 편람 제조자도, 보수^{報酬}나 장관의 박수를 받으려고 글을 쓰는 사람도 아니기 때문이다. 한마디로, 나는 사적인 이익을 위해 글을 쓰는 사람이 아니다. 내가 추구하는 것은 오직 진리다. 나는 고대인들이 그랬듯, 후일 나의 사상에 대해 숙고하고 그것을 제대로 평가하게 될 사람들에게 유익이 되도록 그것을 보존하려고 쓸 뿐이다. 바로 그 때문에 나는 조금만 썼다. 하지만 나는 그것을 오랜 기간 심사숙고해서 썼다. 또한 때때로 철학 저술에서 문맥을 위해 어쩔 수 없는, 어떤 철학자도 피할 수 없는 반복을 최소화하여 이미 한 말이 다른 곳에서 다시 나오지 않도록 노력했다. 그러므로 나에게 배우고 나를 이해하려는 사람은 내가 쓴 모든 것을 읽어야한다. 그러나 경험이 보여준 바와 같이 나를 평가하거나 비판하기 위해서라면 그렇게 하지 않아도 된다. 물론 나는 그런 일을 하는 사람들에게도 앞으로도 계속 많은 재미가 있기를 바란다.

이러한 자존심은 알 수 없는 말들을 만들어 사람들의 뇌리에 인상을 심으려 하는 그런 문필가들에 대한 한없는 경멸을 수반했다.

사상의 빈곤을 감추기 위해 다른 사람들의 이목을 끄는 긴 합성어나 어수선한 미사여구, 끝없이 긴 복합문, 들어보지도 못한 새로운 표현 등을 만드는 사람들이 많다. 그 모든 것은 가능한 어렵고 그래서 학식 있게 들리는 전문 은어를 만들기 위함이다. 그러나 그 모든 것을 통해 그들이 말하는 것은 없다. 듣는 사람은 아무 생각도 전달받지 못하고, 인식의 함양은커녕 다음과 같이 탄식할 수밖에 없다. "물레방아 소리는 나는데 밀가루는 보이지 않는구나." 또는 요란한 허풍 뒤에 얼마나 빈약하고 속되고 진부하고 상스러운 생각이 숨어 있는지를 너무나 적나라하게 보게 될 수도 있다. 오! 그런 얼치기 철학자들에게 철학자를 사로잡고 그의 가장 깊은 내면까지 뒤흔드는, 존재에 대한 문제의 참되고 준엄한 진지성을 깨닫게 해줄 수만 있다면!

그는 다음과 같이 결론짓는다.

오늘날 국내외를 막론하고 대부분의 책들이 한심한 까닭은, 저자들이 돈을 벌기 위해 책을 쓰기 때문이다. 누구든지 돈이 필요하면 앉아서 책을 쓴다. 그리고 독자들은 매우 아둔해서 그것을 또 산다. 그것의 간접적인 결과는 언어의 부패이다.

형편없는 많은 작가들이 신간이 아니면 읽지 않으려는 독자들의 어리석음 덕분으로 먹고산다. 그들은 저널리스트들이다. 그것이 정확한 표현이다. 그것을 순수 독일어로 바꾸면 '날품팔이'가 된다.

쇼펜하우어는 책들의 수준이 전반적으로 땅에 떨어진 것은 '돈벌이' 때문이라고 보았다. 그는 솔선수범을 보였다. 즉 그는 자신의 저술을 매우 낮은 가격으로 출판사에 내놓았고, 때로는 사례금을 완전히 포기하기도 했다. 하긴 그가 그럴 수 있을 정도로 부유하기는 했다.

우선 두 가지 부류의 저술가가 있다. 즉 주제 때문에 글을 쓰는 저술가와 저술 그 자체를 위해 글을 쓰는 저술가이다. 첫 번째 부류는 나누고 싶은 사상 혹은 경험이 있는 저술가들이다. 반면 두 번째 부류는 돈이 필요해서 돈 때문에 쓰는 저술가들이다. 이들은 쓰기 위해 생각한다.

그는 자신이 좋아하는 한 경구를 인용하며 분노를 토로한다.

"내가 겨우 어중간하게만 위에 머물려 한다면
나는 모든 미사곡을 다 써야 한다."

다작가에 대해서는 다음과 같이 비웃는다.

자기가 쓴 책들 속에 있는 것들을 다 안다니, 박학한 사람들은 참 많구나!

쇼펜하우어의 시대 비평이 우리의 현재와 최근 역사에 대해 얼마나 의미를 갖는 것인지에 대해서는 종종 의문이 제기되어 왔다. 특정 부류의 역자들에 대한 그의 공격을 예로 들어보자.

여기에는 원서를 정정訂定하고 개작하는 역자들도 포함된다. 나는 그것을 항상 주제넘은 짓이라고 생각했다. 그러려면 번역할 만한 책을 자신이 직접 쓰고, 다른 사람들의 책은 제발 그대로 내버려 두기를 바란다.

여기서는 누구나 국가가 고용한 개작자들을 떠올릴 것이다. 예를 들어 구동독에서는 그와 같은 개작자들이 푸시킨 작품의 번역에서 특정 시구들이 자신들의 노선에 맞지 않는다고 하여 그것을 날조하기까지 했다. 마을 대장장이가 부서진 마차를 "참으로 러시아식으로 투박하게 두들겨 맞추려 애쓴다."고 묘사한 『예브게니 오네긴』(7장 34절)의 구절을 1947년에는 테오도르 코미샤우의 번역 원본 그대로 인쇄했지만, 2년 후에는 정치 교육을 받은 것이 분명한 개작자가 그 구절을 "러시아의 망치로 순식간에 고친다."로 둔갑시켰다. 이로 인해 그 시구는 운율이 맞지 않는 비운을 맞는다. 쇼펜하우어는 분명히 이에 대해 크게 웃었을 것이다.

독일의 저술가들은 일반적으로 생각은 위대한 사상가처럼, 그러나 말은 보통 사람들처럼 해야 한다는 사실을 알아두는 것이 좋을 것이다. 평범한 말로 비범한 것을 표현하라. 그러나 그들은 반대로 하고 있다. 즉 그들은 하찮은 내용을 고상한 말로 이야기하고 매우 평범한 생각을 매우 거창한 표현, 매우 희귀하고 멋을 부린, 드문 어법으로 나타내려고 애쓴다. 그들의 글은 항상 거들먹거린다…….

예가 필요한 사람은 다음의 광고를 보라. "우리 출판사의 다음 신간, 풍기風氣라는 이름으로 알려진 풍압風壓 현상의 존재와 본질을 유기적이고 인과적인 맥락에서 그것을 야기하는 모든 외적·내적·발생학적 동인動因들과 함께 그것의 전 현상과 작용을 일반인 및 학계를 위해 체계적으로 설명한 '이론·임상 과학적인 생리학과 병리학 관련 도서'이자 그 현상의 치료법. 프랑스 서적,『라르 드 페테L'art de Péter』를 의역한 그리고 정정訂定 주해와 해설 보론補論을 갖춘 역서譯書."

쇼펜하우어도 이 책의 제목을 원래의 뜻인 '방귀뀌는 기술'이라고 번역하고 싶은 유혹을 느꼈겠지만, 쇼펜하우어의 수많은 언급이 말해 주듯 만일 그렇게 했다면 그의 격렬한 항의를 받았을 것이다.

1830년대에『로마법대전Corpus Juris Civilis』이 독일어로 번역된 것은 모든 학문의 토대인 라틴어에 대한 무지, 즉 야만의 시대가 이미 시작되었음을 알리는 분명한 신호였다. 지금은 그리스 작가, 심지어는 라틴 작가의 작품까지도 독일어 주석을 달아 출판하는 세상이 되었다. 천하고 파렴치한 짓이다. 발행인들이 그렇게 하는 진짜 이유는 (그 신사 양반들이 무엇이라고 하건 간에) 그들이 이제는 라틴어를 쓸 줄 모르기 때문이다. 그리고 우리 친애하는 젊은이들은 그들의 손을 잡고 나태와 무지, 야만의 길을 기꺼이 걷고 있다.

사람들이 자신의 말을 듣지 않자 그는 점점 더 소리를 높인다.

나는 특별히, 이제는 날이 갈수록 더욱더 뻔뻔스러워지는 부끄러운 짓 하나를 더 지적해야겠다. 그것은 학문 서적과 그야말로 전문적인 잡지, 심지어는 학술협회가 발행하는 잡지에서조차 그리스 작가들, 라틴 작가들의 말을 독일어로 번역하여 인용하는 것이다. 오, 부끄럽구나(proh pudor)! 망할 놈의 짓이다! 너희들은 구두장이들이나 재단사들이 보라고 글을 쓰는가? 하긴 그런 것 같기는 하다. 그저 아주 많이 '팔려고.' 그렇다면 내가 정중히 말하건대 너희들은 말 그대로 상놈들이다.

이 위대한 사상가의 눈에 굳이 '상놈'으로 비춰지고 싶지는 않다. 그러나 이 책은 학문 서적이 아니고 게다가 '그야말로 전문적인 잡지, 혹은 학술협회가 발행하는 잡지'에 발표하는 글도 아니며 게다가 아주 많이 '팔려'는 것도 아니기 때문에 때때로 라틴어나 그리스어를 번역해서 인용할 것이다. 쇼펜하우어가 다음과 같이 우리에게 외쳐도 말이다.

라틴어를 못하는 너희의 저술가들은 이제 곧 재잘대는 이발사들로만 채워지게 될 것이다. 그들이 프랑스어 흉내를 좋아하고 가벼운 표현을 선호하는 것이 그 전조前兆이다. 고결한 게르만인들이여, 이제 너희들이 저속한 것을 구하니 저속한 것을 얻게 될 것이다. 말하기도 두렵구나(horribile dictu). 오늘날 감히 그리스 작가, 또는 심지어 라틴 작가의 작품에 독일어 주석을 붙여 출간하려는 책들은 그야말로 나태의 상징이고 무지의 온상이다. 그 무슨 파렴치한 짓인가? 사이사이에 끊임없이 모국어로 말을 하면 그것을 듣는 학생들이 어떻게 라틴어를 배울 수 있겠는가? 그러므로 '학교에서는 라틴어만(in schola nil nisi latine)'은 훌륭한 규칙이다. '교수님'들은 라틴어를 제대로 못 쓰고 학생들은 그것을 제대로 못 읽는다는 것이 이 문제의 재미있는 점이다. 너희들이 그렇지 않은 체해도 그 뒤에 숨어 있는 것은 나태와 무지, 그뿐이다. 그것은 수치스러운 일이다. 한쪽은 안 배웠고, 다른 한쪽은 안 배우려 한다. 우리 시대에는 담배나 피우고 시시한 정치 얘기나 하는 것이 학식을 몰아냈다. 큰 아이들을 위한 그림책들이 문예신문들의 자리를 빼앗았듯이 말이다.

'큰 아이들을 위한 그림책'은 오늘날의 우리 사회에서 그림 잡지가 되었고, 시시한 정치 얘기를 하는 사람들은 정치평론 프로그램의 진행자들이 되었다. 쇼펜하우어는 어떤 식으로든 우리 시대를 이미 예견했던 것이 틀림없다.

라틴어를 못하는 사람은, 그가 아무리 실험용 발전기를 다루는 것에 대가이고 용광로에 형석산螢石酸의 기基를 갖고 있다고 하더라도 천민賤民에 속할 뿐이다.

오, 이런! 우리가 무엇으로 전락했단 말인가? 물리학자들이나 화학자들조차도 퇴화했단 말인가?

우리 사회에서 언어를 개량하겠다고 설치는 사람들은 분명히 (극소수의 예외를 제외하면) 정확한 라틴어 편지를 쓸 수 없을 것이다. 그리스 작가들, 심지어는 라틴 작가들의 작품에 독일어 해설을 붙여 출판하는 파렴치한 짓도 위의 사실에 기인한다. 즉 무슨 핑계를 대든 그 진짜 이유는, 발행인들이 라틴어를 쓸 줄 모르기 때문이며, 또 학생들은 능숙하게 라틴어를 읽을 줄 몰라 마치 구둣방의 수습공들처럼 모국어로 번역되어 있기를 바라기 때문이다.

우리가 곧 보게 될 것처럼, 구둣방의 수습공과 정육업자는 종이 한 장 차이다.

게다가 라틴어 및 그리스어 표현은 학술 개념을 학술 개념답게 표시하여 그것을 일상어 및 그와 결부된 연상에서 분리한다. 반면에 예를 들어 소아가 먹은 음식을 키무스^{chymus}가 아닌 암죽이라고 부른다든지 플레우라^{pleura} 대신 허파막, 페리카르디움^{pericardium} 대신 염통주머니라고 부르는 것은 해부학자가 아니라 정육업자에게 어울린다.

동물계의 종^{種} 및 속^{屬} 등을 표시하는 것처럼 라틴어가 다시금 가치 있게 사용되는 것은 이제 불가능할 것이라고 생각하는 사람들은 다음과 같이 그 잘못을 지적받게 된다.

오늘날 점점 심해지고 있는 고전어^{古典語} 경시 풍조까지 가세하게 되면 (고전어는 반쯤 배워서는 아무 소용이 없다.) 일반 인문교양이 무너지게 되고, 자신들의 전문 분야 밖에서는 멍청하기 짝이 없는 학자들이 생기게 될 것이다.

쇼펜하우어는 그렇지 않아도 학계와는 그다지 사이가 좋지 못했고, 심지어 독일 학계와는 끊임없이 다투기까지 했다. 이 불화의 가장 큰 원인은 역시 언어 문제였다.

라틴어가 모든 학문 연구의 공통 언어의 지위를 상실한 것은, 전 유럽에 공통의 학문 서적이 없어지고 민족 단위의 서적들만 남게 되는 폐단을 가져왔다. 이로 인해 모든 학자들은 일단 수가 훨씬 더 적을뿐더러 민족적인 일면성과 편견에 사로잡힌 독자들만을 갖게 되었다. 이제 학자들은 두 가지 고전어 외에 유럽의 네 가지 주요 언어를 배워야 한다. 이때 (광물학을 제외한) 모든 학문의 전문 용어들은 선구자들이 우리에게 물려준 유산인 라틴어나 그리스어라는 사실이 부담을 크게 덜어줄 것이다. 그렇기 때문에 어느 민족이든 현명하게도 그것을 그대로 유지했던 것이다. 오직 독일인들만이 모든 학문의 전문 용어들을 독일어로 번역하려는 위험한 생각에 빠졌다.

독일어로도 학문적 설명을 충분히 할 수 있다는 반론을 제기할 사람도 있겠지만, 그것은 다음과 같은 그의 간결한 확언에 부딪혀 무색해질 것이다.

그 당시에는 한갓 짐꾼들조차 모두 말했던 언어를 이해하지 못하는 우리는 고대인들보다 엄청나게 뒤떨어져 있을 수밖에 없다. 왜냐하면 그들의 언어가 우리 학식의 핵심이기 때문이다.

쇼펜하우어는 언어 자체를 마치 성물^{聖物}처럼 숭배했기 때문에 언어 규칙의 위반에 대해서는 항상 격렬히 분노했다. 그의 분노의 대상은 특히 일간신문이었다.

새로운 생각을 할 수 없는 자는 새로운 말만이라도 시장에 내놓고 싶어 한다. 또한 삼류 작가들 모두는 언어를 개량해야 할 소명을 받은 것처럼 행동한다. 그중 가장 뻔뻔스러운 자들은 신문기자다. 신문들은 통속적인 내용 덕분에 다른 어떤 것들보다 많은 독자들을 가지고 있다. 더구나 그런 독자들 대부분은 신문 이외의 다른 것은 전혀 읽지 않기 때문에, 그것들은 언어에 심각한 위협이 된다. 그래서 나는 그것들의 정서법에 대해 검열을 실시하거나, 또는 쓰이지 않는 단어를 쓰거나 단어를 훼손할 때마다 벌금을 물리라고 진지하게 권하는 바이다. 왜냐하면 언어의 변화가 가장 낮은 부류의 저술 활동에 의해 일어난다는 것만큼 부끄러운 일은 없기 때문이다.

이런 언급들을 읽을 때에 우리가 염두에 두어야 하는 것은 당시의 신문들은 아직 오늘날처럼 컴퓨터에 의해 대량으로 야기되는, 엄청난 오류들을 범했던 것도 아니라는 사실이다. 오늘날, 잘못된 분철分綴 정도는 가장 경미한 실수에 속한다. 현대 언어의 영어화 현상도(보디가드bodyguard, 코치coach, 브레이크break, 숍shop 등은 이미 일상어가 되었다.) 우리의 철학자를 머리끝까지 화나게 했을 것이다.

이 세대는 대체 누구기에 언어를 마음대로 주무르고 고치는가? 무엇을 낳았기에 그런 외람된 짓을 하는가? 위대한 철학자들? 헤겔 말인가? 아니면 울란트Uhland 씨 같은 위대한 작가? 그의 저급한 담시譚詩들은 독일인의 취향에 오명을 남기며 30판이 출판되었고, 뷔르거Bürger의 불후의 담시를 정말로 아는 사람들에 비해 백배나 많은 독자들을 갖고 있다. 이런 것들을 보면 이 민족과 이 시대를 알 수 있다. 이런 것들을 보면…….

다음의 짧은 풍자는 이미 150년 전에도 일상어가 생활에서 지대한 역할을 하고 있었음을 잘 보여준다.

기원 후 33년의 대화
A: 최근 소식 들었어요?
B: 아니요. 무슨 일이 일어났죠?
A: 세상이 구원을 받았대요.
B: 무슨 그런 말씀을 하세요?
A: 그렇다니까요. 하나님께서 인간의 형상을 취하셔서 예루살렘에

서 처형당하셨대요. 그로 인해 이제 세상은 구원받았고, 마귀는
크게 다쳤대요.

B: 와, 그것 참 멋지네요scharmant.

여기서 쇼펜하우어가 말하고자 한 것을 이해하기 위해서는 그
당시의 유행어였던 '멋지다scharmant'를 현대의 유행어인 '정말 굉장
하다echt geil'로 바꾸기만 하면 된다. 그러면 이 두 시대는 서로를 이
해할 수 있다. 유행어는 그 당시의 철학에도 있었고, 그것들 역시
공격의 대상이 되었다.

'논리적 자아' 또는 '통각統覺의 선험적인 종합적 단일성' 등은 문
제의 핵심을 파악하는 데 친절한 도움을 주는 표현이나 설명은 아
니다. 오히려 그런 것을 들을 때 많은 사람들은 "너희의 끝은 고불
고불한데 빗장을 열지는 못하는구나."*라는 말이 생각날 것이다.

구체적인, 하지만 간결하면서도 익살스런 이 구절을 더 정확하
게 표현하면 다음과 같다.

나는 여기서 수사修辭와 관련된 비유 하나를 덧붙이고자 한다.
즉 아름다운 체형은 옷을 가볍게 입을수록, 아니면 아예 입지 않
았을 때에 가장 아름답게 보인다. 그러므로 매우 아름다운 사람
은 될수록 나체로, 또는 고대인들처럼 입고 다니길 원한다. 그와
마찬가지로 아름답고 풍부한 정신을 가진 사상가는 이 세상과 같

---

* 요한 볼프강 폰 괴테(Johann Wolfgang von Goethe)의 『파우스트(Faust)』 제1부 중 「밤」의
한 구절. 여기서 '너희'는 열쇠라고 추측된 것.

은 곳에서 그가 느낄 수밖에 없는 고독을 덜기 위해 그리고 자신의 생각을 남에게 전달하기 위해, 가능한 가장 자연스럽고 솔직하며 단순하게 말할 것이다. 반대로 사상이 빈곤하거나 혼란하고 괴팍한 자는 어렵고 화려한 미사여구 속에 작고 하찮고 속되고 진부한 생각을 숨기기 위해 매우 가식적인 표현, 매우 애매한 어법으로 말할 것이다. 이는 위풍당당한 아름다움을 갖고 있지 못한 사람이 그 빈자리를 옷으로 메우려 하고 엄청난 화장, 치장, 깃털, 주름 장식, 어깨심, 외투 등으로 자신의 왜소함과 추함을 감추려는 것과 같다. 이런 사람은 전혀 꾸미지 않고 다녀야 할 경우 어쩔 줄을 모른다. 많은 작가들 또한 자신들이 쓴 화려하고 이해하기 어려운 책의 그 하찮고 적나라한 내용을 드러낼 수밖에 없게 되면 역시 그럴 것이다.

그런데 이 모든 것에는 단서가 있다.

여기서는 당연히 화주 양조 분야에 대한 저술들이 아니라 고급 학문에 대해 말하는 것이다.

즉 화주 양조 이상의 것을 다루는 책에는 다음의 황금률이 적용된다.

왜냐하면 훌륭한 요리사는 심지어 헌 구두창도 맛있게 요리할 수 있다는 주장처럼, 훌륭한 작가는 아무리 무미건조한 주제라도 재미있게 만들 수 있기 때문이다.

쇼펜하우어는 다른 시사적 언급도 한다.

고대인들은 말하는 대로 써서는 안 된다는 것을 알고 있었다. 반면에 요즘 사람들은 뻔뻔스럽게도 강의한 내용을 인쇄하도록 하기까지 한다.

써놓은 것을 그대로 읽는 말, 여기서는 누구라도, 종종 비서(때로는 심지어 직무와는 전혀 상관없는 대필가)가 인쇄한 상태로 갖다 준 것을 마치 본인의 말인 것처럼 청중들에게 내뱉는 현대의 정치가들을 떠올릴 것이다.

철학자들이 직접 쓴 저술 대신 그들의 학설에 대한 잡다한 해설이나 철학사를 읽는 것은 자신이 먹어야 할 음식을 남에게 씹도록 하는 것과 같다.

많은 사람들은 '간접적인 지식'을 자신의 경험보다 더 신뢰한다. 이는 때때로 기이한 결과를 낳는다.

마지막으로 나는 나의 주장의 증거로 1836년 7월 16일자의 영국 신문 『헤럴드Herald』에서 발췌한 일화 하나를 여기 소개하고자 한다. 법정에서 자신의 변호사가 제시한 사건 설명을 듣고 난 소송 의뢰인이 북받치는 눈물을 쏟으며 다음과 같이 외쳤다. "오늘 이 자리에서 자초지종을 듣기 전까지는 제가 받은 고통이 그 반도 안 되는 줄 알았어요."

정치적인 견해를 포함하여 특정 견해들이 종종 정반대로 바뀌는 현상은 19세기에도 이미 알려져 있었다.

종종 두 사람이 열띤 논쟁을 벌이다가 각자 상대방의 의견을 갖고 집으로 돌아간다. 그들은 자신의 의견을 상대방의 의견과 바꾼 것이다.

말싸움은 그 자체가 하나의 기술이다. 그것은 배울 수 있다. 그 전제는 모든 양심의 가책을 버리는 것이다.

우리는 상대방의 주장이 어떤 식으로든 (필요한 경우, 단지 피상적인 모순에 불과할지라도) 상대가 전에 말했거나 인정한 것, 칭찬했거나 동의했던 학파나 종파의 교의 또는 그의 추종자나 그 자신의 행동거지 등과 모순되는지를 살펴야 한다. 예를 들어 그가 자살을 옹호하면 즉시 '그렇다면 왜 너는 목을 매 죽지 않느냐?'라고 외쳐라. 또한 그가 베를린은 있기에 안 좋은 장소라고 주장하면 즉시 '그렇다면 왜 너는 곧바로 다음 급행마차를 타고 떠나지 않느냐?'라고 외쳐라. 어떻게든 트집은 잡을 수 있을 것이다.

반면에 한 번도 출판계에서 사라졌던 적이 없는 악습, 즉 익명성의 가면을 쓰고 공공연히 이루어지는 독설에 대응하는 것은 더 어렵다.

이런 익명의 비판자들이 저지르는 무례 중 특히 가소로운 것은 그들이 마치 왕처럼 '우리'라고 말한다는 점이다. 사실은 그들이 단수형으로뿐만 아니라 축소형, 더 나아가 겸양형謙讓形으로 말해야 마땅할 텐데도 말이다. 예를 들어, '이 하찮은 소인배, 야비·교활한 이 몸, 이 복면覆面 무뢰한, 이 천한 사기꾼' 등으로 말이다. 복면을 쓴 사기꾼들이자 '저급 문예지'의 어두운 구멍 속에 몸을 숨기고 쉬쉬대는 이 발 없는 도마뱀들은 그렇게 말해야 도리다. 이제는 이런 자들이 더는 그런 짓거리를 못하게 해야 한다.

원칙적으로 기고문에 자신의 이름을 전혀 표기하지 않거나 이름의 첫 글자만을 표기하는 작가는 그 내용에 책임을 지지 않으려고 자신이 저자라는 것을 숨기려는 것이라고 볼 수 있다.

내게 그런 익명의 비판자 소굴의 우두머리가 될 마음이 생긴다면 도박장이나 창녀굴도 운영할 것이다.

그가 신문의 편집국들에 대해 분노한 것은 특히 그것들이 그 시대에 일어난 '순수독일어 운동'에 좋은 활동 무대를 제공했기 때문이다.

'질소'를 'Azot' 대신 'Stickstoff'라고 하다니! 이 무슨 추하고 듣기 괴로운 단어인가?

셰익스피어의 『성요한절 전야의 꿈』을 천박하게도 『한 여름밤의 꿈』으로 제멋대로 번역한 것에 분노했던 그는 ('한 여름밤의 꿈'이라고 번역한 것은 정말 중대한 과오다.) 새로운 문예사조에 대해서도 격분한다.

이미 지금도 대부분의 저술가들의 초라하고 졸렬한 문체에서 그들이 라틴어를 쓸 줄 모른다는 것이 드러난다. 고대 작가들에 대한 연구를 인문학이라고 부르는데, 그것은 매우 적절한 표현이다. 왜냐하면 그것을 배우는 사람은 그것을 통해 우선 다시 인간이 되기 때문이다. 그는 그것을 통해 아직 중세 및 낭만주의의 온갖 기괴한 것들에 의해 오염되어 있지 않은 세계로 들어간다. 중세와 낭만주의의 그것들은 후에 유럽인들 안으로 깊숙이 파고 들어갔다. 지금까지도 모든 사람들이 그것들을 뒤집어쓰고 태어난다. 하지만 그것들을 벗어버린 후에야 겨우 다시 인간이 될 수 있다. 너희가 가진 현대의 지식이 인간이 되게 하는 이 신성한 지식을 대체할 수 있는 날이 올 것이라고는 생각하지 말라. 너희는 그리스인이나 로마인 같은 천부적인 자유인, 즉 무엇인가에 얽매이지 않은 자연의 아들이 아니다. 너희는 우선 조야한 중세와 그 어리석음, 파렴치한 성직자들의 사기, 반은 야만이고 반은 객기인 기사도의 아들이며 상속자다.

이제 중세와 낭만주의, 그 두 가지 모두 끝장이 날 것이지만 그렇다고 너희가 벌써 스스로 설 수 있는 것은 아니다. 고전을 배우지 않으면 너희의 문예는 속된 잡담이나 천박한 속물짓거리로 타락할 것이다. 이 모든 이유 때문에 나는 내가 위에서 비판한 순수 독일어 운동을 지체 없이 중지시킬 것을 충심으로 권하는 바이다.

오랜 역사를 가진 독일어 단어들을 축약하기 시작하자 이 철학자는 또다시 분노한다. 쇼펜하우어는 예를 들어 'Ahndung(추측)'을 'Ahnung'으로 바꾸는 그 개악改惡의 과정을 어떤 특별한 구절 속에서 묘사했다.

그런데 이제 야콥주의자들의 난센스에 의하면 이성Vernunft은 그들이 말하는 이 청취Vernehmen를 일컫는 이름이라고 한다. 그것의 이름은 그것이 낳은 언어와 그 언어를 이해하는 능력에서 기인한 것이 분명한데도 말이다. 언어를 이해하는 능력은 동물들도 갖고 있는, 단순히 소리를 듣는 능력과는 다른 것이다. 그런데도 그 한심한 난센스는 반세기 전부터 유행하면서 진지한 사상, 심지어는 증명으로까지 여겨지고 있고 수도 없이 되풀이되고 있다. 끝으로, 가장 겸손한 사람들에 따르면 이성은 듣지도 보지도 못한다고 한다. 즉 그것은 앞서 말한 모든 훌륭한 것들의 모습을 보지도, 그것들의 소식을 듣지도 못하고 다만 그것들에 대해 단순한 추측Ahndung만을 할 수 있다는 것이다. 그런데 이 'Ahndung'에서 이제 'd'마저 빼면 그것은 매우 독특한, 어리석은 인상을 주게 될 것이다. 그러나 이 어리석음은 그런 지혜라면 항상 옹호하는 우둔한 자들의 도움으로 분명히 관철될 것이다.

글자의 생략은 당시에 광적인 유행이었음이 틀림없다. 왜냐하면 이 언어의 수호자가 보인 분노를 달리는 설명할 수가 없기 때문이다.

『타임스』에는 전보^{telegram}라는 단어를 허용할 것인지에 대한 찬반 토론의 내용이 무려 여섯 면에 할애되어 실렸다. 독일에서는 이런 문제를 아주 간단하게 해치운다. 글자 하나를 생략하려는 터무니없는 생각이 한 바보에게 새로이 떠오르면 그자는 즉시 그렇게 쓴다. 그러면 100명의 다른 바보들이 그것을 고전적인 귀감으로 생각하고 따라 쓴다. 글자를 생략하는 일이라면 독일인들은 어떤 난센스도 주저하지 않는다.

쇼펜하우어가 가장 소중한 자신의 전공 학문을 'Filosofie'*라고 표기하자고 했던 현대의 정서법 개혁에 대해 무슨 말을 했을지는 충분히 짐작할 수 있을 것이다.

문법 또는 정서법과 관련된 새로운 바보짓에 놀라자마자 다른 자가 그것을 열렬히 받아들여 따라 쓰는 것을 나는 본다. 왜냐하면 이 바보들 하나하나는 다른 바보들의 귀감이기 때문이다.

마치 이 모든 잘못의 주범이 신문인 것처럼, 그는 끊임없이 신문 이야기를 되풀이한다.

개나 소나 언어의 주인 노릇을 하고 있다. 예를 들어 사무실이

---

* '철학'의 독일어는 'Philosophie'이다.

나 카운터에서 도망쳐 나와 신문기자들에게 고용된 녀석들 말이다. 가장 기가 막힌 것은 신문들, 특히 남부 독일의 신문들이다. 그래서 때로는 그것들이 혹시 창궐하고 있는 그 언어개량이라는 것을 풍자하고 조롱하고 있는 것은 아닐까 하는 생각마저 들 정도다. 그러나 그것들은 진심으로 그 짓을 하고 있다.

드디어 그는 직설적으로 말한다.

특히 정치신문들이 언어의 파괴에 앞장서고 있다. 가장 낮은 부류의 출판 작가들인 이들은 그날그날 오직 하루만 생각하고 되는 대로 쓴다. 그래서 나는 그들을 감시해 달라고 이미 경찰에 요청한 바 있다.

이런 혹독한 비판의 구체적인 계기들은 오늘날의 우리로서는 다만 싱긋 웃을 수밖에 없는 것들이다. 왜냐하면 '언어 파괴자들'이 결국 완승을 거뒀기 때문이다.

'Beziehungen(관계들)' 대신에 'Bezüge(관계들, 시트들)'라니! 그런 짓거리 뒤에는 어떻게든 음절수를 줄여야겠다는 한심한 생각이 숨어 있을 뿐, 그 밖에는 아무것도 없다. 'Beziehung(관계)' 대신에 'Bezug(관계, 시트)'라고 쓰겠다면 'Anziehung(매력)' 대신에 'Anzug(옷)'라고 써야 할 것이다.

그는 급기야 지명과 관련된 비판도 주저하지 않는다.

'italia(이탈리아)'는 독일어의 어투에 동화되어 'Italien'이 되었다. 그러나 이것에서 다시 형용사를 파생시켜 'italienisch'라고 써서는 안 된다. 하지만 모두들 지금 그렇게 쓰고 있다. 형용사는 'italia'에서 파생시켜야 한다. 즉 'italiänisch'로 말이다. 실제로 조금이라도 교육을 받은 사람이면 모두 그렇게 발음한다. 도로 청소부들처럼 'italienisch'로 발음하지 않고 말이다.

그러나 도로 청소부들뿐만 아니라 때로는 지체 높으신 양반들도 언어를 훼손했다.

하이델베르크 연감에 나오는 어떤 사람은 다음과 같이 썼다. "나는 신전으로 들어갔고, 거기서 오딘과 토르 및 프라이의 입상을 봤다[traf]." 이 말은, 그가 그 입상들에 총을 쐈다는 의미로밖에 이해될 수 없다.[*] 이는 어떻게든 글자 수를 줄이려는 한심한 생각에서 'vorfand(발견했다)' 대신 'traf'라고 썼기 때문이다. 'antraf(마주쳤다)'라고만 썼어도 그나마 괜찮았을 것이다. 물론 그것도 옳은 것은 아니지만. 왜냐하면 우연히 그 자리에 있게 된 인물들과 관련해서는 그 말을 쓸 수 있어도, 자신의 신전에 있는 신과 관련해서는 그럴 수 없기 때문이다. 한 줄을 줄이려고 한 페이지 전체의 말을 망치려고 하는가? 그것이 제정신인가? 아니면 미친 짓인가?

이런 가차 없는 태도에도 불구하고 쇼펜하우어는 저술가가 써서는 안 될 지나친 표현은 삼갔다. 왜냐하면 그의 논설은 항상 출판을 염두에 둔 것이었기 때문에, 출판을 위해 필요한 최소한의 전제 조건은 갖춰야 했기 때문이다.

나는 우리 사회의 언어 개량자들을 올바르게 평가하기 위해 필요한 속된 표현들을 모두 자제했다. 특히 동물학의 도움을 애써 외면했다. 그러므로 나의 의견에 찬성하는 독자들은 그 빈자리를

---

[*] 'traf'는 '맞혔다', '만났다' 등의 뜻을 갖고 있다.

스스로 채워주시기를 바란다.

그 당시의 출판물들은 이 언어의 광신자가 보기에는 그야말로 오류의 전시장 같은 것이었음에 틀림없다. 쇼펜하우어는 언어의 파괴가 기승을 부리고 있다고 불평한다.

사람을 기겁하게 만드는 엉터리 말은 펼치는 책마다 쓰여 있다. 잘못된 것, 상스러운 것을 이렇게 많은 사람들이 열광적으로 받아들이고 흉내 내는 것은 소름끼치는 증상이다. 이 시대의 저술가들에서는 오직 그들의 언어 파괴만이 후세에 전해질 것이다. 왜냐하면 훼손된 언어는 매독처럼 유전되기 때문이다. 만일 생각과 분별이 있는 학자들이 조금이라도 남아 그런 짓을 제때에 막지 않는다면 그것은 불가피할 것이다.

그러나 아무도 그렇게 하지 않았다. 오히려 그 반대였다. 후대의 두덴 위원회는 비판의 대상이 되었던 엉터리 말들을 대부분 합법화했다. 그 때문에 쇼펜하우어의 경고도 쇠귀에 경을 읽은 격이 되어버렸다. 쇼펜하우어의 지당한 비판을 받았던, 만연된 폐습 중하나는 실제로 엄청난 폐해를 초래했다.

언어 축약의 연구는 악마의 꼬리를 자를 정도로 발전해서 이제는 메피스토펠레스Mephistopheles가 아니라 메피스토Mephisto라고 쓴다.

여기서는 누구나 이 단어를 문학에 도입했던 클라우스 만Klaus Mann의 소설 『메피스토Mephisto』를 떠올릴 것이다. 그러나 그것은 아리스토텔레스Aristoteles를 아리스토Aristo로, 크세노파네스Xenophanes를 크세노Xeno로 쓰는 것처럼 옳지 못한 언어 훼손이다.

그러나 그 밖에도 오늘날까지 계속되는 또 다른 언어 악습들도 있다.

'그것은 나를 맛보았다'라는 뜻을 가지고 있는 'Es kostet mich'가 '그것은 내게 비용이 많이 든다'는 의미로 사용되고 있는 것은, 너무 오랫동안 쓰이다 보니 사회의 인정을 받게 된 어법상의 오류에 불과하다. 즉 "Dieser Löwe kostet mich(이 사자는 내게 비용이 많이 든다)"는 동물 곡예단의 소유자가 아니라 사자에게 먹힌 사람만이 할 수 있는 말이다. 실제의 뜻은 '이 사자는 나를 맛보았다'니 말이다.

잘못된 표현의 급속한 전파에 대한 'Nachweis(증거)'를 제시하려는 사람은 이 위대한 스승의 격렬한 항의를 받을 것이다.

'Beweis(증거)'가 옳은 표현이다. 반면 우매한 바보들이 개량했다는 'Nachweis'는 틀리다. 옳은 표현은 'Nachweisung(증거)'이다.

형용사와 부사는 가능한 항상 구별해서 써야 한다. 그러므로 예를 들어 'sicherlich(분명히)'라고 써야 할 자리에 'sicher(분명한)'라고 써서는 안 된다. 오직 독일인들과 호텐토트족만이 그런 것을 허용하여 'sicherlich'나 'gewiß(틀림없이)' 대신에 'sicher'라고 쓴다.

그 밖에도 다음과 같은 원칙이 있다.

줄표^{Gedankenstrich}가 많은 책일수록 내용^{Gedanken}은 적다.

줄표에 대한 혐오를 강력히 나타내기 위해 그는 다음과 같은 생생한 예를 든다.

널리 만연된 무례한 짓 중 하나는 — 알다시피 예는 최고의 설명이다 — 내가 방금 쓴 것처럼 쓰는 것이다. 즉 독자에게 어떤 것을 말하기 시작한 다음 자신의 말을 스스로 가로막으며, 어떤 다른 말을 그 사이에 집어넣는 것이다. 어떤 책에나 그런 것이 한 페이지에 세 번씩은 있다. 그들은 문체에 생동감을 불어넣으려고 그렇게 하는 모양이지만, 생동감은 그렇게 한다고 생기는 것이 아니다.

학식 있는 독자라면(물론 이 구절을 읽는 독자들을 포함하여) 더는 설명하지 않아도 이 규칙이 괄호에도 적용된다는 것을 알 것이다.

쇼펜하우어는 덴마크 학술원도 한심한 바보들 중의 하나로 생각했다. 왜냐하면 그들이 쇼펜하우어의 입상하지 못한 현상懸賞공모 논문(그는 '상을 받지 못했다'는 말을 부제副題에 자랑스럽게 집어넣었다)의 표어를 다음과 같이 인용했기 때문이다. "도덕을 설교하기는 쉽지만 도덕의 근거를 밝히는 것은 어렵다Moral predigen ist leicht, Moral begründen ist schwer." 쇼펜하우어는 이에 대해 다음과 같이 말한다.

이 두 번째 'ist'는 학술원이 제멋대로 덧붙인 것이다. 이것은 철자 하나를 덧붙이거나 뺌으로 인해 한 경구의 에너지가 모두 사라질 수도 있다는 롱기누스Longinus의 가르침에 대한 훌륭한 예이다.

많은 사람들이 '고집불통 늙은이'라고 부른 그는 이렇게 까다로운 사람이었다. 그러나 그의 표현이 더 좋다는 것을 누가 부인할 수 있겠는가? 한편 그의 성찰 대상은 언어의 모든 영역이었다.

리히텐베르크Lichtenberg는 취한 상태를 나타내는 독일어 표현을 100개 이상 열거했다. 독일인들은 예부터 술고래로 유명했기 때문에 이는 놀라운 일이 아니다. 그러나 특이한 것은 사기詐欺를 뜻하는 표현들이 다른 어떤 민족의 언어보다도 모든 민족들 중에서 가장 정직하다는 독일인의 언어에 더 많은 것 같다는 점이다. 더욱이 그것들은 대개 승리를 뽐내는 듯한 어감을 갖고 있다. 이는 사기 치는 것을 아주 어려운 일로 생각한 데서 비롯된 것 같다.

때때로 그의 언어 비판은 철학의 근본 문제와 연결된다.

'Natura(탄생, 자연)'는 옳기는 하지만 완곡한 표현이다. 그것만큼이나 'Mortura(죽을 운명)'라는 표현도 정당하다.

태어난 것은 또한 죽어야 한다. 그러니 왜 'Natur'라고만 하는가? 'Mortur'도 그것만큼이나 적절한 표현이 아닌가? 생각하기 나름인 것이다.

언어 비판은 중요하긴 했지만, 쇼펜하우어가 언어의 대가로서 진면목을 보인 유일한 분야는 결코 아니었다. 이런 관점에서 그의 편지들은 매우 중요하다. 루트비히 셰만Ludwig Schemann의 정확한 지적에 따르면 쇼펜하우어의 서간 모음은 "매우 중요한 메시지, 부분적으로는, 웅대하면서도 감동적인 메시지를 풍부하게" 담고 있고 "더 나아가 우리는 여기서 쇼펜하우어의 다른 일면, 즉 그의 멋지고 때로는 신랄하며 심지어는 노기 띤 유머, 정곡을 찌르는 풍자와 밉지 않은 오만함을 그의 작품들에서보다 더 잘 경험" 할 수 있다.

출판인 브로크하우스에게 보낸 그의 편지 중 몇몇 구절들은 이를 잘 보여준다.

1818년 3월 28일:
여기는 결코 작가가 출판인을 상대로 겸손한 척해야 할 자리가 아닙

브로크하우스 _ 카를 포겔(Karl Vogel)이 스케치한 초상화

니다. 어차피 거짓말을 해도 될 만한 자리는 어디에도 없습니다……. 그
러므로 만일 제가 생각하는 저의 작품의 가치에 따라 그것의 값을 요
구한다면 아마 매우 비싸서 당신이 구입할 수 없을 정도의 가격이 될
것입니다……. 저에게 인쇄 전지 한 장당 1두카텐씩의 원고료만 지불
하십시오. 대신 지불은 원고를 넘기는 즉시 이루어져야 합니다. 왜냐
하면 저는 원고를 넘기는 즉시 이탈리아로 여행을 떠날 것이기 때문
입니다. 이 여행은 오직 이 원고를 쓰기 위해 2년간 미루어 왔던 것입
니다. 그리고 마지막으로 양질의 종이에 인쇄된 그 책 열 권을 저에게
보내 주십시오……. 지난가을 당신은 너그러우시게도 제가 미술잡지에
기고하면 인쇄 전지 한 장당 1루이도르를 지불하시겠다고 제의하신 적
이 있습니다. 그러나 제가 그 호의를 누릴 수는 없겠습니다. 왜냐하면

제가 잡지를 위해 글을 쓰는 일은 없을 것이기 때문입니다.

1818년 4월 3일:

당신이 저의 제의를 받아들이셔서 제가 이와 관련한 걱정을 더는 하지 않아도 되는 것을 정말 기쁘게 생각합니다. 또한 언젠가는 당신이, 유리한 거래를 했다고 생각하게 되시기를 바랍니다. 제가 부탁드리는 것은 다만, 우리의 합의에서 제게 가장 중요한 것은, 작품의 가치는 고사하고 그에 든 시간이나 노력에도 걸맞지 않게 적은 원고료가 아니라 인쇄 및 교정과 관련된 부대조건들의 정확한 이행임을 기쁜 마음으로 양지하시는 것뿐입니다. 오직 이와 관련된 모든 것이 합의 사항대로 이루어지게 될 것이라는 것을 확신할 수 있을 때만 저는 알프스 산맥 저 너머에서 평안히 지낼 수 있을 것입니다.

1818년 8월 14일:

저는 원고료 때문에 그것을 쓴 것이 아닙니다. 원고료의 액수 자체가 보잘것없다는 사실이 이미 그 증거입니다. 제가 그것을 쓴 것은 많은 세월, 더 나아가 실로 제가 전 생애 동안 했던 오랜 성찰 및 노력의 결실을 책으로 만들어 보전하고 알리기 위함이었습니다.

이는 당신이 저를 마치 당신의 백과사전 저자들이나 또는 그들과 비슷한 삼류 문사들처럼 여기고 대접해서는 안 된다는 것을 의미합니다. 저는 가끔 잉크와 펜을 사용하는 것 외에는 그들과 아무 공통점이 없습니다…….

이렇게 꾸짖고 훈계하는 어조로 당신에게 말하게 된 것을 유감스럽게 생각합니다. 그러나 저는, 제가 저의 모든 의무를 조금도 어김없이 정확하게 이행하는 것처럼 다른 사람들도 그렇게 해줄 것을 요구합니다. 그렇게 하지 않으면 삶은 혼란에 빠질 것입니다. 그러므로 이런 일이 있게 된 것은 당신의 책임입니다.

1818년 8월 31일:

알텐부르크Altenburg의 인쇄업자는 아무것도 보내지 않았습니다. 오늘은 8월의 마지막 날입니다. 7주 동안에 고작 4장을 인쇄한 것입니다. 당신에게는 말과 행동, 약속과 준수가 전혀 별개의 것임이 틀림없습니다. 그나마 인쇄한 것도 명시적인 계약 조항과는 달리 한 페이지가 35행씩입니다. 당신은 계약을 지키지 않았을 뿐만 아니라, 그 이후에도 지키지 않을 약속과 확언을 계속함으로써 저를 우롱했습니다. 이는 저로 하여금 대단히 분노하게 만들었습니다. 당신은 9월 초에 나머지를 빨리 끝내 달라고 독촉까지 하지 않으셨습니까? 그렇게 하지 않으면 책을 박람회에 맞춰 완성시킬 수 없다면서 말입니다. 그래서 저는 마치 굶주린 필경사筆耕士처럼 일했는데, 이제 보니 헛수고였습니다.

이 '굶주린 필경사'는 1821년 5월 21일 단치히Danzig의 상업 고문관顧問官 물Muhl에게 다음과 같은 편지를 보낸다.

귀하의 어음 해지 통지는 좋지 않은 때에 왔습니다. 때 맞춰 그런 것이 오는 법은 거의 없지만 말입니다. 물론 이와 같은 일은 미리 짐작하

고 있었습니다. 지금 당신은 여러 이의들을 제기하고 또 여러 다른 제
안들을 하십니다. 그것 역시 예상하고 있었습니다. 그러나 당신이 저
에게 지난 편지들의 사본들을 보낼 줄은 몰랐습니다. 하지만 당신은
착각하셨습니다. 제가 썼던 편지들은 제가 사본을 만들어 보관하고 있
습니다. 당신이 저에게 보낸 사본에는 중요한 문장 하나가 빠져 있습
니다. 그렇습니다. 귀하에게 쓴 1820년 2월 28일자의 편지에는 "이와
같은 저의 입장을 포기하지 않으리라는 것을 아셨을 것입니다."라는
문구 뒤에 다음과 같은 문구가 더 있습니다. "이제 다른 제안은 그만두
십시오. 저는 저의 권리를 결코 포기하지 않을 작정입니다." 이 문구가
당신이 보낸 사본에는 빠져 있습니다……. 특히 저의 어음이 당신의 집
을 이제 파산으로 몰아넣을 수도 있다는 당신의 말은 너무 지나친 농
담입니다. 그렇게 된다면 그것은 기적이겠죠. 약 13만 탈러를 조달할
수 있었던 당신이 제가 우선적으로 요구하는 이 하찮은 3,279탈러를
마련하지 못하시겠습니까? 만일 필요하다면 당신은 그 여섯 배에 달
하는 금액도 마련하실 수 있을 것입니다. 계란이 바위를 깰 수는 없는
것 아니겠습니까?

　이쯤 말씀드렸으니, 제가 당신의 막연한 제안들에 동의하리라고는
당신도 더는 기대하지 않으실 겁니다. 저는 당신의 청에 따라 그것들
을 충분히 검토하고 숙고했습니다. 그러나 결론은, 만일 제가 그런 것
을 용인하고 수용한다면 저라는 사람은 당신의 가축 떼 사이에서 풀이
나 뜯는 한 마리의 양과 똑같다는 것입니다. 당신은 저에게 안전을 말
하지만 그것을 보여주시지는 않습니다. 저는 훌륭한 담보 외의 다른
안전은 알지 못합니다. 만일 당신이 그런 것을 갖고 있다면 그것을 저

당 잡혀 어렵지 않게 돈을 구할 수 있을 것이고, 그것을 통해 저에게서 빠져나갈 수 있을 것입니다…….

저는 당신뿐 아니라 A씨도 다시 번영하기를 진심으로 바랍니다. 그런 소식을 듣게 된다면 저는 언제든 진심으로 기뻐할 것입니다. 다만 당신의 행복이 저의 행복의 폐허 위에 세워진 것이어서는 안 됩니다. 즉 당신의 자녀들은 제가 있는 이곳에서 화려한 마차들을 타고 다니는데 저는 늙고 쓸모없어진 대학 선생 신세가 되어 길바닥에서 콜록거리고 있게 되어서는 안 되겠다는 말씀입니다. 당신이 저의 돈을 모두 갚는 순간, 행운과 축복이 당신과 함께 하기를 바랍니다. 그러나 당신은 당신의 새로운 행복을 구하기 전에 저에 대한 채무의 변제라는 마지막 희생을 바쳐야 합니다. 그렇게 하면 하늘과 땅도 당신에게 호의를 베풀 것입니다.

이 같은 이유로 저는, 당신이 채무자로 남아 있는 한 울카우Uhlkau로의 친절한 초대는 감사하지만 거절합니다. 왜냐하면 그렇게 하지 않을 경우, 당신이 저를 환대하면 할수록 저는 스스로를 마치 최종 막에서 돈 후안Don Juan을 방문하는 그 상인처럼 느낄 것이기 때문입니다.

또 동일한 수취인에게 보내는 1821년 5월 1일자로 된 격앙된 공개서한도 있다.

만일 당신이 계속해서 지불 능력이 없다고 거짓 핑계를 댄다면 저는 위대한 칸트가 인간의 도덕적 자유를 증명하기 위해 도입한 그 유명한 추론 방법, 즉 당위에서 능력을 이끌어 내는 추론으로 당신의 주장을 반증할 것입니다. 당신이 자발적으로 지불하지 않는다면 저는 어음금 청구 소송을 제기할 것입니다. 꼭 바보만 철학을 하는 것은 아니라는 것을 이제 아셨겠지요?

쇼펜하우어는 프라우엔슈테트에게 보낸 1850년 9월 16일자의 편지에서 '꼭 바보만 철학을 하는 것은 아니라는 것'을 다시 한 번 강조한다.

이제 저의 말을 들으시고 판단해 주십시오. 지난 6년 동안 매일 작업한 끝에 드디어 혼합작품 opera mixta을 완성했습니다. 그런데 지금 그것은 '만지지 마시오 manum de tabula'라 불리고 있습니다. 누구도 그것을 출판하려고 하지 않습니다. 그것은 교수들이 보인 소극적 저항의 결과입니다. 나는 그 책을 이곳의 헤르만 서점, 브로크하우스 그리고 괴팅겐의 디트리히 서점에 각각 원고료 없이 넘기겠다고 제안했습니다. 그러나 싫답니다……. 이런 일을 당해 기분이 나쁘기는 하지만 수치스럽지는 않습니다. 왜냐하면 방금 나온 신문 기사에 따르면 롤라 몬테츠 Lola Montez가 자신의 회고록을 쓰겠다고 하자 영국의 출판업자들이 즉시 그녀에게 거액을 내놓았다고 하기 때문입니다. 그것을 보면 지금의 세태가 어떤가를 알 수 있지 않습니까?

그 당시에는 무희舞姬의 책이 쇼펜하우어의 책과 경합을 벌인다는 것이 세인世人들의 주목을 끌 수 있는 일이었다. 그러나 지금은 텔레비전 스타가 자신의 지난날을 책으로 펴내지 않는다면 그는 거의 동업자 사회에서 쫓겨날 처지에 처하거나 적어도 동정어린 비웃음을 살 것이다. 그러므로 "그것을 보면 지금의 세태가 어떤 가를 알 수 있지 않습니까?"라는 말은 우리 시대에도 적용되는 말이다. 다른 한편 그것은 쇼펜하우어가 자기 자신에 대해서도 웃을 수 있었다는 것을 보여준다. 어떤 의미에서 웃음은 그의 철학의 정점頂點이었다.

나는 그들이 혼자 있을 때 지루해한다는 것을 이상하게 생각지 않는다. 왜냐하면 그들은 혼자서는 웃을 수 없는 사람들이기 때문이다. 그들은 심지어 그런 것을 바보 같다고 생각한다. 웃음이 언어처럼 다른 사람들을 위한 단순한 신호 또는 단순한 기호라고 생각하는가? 상상력과 지적 생동성의 결여, 그것이 바로 그들이 혼자 있을 때에 웃지 못하는 이유다. 동물들은 혼자건 여럿이건 웃지 못한다.

인간 혐오자인 마이슨Myson은 혼자 웃다가 그런 부류의 사람에게 들켰다. 그는 마이슨에게 혼자 있는데 왜 웃느냐고 물었다. "그러니까 웃지요."가 그 대답이었다.

5장

인간은
무에서 창조된 것이
아니다

황소는 뿔이 있어 받는 것이 아니라
받고 싶기 때문에 뿔이 있는 것이다.

생의 의지, 즉 존재하려는 맹목적인 의지를 현세의 모든 것의 숨은 원동력으로 보는 사상은 쇼펜하우어보다 훨씬 전인 고대의 인도 철학에도 이미 있었다. 창조를 기리는 전통적인 찬미가인 『리그베다』에서는 '비존재에 뿌리를 박고 있는 존재의 모습'을 성욕性慾과 동일시하고 있고, 아리스토텔레스 등의 그리스 철학자들도 '생의 의지'에 비상한 관심을 보였다.

그러나 산발적으로 표명된 이 인식들을 하나의 웅장한 체계로 통합한 것은 쇼펜하우어가 처음이었다. 그뿐만 아니라 그는 자신의 독특한 언어로 모든 사람들이 이 어려운 주제를 이해할 수 있도록 만들었다.

그러므로 기존의 망상에 얽매임이 없이 자연의 손을 잡고 거침없이 진리를 따르라! 우선 젊은 동물들을 보면 그 모습에서 나이를 초월한 그 동물의 유적^{類的} 존재를 인식할 수 있어야 한다. 그 유적 존재는 그것이 가진 영원한 젊음의 모상^{模相}인 일시적 젊음을 각각의 새로운 개체에게 선사하고 마치 '오늘날의 세계'라는 것이 존재하는 양, 새롭고 생생하게 그 새로운 개체를 발현시킨다. 금년 봄의 제비가 첫 번째 봄의 제비와는 전혀 다른 제비이며 이 두 제비 사이에 수백만 번에 걸친, 무^無에서의 창조라는 기적이 매번 완전한 소멸과 함께 실제로 일어났겠는지 솔직하게 자문해 보라. 나는, 만일 내가 어떤 사람에게 지금 저 뜰에서 놀고 있는 고양이가 300년 전에 거기서 똑같은 동작으로 뛰어올랐고 살금살금 기어갔던 고양이와 동일한 고양이라고 단언한다면 그가 나를 미쳤다고 생각하리라는 것을 안다. 그러나 나는 지금의 저 고양이가 300년 전의 그 고양이와는 완전히, 근본적으로, 전혀 다른 고양이라고 믿는 것은 더 터무니없는 생각이라는 것도 알고 있다.

그는 자신의 견해를 다음의 대담한 4행시로 표현한다.

세계를 만들었고
유지하고 있는 의지는
또한 세계를 지배할 수 있다.
즉 책상은 네 발로 다니고 있는 것이다.

그는 종교적인 이유로 이것을 믿지 않는 사람들에게는 다음과 같이 말한다.

나는 그들이 더없이 인자하신 하나님에 대한 찬양의 장광설을 늘어놓기 전에 주위로 눈을 돌려, 아름답다는 이 세상이 어떤 모습이며 또 거기서 어떤 일이 벌어지고 있는지 조금만 살펴보기를 바란다. 그런 다음 나는 이 세상이 과연 전지全知, 전선全善, 전능한 신의 작품처럼 보이는지, 아니면 맹목적인 삶의 의지의 작품처럼 보이는지 그들에게 묻고 싶다.

쇼펜하우어는 천문학자 허셜Herschel에 대한 거의 시적인 언급을 통해 이 맹목적인 생의 의지가 천체도 지배하고 있음을 천명한다.

그러므로 천문학자로서 지구에서 나타나는 일방적이고 매우 투박한 중력의 모습뿐만 아니라 천체들이 서로 어울리고 서로에게 애착을 보이며 서로를 탐하듯이 바라보지만 투박하게 접촉하지는 않고 적당한 거리를 유지하면서 천구의 화음에 맞춰 자신들의 미뉴에트를 우아하게 추고 있는 우주 공간에서 나타나는, 더 기품 있는 중력의 모습을 알고 있는 그, 즉 존 허셜 경卿은 만유인력의 법칙을 제시하는 제7장에서 다음과 같이 말한다. "우리가 알고 있는 모든 물체는 공중에 들었다가 가만히 놓을 경우 지표와 수직한 궤적을 그리며 지표에 떨어진다. 그러므로 그것은 어떤 힘 또는 노력에 의해 그렇게 되는 것이다. 그 힘 또는 노력은 우리가 찾을 수는 없지만 어딘가에 존재하는 의식 또는 의지의 직·간접적인 작용이다. 이 힘을 우리는 중력이라고 부른다."

쇼펜하우어는 같은 취지의 시적 묘사를 동물의 세계에도 적용한다.

모든 동물의 형상은 상황이 불러일으킨 생의 의지의 동경憧憬이다. 예를 들어 나무 위에서 살고 그 가지에 매달려 그 잎을 먹으며 다른 동물들과 싸우지 않고 영원히 땅을 밟고 싶지 않다는 동경이 생의 의지를 사로잡았다고 하자. 이 동경은 영원토록 나무늘보의 형상(플라톤의 이데아)으로 나타난다. 그것은 거의 걷질 못한다. 오직 나무만 타게끔 고안되어 있기 때문이다. 또한 땅에서는 속수무책이지만 나무에서는 날쌔며, 육식 동물의 눈에 띄지 않도록 그 동물 자체가 마치 이끼 낀 나뭇가지처럼 보인다.

이에 비추어 다음의 간결한 언급은 그저 당연할 뿐이다.

또한 황소는 뿔이 있어 받는 것이 아니라 받고 싶기 때문에 뿔이 있는 것이다.

쇼펜하우어가 자신의 이론을 뒷받침할 수 있는 기사記事라면 그것이 무엇이든 얼마나 열심히 주시했을지는 짐작할 수 있을 것이다.

신문 『첼트넘 이그재미너Cheltenham Examiner』는 식물에서도 나타나는 이 자연적 충동의 힘에 관해 하나의 중요한 예를 우리에게 제공한다. 1841년 6월 2일자의 『타임스』는 그것을 또 한 번 다음과 같이 전한다. "지난 주 목요일 버섯 서너 개가 우리나라에서 가장 붐비는 거리 중 하나에서 유례없는 엄청난 일을 해냈다. 그것들은 빛이 있는 세상으로 뚫고 나가려고 열심히 노력한 결과 정말로 커다란 보도 포장석鋪裝石 하나를 들어낸 것이다."

버섯이 해낸 이 '엄청난 일'은 생의 의지를 증명하는 유용한 논거였다. 그것은 다음의 관찰도 마찬가지였다.

식물에서는 생의 의지가 매우 적나라하지만 또한 훨씬 더 약하게, 목적도 목표도 없는 단순하고 맹목적인 존재 충동으로 나타난다. 왜냐하면 식물은 자신을 처음 발견하는 사람에게 티 없이 순결한 자신의 모든 것을 보여주고 곧 사라지기 때문이다. 어떤 동물에서든 가장 은밀한 곳에 숨어 있는 생식기를 식물은 자신의 꼭대기에 드러내 보이고 있는데, 그것은 그 순결성에 조금도 누累가 되지 않는다. 식물이 순결한 것은 그것이 아무것도 알지 못하기 때문이다. 왜냐하면 원한다는 사실이 아니라 알면서 원한다는 것이 죄의 본질이기 때문이다.

다음의 단상斷想은 이 맹목적인 의지가 동물의 세계에서는 얼마나 기이한 모습으로 나타날 수 있는지를 분명하게 보여준다.

이런 종류의 가장 원색적인 예는 오스트레일리아의 불도그개미 bulldog ant이다. 즉 그 개미를 반으로 자르면 그것의 머리 부분과 꼬리 부분이 서로 싸우기 시작한다. 머리 부분은 꼬리 부분을 물려하고, 꼬리 부분은 머리 부분을 찌르며 격렬하게 저항한다. 그 싸움은 그것들이 죽거나 다른 개미들이 그것들을 끌고 가버리기까지 반 시간 정도 계속된다. 이 과정은 항상 같다.

의지의 자유에 관한 쇼펜하우어의 현상 논문 중 다음 구절은, 그의 글에서는 가장 진지한 논문조차 번득이는 유머를 담고 있을 수 있다는 것을 보여준다.

오직 자극이 있을 때만 움직이는 물체(식물)의 지속적인 내적 조건을 우리는 생명력이라고 부른다. 또 오직 가장 좁은 의미의 원인이 있을 때만 움직이는 물체의 지속적인 내적 조건을 자연력 또는 성질이라고 부른다. 그 물체들을 설명하려는 사람들은 항상 그 지속적인 내적 조건을 설명할 수 없는 것으로 전제한다. 왜냐하면 그 물체들의 내부에는 그 지속적인 내적 조건을 직접적으로 파악할 수 있는 자의식自意識이 없기 때문이다. 여기서 인식 능력이 없는, 심지어는 생명조차 없는 그런 물체들 속에서 외부의 원인들에 대한 그 물체들의 반응을 규정하는 이 내적 조건을 현상의 차원이 아닌 칸트가 '물자체'라고 부르는 것의 차원에서 탐구하는 것이 가능한가라는 의문이 제기된다. 최근 한 철학자는 칸트의 '물자체'는 예를 들어 우리가 우리 안의 의지라고 부르는 것과 본질상 동일한 것이라는 것을 우리에게 진지하게 보여주려고 했다. 나는 위의 의문에 대해 '그것은 불가능하다'라는 답변을 하기보다는 그 문제를 미해결로 남겨두고자 한다.

그는 나중에 이 마지막 문장에 대한 주석註釋에서 다음과 같이 덧붙였다.

물론 여기서 지칭된 '한 철학자'는 바로 나 자신이며, 내가 일인칭으로 말하지 않은 것은 다만 익명匿名이 필요했기 때문이다.

이제 앞의 본문을 다시 한 번 읽어보라. 그러면 적어도 싱긋 웃지 않을 수 없을 것이다. 쇼펜하우어는 자신의 이론을 명확히 전달하기 위해 기꺼이 다른 철학자들을 이용한다.

스피노자는 만일 걷어차여 공중을 날게 된 돌이 의식意識을 갖고 있다면 그 돌은 자신의 의지로 날고 있다고 생각할 것이라 말한다. 나는 단지 그 돌이 옳다고 덧붙일 뿐이다. 그 돌과 발로 걷어차인 것의 관계는 나와 동기動機의 관계와 같다. 또한 그 돌을 응집력, 무게, 기존 상태의 지속성과 같은 것으로 나타내는 것은 내가 내 안의 의지라고 인식하는 것, 또한 만일 그 돌도 인식 능력을 갖게 된다면 그 돌 역시 의지로 인식하게 될 것과 그 내적 본질은 동일한 것이다.

스피노자는 설명을 할 때 항상 냉정성과 수학적인 정확성을 부각시키는 반면 쇼펜하우어는 거의 대중적인 느낌의 설명을 하려고 노력한다.

우리의 주제와 관련하여 이렇게 중요한 이 착각의 발생을 꼭 집어 아주 명백하게 규명하고 그를 통해 자의식에 관한 전장前章의 고찰을 보충하기 위해, 예를 들어 길 위에 서서 다음과 같이 혼잣말을 하는 사람을 상상해 보자. '지금은 저녁 여섯 시다. 일과는 끝났다. 나는 이제 산책을 할 수도 있다. 아니면 모임에 갈 수도 있다. 또는 탑 위에 올라가 일몰을 볼 수도 있다. 나는 이 친구 아니면 저 친구를 방문할 수도 있다. 물론 도시를 박차고 넓은 세계로 뛰어들어 다시는 돌아오지 않을 수도 있다. 그 모든 것은 오직 나에게 달려 있다. 나는 그것들을 할 수 있는 완전한 자유를 갖고 있다. 그러나 지금은 그중 어떤 것도 하지 않고 아내가 있는 집으로 가겠다.' 그것은 물이 다음과 같이 말하는 것과 같다. "나는 높이 파도 칠 수도 있다(그렇겠지! 그곳이 바다이고 폭풍이 분다면). 나는 거품을 내며 부글부글 끓듯이 쏟아져 내릴 수도 있다(그렇겠지! 그곳이 폭포라면). 나는 물살이 되어 허공으로 솟아오를 수도 있다(그렇겠지! 그곳이 분수라면). 나는 심지어 증발하여 사라질 수도 있다(그렇겠지! 기온이 섭씨 80도라면). 그러나 지금은 그중 어떤 것도 하지 않고 거울처럼 잔잔한 연못에서 평온하고 맑게 머물겠다."

의지의 자유라는 문제가 이렇게 구체적이고 매우 유머 있게 다루어진 예는 드물다. 그것은 다음의 경우도 마찬가지다.

　방황하는 그 여섯 시의 남자의 예로 돌아가서 그가 이제, 내가 그의 뒤에 서서 그에 관해 철학적인 사색을 하며 그가 할 수 있는 그 모든 행위들에 대한 그의 자유를 부인하는 것을 알아차린다고 가정해 보자. 이럴 경우 그는 내가 틀렸다는 것을 증명하기 위해 그 행위들 중 하나를 실행할 가능성이 크다. 그러나 그렇게 되면 바로 나의 부인否認과 그로 인해 자극된 그의 반항심이 그가 그렇게 할 수밖에 없도록 만든 동기가 되는 것이다. 한편 그 동기는 그로 하여금 위에 열거한 행위들 중, 극장에 간다든지 하는, 가장 쉬운 것들 가운데 어느 하나를 하게 할 수는 있어도 결코 마지막에 언급한 행위, 즉 넓은 세계로 뛰어드는 것을 하게 할 수는 없을 것이다. 왜냐하면 그러기에는 그 동기가 너무 약하기 때문이다. 이 사람과 마찬가지로 많은 사람들은 장전된 권총을 손에 들고 있으면 그것으로 자살도 할 수 있을 것이라고 착각한다. 그러나 그 기계적 실행 수단은 그런 일이 있기 위해 필요한 최소한의 조건에 불과하다. 가장 중요한 것은 극도로 강한, 그렇기 때문에 흔치 않은 어떤 동기이다. 그런 동기는 살고 싶은 마음, 더 정확히 말하자면 죽음에 대한 두려움을 압도하기 위해 필요한 엄청난 힘을 갖고 있다. 그런 동기가 발생한다면 정말로 자살할 수 있을 뿐만 아니라 또한 자살하지 않을 수도 없다. 만약 그보다 더 강한 반대의 동기가 그 자살을 막지 않는다면 말이다. 그러나 그런 반대의 동기가 있을 수 있는지는 의문이다.

　이 주장의 핵심은 "나는 내가 하고자 하는 것을 할 수 있다."라는 문장으로 표현되는, 이른바 의지의 자유는 그 존재가 매우 의심스럽다는 것이다. 왜냐하면 모든 행위는 변하지 않는 개인의 성격에서 나오기 때문이다.

그 말의 바탕에 깔린 의식意識이야말로 상식적인 사람들, 즉 다른 분야에서는 위대한 학자일지 모르지만 철학에는 문외한인 사람들이 의지의 자유를 명증明證적이고 확실한 것으로 믿고서 그것을 의심할 수 없는 진리로 선포하며 철학자들이 진심으로 그것을 의심한다고는 전혀 믿지 않고 그런 모든 쓸데없는 이야기들은 학교 변증법의 단순한 토론 연습이며 근본적으로는 농담에 불과할 뿐이라고 내심 생각하게 만드는 전적인 원인이다.

그러나 다음의 짧은 예화는 그 모든 것이 '근본적으로는 농담에 불과할 뿐'인 것은 아니라는 것을 분명히 보여준다.

존재와 본질은 의존적인데 행동은 자유롭다는 것은 모순이다. 만일 프로메테우스가 자신의 졸작拙作들에게 자신들의 행동에 대한 해명을 요구한다면 그들은 전적으로 다음과 같이 대답할 수 있을 것이다. "우리는 각자 생긴 대로 행동할 수밖에 없습니다. 왜냐하면 행동은 성질의 소산이기 때문입니다. 그러므로 우리의 행동이 나빴다면 그것은 우리의 성질 때문입니다. 그런데 그 성질은 당신이 만든 것입니다. 따라서 벌은 당신 자신이 받아야 합니다."

이것을 간명하게 표현하면 다음과 같다.

나는 내가 하고자 하는 것을 할 수 있다. 즉 하고자만 한다면 나는 내가 가진 모든 것을 가난한 사람들에게 나누어주고 나 스스로가 가난한 사람이 될 수 있다. 내가 하고자만 한다면! 그러나 나는 그렇게 할 수가 없다. 왜냐하면 그렇게 할 수 있기에는 그것에 반하는 동기들이 나를 너무도 강하게 사로잡고 있기 때문이다. 반면에 만일 내가 어떤 다른 성격, 더 구체적으로 말해 성인^{聖人}의 성격을 갖고 있다면 나는 그렇게 하고자 할 수 있을 것이다. 즉 나는 그것을 하지 않을 수 없을 것이다.

이 글을 읽노라면 칸트의 '예지적 성격'이라는 개념이 떠오를 것이다. 이것은 인간의 실존은 그의 선험적^{先驗的} 의지이며 그러므로 인간은 그의 성격으로 말미암은 모든 것에 대해 책임을 져야 한다는 주장이다. 달리 말해 인간의 모든 행위는 그의 성격의 소산이라는 것이다.

또한 어떤 사람으로 하여금 그가 전혀 흥미를 느끼지 못하는 것을 하길 바라는 것은, 새끼줄로 끄는 것도 아니면서 땔감 한 토막이 나에게 이동해 오길 바라는 것과 마찬가지다. 만일 누가 여러 사람이 모인 자리에서 이런 주장을 하다가 그들의 완강한 반론에 부딪힌다면 그 곤궁에서 가장 빨리 벗어나는 길은, 제삼자로 하여금 갑자기 크고 다급한 목소리로 "들보가 무너져요!"라고 외치게 하는 것이다. 그러면 반론을 제기하던 사람들도 가장 직접적인 물리적 원인만큼이나 강하게, 동기도 사람들을 집밖으로 몰아낼 수 있다는 것을 알게 될 것이다.

그런데 이것은 매우 분명하게 먹이와 생식^{生殖}을 지향하는 동물의 세계에도 적용된다.

그러나 동물은 다른 모든 것에 대해서는 둔감하다. 어쩌면 별이 빛나는 하늘을 유심히 쳐다본 동물은 지금까지 한 마리도 없었을

쇼펜하우어와 그의 푸들 _ 루돌프 미하엘 그비너(Rudolf Michael Gwinner)의 수채화

지 모른다. 나의 개는 우연히 처음으로 태양을 보자 매우 놀라 펄쩍 뛰었다.

쇼펜하우어는 동물들에게는 천체에 대한 관심이 별로 없는 것으로 보았다. 또한 그는 의지의 만족이라는 주제와 관련해서도 동물의 세계에서 교훈을 얻을 수 있다고 생각했다.

이 세상에는 즐거움이 고통보다 더 많다거나 또는 적어도 그것들이 서로 균형을 이루고 있다는 주장의 진위를 빨리 확인해 보고 싶은 사람은, 다른 동물을 먹고 있는 동물이 느끼는 것과 먹히고 있는 그 다른 동물이 느끼는 것을 비교해 보라.

그러나 여기에는 약간 음침한 단서가 붙는다.

반면 곤충은 죽을 때조차 인간이 그것에 쏘여 받는 고통만큼의 고통을 받지 않는다. 인도인들은 이 점을 간과하고 있다.

쇼펜하우어는 어떤 동물의 특정 종種에게 괴롭힘을 당했던 것이 틀림없다.

뻔뻔스러움과 무모함의 상징으로는 파리를 들어야 할 것이다. 왜냐하면 다른 모든 동물들은 무엇보다도 인간을 두려워하고 멀리서도 도망가지만, 파리는 오히려 인간의 코에 앉기 때문이다.

동물의 세계에서는 의지의 활동이 분명한 원칙에 따라 이루어지는 반면 인간의 경우에는 이상한 점들이 끊임없이 발견된다.

포스Voß의 한 가곡은 서정적抒情的인 성격을 우스꽝스럽고 정확하게 패러디하여 나의 관심을 끌었다. 여기서 그는 술에 취해 탑에서 떨어지는 한 연판鉛板 지붕장이의 의식을 묘사한다. 이 연판 지붕장이는 떨어지면서 "지금 탑의 시계가 11시 30분을 가리키고 있다"는, 그가 처한 상황과는 전혀 맞지 않는 탈의지적脫意志的 인식에 속하는 말을 한다.

여기서는 생의 의지가 완전히 중지된 것 같아 보인다. 그렇지 않고서야 이 연판 지붕장이가 어떻게 떨어지면서 "지금은 11시 30분이다"라는 말을 할 수 있겠는가? 그런 사건을 문학적 상상력을 통해 꾸며낼 수 있다는 것 자체가 벌써 대단한 탈의지적 인식을 필요로 한다. 왜냐하면 그것은 삶을 지배하는 규칙들과는 다르기 때문이다.

의지가 지력智力에 미치는, 은밀하고 직접적인 힘을 보여주는 작고 사소하지만 뚜렷한 예는, 우리가 계산을 할 때 자신에게 불리한 쪽보다는 훨씬 자주 자신에게 유리한 쪽으로 잘못 계산하며, 더욱이 조금도 부정직한 의도가 아닌 오직 부채負債는 적게 하고 자산資産은 많게 하려는 무의식적인 성향 때문에 그렇게 한다는 사실이다.

그러니까 오늘날 우리가 상업적인 거래를 할 때 매우 자주 경험하는 일이 이미 그 당시에도 성행하고 있었다는 이야기다.

여러분이 뭐라고 말하건 의지는 그 객체화客體化의 최고 단계에서 아름다운 모습이 아니라 불쾌한 모습으로 나타난다. 이미 흰 얼굴색 자체가 부자연스럽고, 온몸을 옷들로 감싸는 것도 어쩔 수 없는 북방北方의 비참한 현실이며 미관 훼손이다.

제아무리 쇼펜하우어라도 이런 말을 하면 디자이너들이나 의류업계 종사자들의 사랑을 받을 수는 없을 것이다.

이 시대에 정말로 행복을 느낄 수 있었던 사람은 지금까지 아무도 없었다. 취했던 것이 아니라면 말이다.

어떻게 관찰하든, 옷을 입었든 안 입었든 인간은 좋은 평가를 받지 못한다.

만약 자연이 인간으로의 마지막 발걸음을 원숭이에서가 아니라 개나 코끼리에서 내디뎠더라면 인간은 지금과는 전혀 달랐을 것이다. 즉 그랬더라면 인간은 현재와 같은 이성적인 원숭이가 아니라 이성적인 코끼리 또는 이성적인 개가 되었을 것이다.

쇼펜하우어가 칸트의 『실천이성비판』의 결론에 따라 끊임없이 우리 위의 '별이 빛나는 하늘'에 관심을 보이지만 거기서도 여러 가지 부조리한 점들을 발견하는 것은 놀랄 만한 일이 아니다.

소행성들은 단지 폭발한 행성의 조각들로 전적으로 우연偶然한 예외이고, 그러므로 여기에는 해당되지 않는다. 그러나 그 우연성 자체는 반목적론적反目的論的인 것으로서 의미심장하다. 우리는 그 대재앙이 그 행성에 생명체가 살기 전에 일어난 것이었기를 바란다. 그러나 우리는 '나는 아무것도 책임지지 않는다'는 투의 자연의 무정無情함을 잘 알고 있다.

그는 목적론, 즉 세계와 만물의 합목적설合目的說을 끊임없이 비판하고, 두드러진 예들을 통해 무력화시킨다.

그런데 이미 말했듯이 항상 해석하기 나름인 외면적인 합목적성을 물리신학적物理神學的 증명으로 악용하려는 사람들이 있다. 그런 일은 오늘날에도 벌어지고 있는데, 나는 그것이 영국인들에게만 국한된 현상이기를 바란다. 그런 사람들의 주장에 배치되는 반대의 예들, 즉 비목적론적인 예들은 이 분야에 얼마든지 있다. 가장 대표적인 예 중 하나가 바닷물은 마실 수 없다는 사실이다. 이때문에 인간이 목말라 죽을 위험이 가장 큰 곳은, 다른 어느 곳보다 자신의 행성에 있는 이 거대한 물 위의 한가운데이다. 위와 같은 주장을 하는 영국인들에게 '도대체 바닷물이 짜야 할 이유는 무엇인가?'를 물어보라.

또한 쇼펜하우어는 자연력의 작용과 효과를 자세히 규명하기는 하지만 자연력 자체를 설명하지는 못하는 원인학原因學도 풍부한 유머로 비판한다.

또는, 더 분명히 하기 위해 재미있는 비유로 말하자면, 전全 자연을 원인학적으로 완벽하게 설명한다 하더라도 철학자는, 어떻게 되어 그렇게 됐는지 자신도 전혀 모르는 채 생판 모르는 사람들의 사교모임에 끼게 되어, 모인 사람들이 차례로 다른 사람을 자신의 친구나 사촌이라고 소개해 준 덕분에 모임에 참석한 사람들을 웬만큼 알게 된 후에도 새로운 사람을 소개받을 때마다 반갑다고 말하면서도 혼자 쉴 새 없이 '그런데 빌어먹을, 내가 도대체 어떻게 이들의 사교모임에 오게 된 거지?'라고 되뇌어야 할 때의 심정일 것이다.

쇼펜하우어가 이 예에 얼마나 애착을 가졌는지는 그가 자신의 주저^{主著}에 있는 이 구절을 40년 후, 나중에 유고로 남게 될 한 메모에서 거의 같은 표현으로 되풀이했던 것에서 알 수 있다.

모든 학문은 우연히 (즉 그것의 시대적인 발달 정도 때문에) 불충분한 것이 아니라 본질적으로 (즉 항상 그리고 영원히) 불충분할 수밖에 없다. 왜냐하면 물리학이 완성의 경지에 이른다 할지라도, 즉 내가 각각의 모든 현상을 다른 현상을 통해 설명할 수 있게 된다 할지라도 그 모든 현상들 자체는 설명할 수 없기 때문이다. 즉 현상 자체는 수수께끼로 남게 된다.

재미있는 비유로 말하자면 그것은 마치 내가 생판 모르는 사람들의 사교모임 가운데 있어 그들 각자가 나에게 다른 사람을 자신의 친구나 사촌으로 소개하지만 나는 사람을 소개받을 때마다 반갑다고 말하면서도 혼자 쉴 새 없이 '그런데 빌어먹을, 내가 도대체 어떻게 이들의 사교모임에 오게 된 거지?'라고 되뇌어야 하는 것과 마찬가지다.

그런데 쇼펜하우어는 '이들의 사교모임'에서 자기 나름의 관찰을 한다.

별 의미도 없는데 왜 두 다리로 걷게 되었는지 알 수 없는 생물들이 있다.

괴테가 그 당시 그에게 했던 "자신의 가치를 누릴 수 있으려면 세상에도 가치를 부여해야 한다."는 충고에도 그는 인간을 자연의 실패작으로 생각했다.

나는 이 반도덕적인 힘의 위력을 간결하게 표현하기 위해 이기주의의 힘을 한마디로 나타낼 수 있는, 상당히 힘이 들어간 과장법을 찾다가 결국 이것, 즉 "많은 사람들은 단지 자신의 가죽 장화에 사람 기름을 칠하려고 다른 사람을 쳐 죽일 수 있다."는 말이 떠올랐다. 그러나 이때 나는 그것을 정말로 과장법이라고 부를 수 있는지 하는 의심을 떨쳐 버릴 수가 없었다.

그는 체념적이기는 하지만 다시금 유머 섞인 어조로 다음과 같이 말한다.

하긴 거의 모든 사람들이 그저 자살할 용기가 없어서 살아가는 이 세상에서 무슨 대단한 것을 기대할 수 있겠는가?

그러나 다음과 같은 말은 종류가 전혀 다르다.

의지가 철저히 꺾인 사람이라면 누구나 왜 그렇게 되었고 어떤 식으로 그러한 것인지와 상관없이 다만 의지가 철저히 꺾였다는 사실이 자신에게는 가장 잘 된 일이라고 생각해야 한다. 왜냐하면 의지 자체가 바로 그의 불행이기 때문이다.

여기서 쇼펜하우어는 '운명에의 순응'을 추구할 만한 덕목으로 칭송하는 스피노자의 가르침에 접근한다. 그러나 스피노자가 운명은 결국 신의 의지이기 때문에 인간이 바꿀 수 없는 것이라고 주장하는 데 반해 쇼펜하우어는 다른 설명을 한다.

유신론자^{有神論者}들은 행한 대로 당한다고 주장한다. 그것은 나도 마찬가지다. 그러나 그들은 그것이 시간과 한 재판관 겸 보복자의 매개를 통해 비로소 실현된다고 말하는 반면 나는 직접적으로 그렇다고 말한다. 즉 나의 증명에 따르면 행하는 자가 곧 당하는 자인 것이다.

쇼펜하우어의 이 말은, 모든 생명체 각각에 대해 '타트 트밤 아시(네가 그것이다)'[*]라는 명제를 주장하며 각각의 모든 생명체가 전_全 자연 및 그 안의 생물들과 동일하다고 말하는, 아주 오랜 역사를 가진 인도 철학에서 비롯된 것이다. 나는 여기서 내가 1949년 라이프치히^{Leipzig}에서 그 당시 미국에서 갓 도착한 철학자 에른스트 블로흐^{Ernst Bloch}와 벌인 논쟁에 대해 잠깐 이야기하고자 한다.

나는 철저한 헤겔주의자였던 그에게 쇼펜하우어에 대한 나의 긍정적 입장을 개진하면서 위의 명제를 인용했다. 그러자 에른스트 블로흐는 "그런 말도 안 되는 소리!"라고 외쳤다. "타트 트밤 아시라니! 당신 히믈러^{Himmler}**요?"

나는 그 당시 만프레트 멘첼^{Manfred Menzel}의 인도철학 강의를 듣고 있었기 때문에, 다음 날 그에게 에른스트 블로흐의 반응에 대해 설명했다. 그러자 이 늙은 인도학 학자는 크게 웃음을 터뜨리

---

* tat tvam asi, 산스크리트어로 '그것'은 브라만, 즉 범(梵)이다.
** 신비주의자였던 나치 독일의 제2인자.

며 "그것 참 생뚱맞네!"라고 말했다. 이후 "당신 히틀러요?"라는
질문은 우리 세미나의 명언이 되었다.

여담은 그만두고 본론으로 돌아가 보자. '타트 트밤 아시'라는
명제에 대한 쇼펜하우어의 태도로 그가 범신론적 성향을 가진 것
은 아닐까라는 생각을 할 수 있다. 그러나 그렇지 않다.

범신론자들은 진지한 도덕을 가질 수 없다. 왜냐하면 그들에게
는 모든 것이 신적이고 완전하기 때문이다.

쇼펜하우어는 여기서 부당하게도 스피노자와 라이프니츠를 같
은 수준으로 놓고 있다. 그러나 스피노자의 도덕은 무엇보다도 이
성의 힘으로 감정을 지배하는 것이며, 그것이 그의 윤리학의 참된
의미다. 사실 근본적으로는 쇼펜하우어의 이론과 스피노자의 이
론이 서로 크게 다르지 않다.

나는 '신'이라는 말이 싫다. 왜냐하면 그것은 항상 안에 있는 것
을 바깥으로 옮겨 놓기 때문이다.

바로 그것(즉 신은 안에서 찾아야 한다는 것)이 스피노자의 주장
이다. 그러므로 이 프랑크푸르트의 현자가 결국에는 또다시 유머
러스한 표현들까지 써가며 범신론을 비판하는 논거들을 보면 참
으로 기묘하다는 생각까지 든다.

그러나 이른바 범신론자들의 표현 방식은 훨씬 더 부적절하다.
그들의 철학 전체는 기본적으로 자신들이 모르는, 세계의 내적 본
질에 '신'이라는 이름을 붙이는 것이다. 그러면서 그들은 저희 딴
에는 심지어 대단한 일을 했다고 생각한다. 그들의 주장대로라면
세계는 신의 현현顯現이라는 말이 된다. 그러나 그 말이 맞는지 세

상, 그러니까 항상 갈급한 생명체들이 사는 이 세상을 한 번만 살펴보라. 서로 잡아먹어야만 그나마 얼마 동안 살 수 있는 그들은 삶 전체를 두려움과 곤고困苦 속에서 보내며 때로는 엄청난 고통을 당하다가 결국은 날아가듯 죽음의 품에 안긴다. 이를 정면으로 볼 수 있는 사람은 "자연은 정령精靈적이지 신적이지 않다."는 아리스토텔레스의 말에 동의할 것이다. 이런 사람은 더 나아가 만일 이런 세계로 기꺼이 변신한 신이 있었다면 그 신은 참으로 마귀에 씌웠던 것이 틀림없을 것이라는 점도 인정할 것이다. 나는 이 시대의 자칭 철학자들이 스피노자의 흉내를 내며 그것을 자신의 정당성의 근거로 생각하고 있다는 것을 잘 알고 있다. 그러나 스피노자에게는 자신의 전일적全一的 실체實體를 그렇게 불러야 할 특별한 이유가 있었다. 즉 그것은 어떤 입장의 실질까지는 아니더라도 적어도 그에 대한 논의는 구해 보려는 것이었다. 그 당시는 조르다노 브루노Giordano Bruno와 바니니Vanini의 화형 사건이 아직도 사람들의 기억 속에 생생히 남아 있던 때였다. 즉 이들 역시 그 신, 즉 도저히 건줄 대상이 없을 만큼, 동서양을 막론한 모든 이방신들의 제단 위에서보다 더 많은 인간들이 그의 명예를 위해 제물이 되어 죽어간, 바로 그 신의 제물이 되었던 것이다. 그러므로 스피노자가 세계를 신이라고 부르는 것은 루소Rousseau가 『사회계약론Du Contrat Social』에서 처음부터 끝까지 항상 주권자le souverain라는 말로 민중을 지칭하는 것과 똑같을 뿐이다. 또한 그것은 자기가 통치하는 나라의 귀족 제도를 폐지하려던 한 군주가 어떤 귀족의 신분도 박탈하지 않기 위해 자신의 모든 신민臣民들에게 귀족의 신분을 부여하려는 생각을 하게 된 것과 마찬가지다. 우리 시대의 그 현자 분들이 그 문제의 명칭을 사용하는 데에는 또 다른 이유가 있지만, 그것 역시 첫 번째 이유만큼이나 설득력이 없다. 즉 그들은 모두 세계나 세계에 대한 우리의 의식이 아니라 주어진 것 그리고 알려진 것으로서의 신을 철학의 출발점으로 삼고 있다. 즉 그들에게 신은 결론quaesitum이 아니라 미리 주어진 것datum이다. 그들이 아이들이라면 그것은 순환논법이라고 설명해 주겠지만, 그들은 나만큼이나 그것을 잘 알고 있다. 문제는 세계로부터 신을 증명하려 했던 예전의 정직한 독단론獨斷論으로는 그 결론에 도달할 수 없다는 것을 칸트가 증명한 것이었다. 그러나 이 신사 양반들은 나름대로 묘책을 찾아 능수능란하게 재주를 부렸다. 후세의 독자들은 자신들은 모르는 사람들에 대해 이야기한 것에 대해 나를 용서해 주기 바란다.

유신론과 범신론에 대한 쇼펜하우어와 아리스토텔레스의 반증 논거는 근본적으로 신의 정의에 대한, 그 오랜 회의이다. 현세의 경험은 신의 정의에 대해 의구심을 갖게 한다. 그러나 쇼펜하우어가 다른 곳에서 강조하듯 이미 '타트 트밤 아시'라는 인도 사상이 그런 의문의 답이다. 또 세계가 이렇게 비참한 것은 바로 신이 모든 가능성을 다 구현하고자 했기 때문이라는 설명 역시 그런 입장에서 비롯된 또 다른 논거에 불과하다. 쇼펜하우어는 신을 세계의 내면과 동일시한 스피노자 철학의 탁월성을 어떤 식으로든 느낀 것이 분명하다. 왜냐하면 그는 분명하게 다음과 같이 강조하기 때문이다.

그럼에도 불구하고 스피노자는 매우 위대한 사람이다.

스피노자는 칸트와 더불어 그에게 가장 지속적인 영향을 끼친 사람이었다고 할 수 있다. 그 두 사람이 없었다면 그의 철학은 생각조차 할 수 없었을 것이다.

사람들은 나의 철학이 음울하고 절망적이라고 말한다. 그러나 하늘과 땅 그리고 그에 이어 인간이 무에서 창조되었다는 가르침처럼 절망적인 것은 없다. 왜냐하면 그럴 경우 낮이 지나면 밤이 되듯이, 인간이 죽으면 그는 무가 될 것이기 때문이다. 오히려 모든 위로의 시작과 기초는 인간은 무에서 생긴 것이 아니라는 가르침이다.

쇼펜하우어에게 시작과 끝은 절대적인 개념이 아니라 단순한 외견外見일 뿐이다. 즉 그에게 시간과 공간은 지성의 직관형식直觀形式에 불과하다.

만일 누가 골똘히 생각하다가 "내가 더 이상 존재하지 않게 된다고? 내가 없으면 다른 무엇이 있을 수 있겠는가?"라고 말한다면 다른 사람이 그를 이해하든 말든 그는 옳은 말을 한 것이다.

한편 쇼펜하우어는 다른 곳에서 분명한, 이를테면 대중적인 설명을 한다.

만일 일상생활에서 모든 것을 알고는 싶어 하지만 아무것도 배우려고 하지 않는 많은 사람들 가운데 한 명이 사후死後의 불멸에 관해 물으면 가장 적당하면서도 우선적으로 가장 옳은 대답은 "죽은 후 너는 네가 태어나기 전처럼 될 것이다."라는 것이다.

이것 역시 아직 충분치 않다고 느끼는 사람은 이 주제에 논리적으로 접근하길 바란다.

자신이 존재하는 이 시점까지 무한한 시간이 지났고 그로 말미암아 또한 무한한 변화가 있었지만 그럼에도 불구하고 자신이 여전히 존재한다는 사실의 의미를 파악할 수 있는 사람은, 자신의 존재가 필연적이라는 것을 깨달을 것이다. 즉 모든 상황의 모든 가능성이 이미 완전히 전개되었지만 그의 존재를 없앨 수는 없었던 것이다. 그가 언제라도 없을 수 있었다면 그는 이미 지금도 없을 것이다.

이 논리를 극단화하면 다음과 같다.

만일 시간이 스스로의 힘으로 우리를 지복至福의 상태로 이끌 수 있다면 우리는 이미 오래전에 그런 상태가 되어 있을 것이다. 왜냐하면 지금까지 무한한 시간이 흘렀기 때문이다. 마찬가지로 만일 시간이 우리를 멸망으로 이끌 수 있다면 우리는 이미 오래전에 없어졌을 것이다. 잘 생각해 보면 우리가 지금 존재한다는 사실에서 우리가 항상 존재할 수밖에 없다는 결론을 이끌어 낼 수 있다.

여기서 쇼펜하우어의 사상은 엘레아의 파르메니데스*의 확고한 기본 사상과 상통한다. 파르메니데스는 '있는 것은 있다'라는 명제만을 철학에서 유일한 그리고 확실한 진술로 인정한다. 왜냐하면 있는 것 외에는 아무것도 있을 수 없기 때문이다. 그렇지 않다면 있지 않은 것이 있는 것이 될 것이다.

인간이 무에서 창조되었다고 생각할 경우 필연적으로 죽음은

---

* 소크라테스 이전에 엘레아 학파를 세운 그리스 철학자.

160

인간의 절대적 종말이 된다. 그러므로 이 점에서 구약성경은 처음부터 끝까지 전적으로 논리적인 것이다. 왜냐하면 무에서의 창조라는 개념은 영생의 가르침과 서로 조화될 수 없기 때문이다. 그러나 신약성경의 기독교는 영생을 가르친다. 이는 기독교가 이집트를 거친 것이기는 하지만 거의 틀림없이 인도에서 온 인도의 사상이기 때문이다.

유기체로서의 삶이 끝난다는 것과 영생의 가르침은 서로 배치되지 않는다.

그러나 다른 한편 유기체로서의 삶이 여기서 끝났다고 하여 지금까지 그것을 움직여 오던 힘까지 없어졌다고 추론할 수는 없다. 그것은 물레가 멈춰 있는 것에서 실 잣는 여자의 죽음을 추론할 수 없는 것과 같다.

그러나 죽음은 당사자 개인에게는 어두운 그림자를 드리운다.

모든 사람은 자신의 죽음을 세상의 종말처럼 여긴다. 그러나 자신과 개인적인 관련이 있는 경우 등이 아니라면 아는 사람의 죽음에 대해서는 상당히 무관심하게 반응한다.

이 현상은 맹목적인 생의 의지와 관련이 있다. 그러나 이 의지는 묘하게 우스꽝스러운(즉 배설排泄에 관한) 지적 표상을 통해 제어할 수 있다.

다른 한편으로 배설, 즉 끊임없이 숨을 내쉬고 물질을 배출하는 것은 그 잠재력을 높였을 경우 생산의 반대 개념인 죽음과 동일한 것이다. 이때 우리는 체형體形을 유지할 수 있게 된 것을 늘 기뻐하면서, 배출한 물질에 대해 슬퍼하지 않는다. 이와 마찬가지로 우리는 매일 그리고 매시간 각 사람이 배설을 할 때 일어나는 일이 더 강한 힘으로 완전하게 일어나는 것인 임종臨終의 순간에도 같은 식으로 행동해야 한다. 즉 우리는 배설할 때에 태연한 것처럼, 죽을 때에도 초연해야 한다.

쇼펜하우어가 죽음을 주제로 한 논문에서 이처럼 별난 비교를 하는 것이 엽기적인 것에 익숙한 현대의 독자들에게는 이상하게 느껴지지 않을지도 모르지만, 그 당시에는 대단한 모험이었다. 또한 그가 가장 심각한 주제에서조차 재미있는 면들을 찾아낸 것 역시 평범한 일이 아니었다. 그가 여러 번 인용한 "노예와 농담을 하면 머지않아 그자가 당신에게 엉덩이를 까 보일 것이다."라는 아랍 격언 역시 진지한 주제를 가볍고 재미있게 다룰 경우 발생하는 위험을 지적한 말이었다. 그러나 쇼펜하우어는 자기 자신을 중요하게 여긴 많은 동료들과는 달리 이런 경계심에 따르지 않았다. 그는 심지어 자신이 애써 세운 철학 체계를 위험에 빠뜨릴 수 있는 성찰마저도 꺼리지 않았다.

그러므로 이 최후의 극단적인 행보 후에도 "세계 안에서 세계로 나타나는 그 의지가 도대체 궁극적으로, 그것 자체로서는 무엇이냐?", 즉 "그것이 의지라는 사실, 또는 그것의 현상 일반, 그러니까 그것에 대한 인식 일반을 모두 제외한 그것 자체는 무엇이냐?"라는 질문을 던질 수 있다. 그것은 결코 대답할 수 없는 질문이다. 왜냐하면 이미 말했듯이, 인식된다는 것 자체가 이미 즉자성卽自性에 모순되며 인식된 모든 것은 이미 그 자체로서 현상일 뿐이기 때문이다.

자신의 지식의 한계를 이렇게 솔직하게 인정한 철학자는 드물 것이다. 그러나 바로 그것이 그를 특히 위대하게 만드는 점이다. 알 수 없는 것에 대한 경외감을 마음에 항상 품고 있지 않은 사람은 그가 제아무리 현자 중의 현자일지라도 하찮은 소인小人에 지나지 않는다. 쇼펜하우어는 그것을 알고 있었다. 그의 수많은 유머러스한 발언들이 주옥같이 빛나는 것도 바로 이 때문이다.

6장

죽으면
지성도 사라진다

너희는 여러 시간 동안 알아듣게 이야기해 주어도
결국 항상 같은 말만 되풀이하는 여자들 같지 아니한가?

Arthur
Schopenhauer

"세계는 나의 표상表象이다." 이 말은 유클리드의 공리와 마찬가지로, 누구든 그것을 이해하는 순간 진리라고 인정할 수밖에 없는 명제이다. 그러나 그것은 누구나 듣는 순간 이해할 수 있는, 그런 명제는 아니다.

　쇼펜하우어의 주저主著에 있는 이 말은 그가 베를린 대학교의 젊은 강사로 소수의 학생들 앞에서 한 강의의 핵심이었다. (대부분의 다른 학생들은 같은 시간에 열렸던 피히테Fichte의 강의를 들었다.) 결코 대중적인 주제가 아님에도 이 말에는 이미 그의 대중적이고 평이한 문체가 분명히 드러난다.

　어쩌면 여러분은 그것을 역설이라고 생각할지 모른다. 또한 여러분 가운데 많은 사람은 아주 진심으로 '두개골 구석구석에서 뇌를 전부 빼내더라도 하늘과 땅, 해와 달, 별, 식물과 원소는 그대로 있을 것이다'라고 생각할 것이다. 과연 그럴까? 이 문제를 좀 더 가까이에서 살펴보라. 인식주관認識主觀이 없는 그런 세계를 한번 구체적으로 상상해 보라. 해는 떠 있고 지구는 그 주위를 돌며 밤과 낮 그리고 계절은 바뀌고 바다는 파도치며 식물은 자란다. 그러나 당신이 지금 상상하는 그 모든 것은 단지 그 모든 것을 보는 눈, 그것을 인지하는 지성知性을 이미 전제하고 있는 것이다. 그럴 수밖에 없는 것이 당신은 하늘과 땅, 달과 해의 그 자체, 즉 그것들의 본연本然은 모르지 않는가? 당신이 아는 것은 단지 그 모든 것이 벌어지고 나타나는 현상, 즉 표상뿐이다. 당신이 밤에 꾸는 꿈도 이런 식으로 나타난다. 그런데 아침에 일어나면 이 꿈의 세계는 없어지고 만다. 이와 마찬가지로 만일 지성이 그 기능을 멈추면, 또는 위의 표현대로 하자면 두개골 구석구석에서 뇌를 전부 빼내면 이 세계 또한 분명히 없어질 것이다. 농담이냐고? 진담이다.

그는 『의지와 표상으로서의 세계』에서 이 문제를 간결한 문장으로 요약한다.

칸트의 가장 큰 업적은, 대상과 우리 사이에는 항상 지성이 개입해 있고 그러므로 대상 자체를 인식하는 것은 불가능하다는 것을 증명함으로써 현상과 물자체를 구분한 것이다.

위의 명제는 누구도 부인할 수 없는 진리임에도 불구하고 곧 회의론자들이 목소리를 높였다. 그러자 쇼펜하우어는 특유의 신랄한 어조로 그들을 공격한다.

그러므로 나는 칸트의 저작들이 아직도 매우 새롭다고 생각한다. 반면에 오늘날의 많은 사람들은 그것들을 이미 낡은 것으로

쇼펜하우어와 칸트_올라프 굴브란손(Olaf Gulbranson)이 그린 풍자화

치부하거나 심지어 퇴물이라면서 제쳐 두거나 또는 그들의 표현대로 하자면 해치워 버렸고, 또 다른 사람들은 그러한 풍조의 영향으로 방자해져서 심지어는 그것들을 무시하면서 뻔뻔스럽게도 과거의 실재론적 독단론 및 그 공리공론을 토대로 신과 영혼을 논한다. 이는 마치 오늘날의 화학에서 연금술사들의 학설을 주장하려는 것과 같다.

그러나 그는 칸트의 둔중한 논증 대신 놀랄 만큼 간단한 공리ㅆㅲ를 내세운다.

나는 현상을 물자체와 구별하고 이 모든 가시적 세계를 현상이라 선언함으로써 가시적 법칙들을 현상 너머까지 적용시켜서는 결코 안 된다고 갈파했던 것이 칸트의 가장 큰 업적이라고 주장했다. 그러나 그가 현상은 오직 상대적으로만 존재한다는 이 주장을 단순하고 분명하며 부인할 수 없는 진리인 '주관 없는 객관은 없다'라는 명제에서 이끌어 내지 않은 것은 이상한 일이다. 만일 그렇게 했더라면 그는 전적으로 항상 주관과의 관계를 통해서만 존재할 수 있는 객관을 아예 처음부터 주관에 의존하고 주관의 제약을 받기 때문에 독자적으로, 제약을 받지 않고 존재할 수 없는 단순한 현상이라고 제시할 수 있었을 것이다.

쇼펜하우어는 이 공리를 논박하려는 모든 시도는 이치에 어긋난다고 선언한다.

그런데 마침내 칸트가 관념과 실재의 전적인 상이성相異性을 극명하게 증명하자 이른바 지적직관知的直觀을 근거로 내세우며 그 양자兩者의 동일성을 옥박지르듯 주장하려는 시도가 있었는데, 그것은 뻔뻔스러운 난센스이지만 독일의 철학 독자층의 판단력 수준을 매우 정확하게 파악했기 때문에 빛나는 성공을 거뒀다.

특히 피히테가 도입한 절대자絶對者의 개념은 그의 좋은 비웃음거리였다.

그 신사 양반들이 절대적으로 절대자를 원한다면 그런 것 하나를 그들 손에 쥐어 주겠다. 그것은 그런 것이 갖춰야 할 조건을 그들이 지어낸 애매모호한 헛소리들보다 훨씬 더 잘 충족시킨다. 그것은 물질이다. 그것은 생겨나지도 않았고 없어지지도 않는다. 즉 그것은 진정으로 독립적인 것으로 '자기 자신의 힘으로 존립하며, 자기 자신을 통해서만 인식될 수 있는 것'이다. 모든 것이 그것의 품에서 나오고 그것의 품으로 돌아간다. 이보다 절대자로서의 자격을 더 잘 갖춘 것이 무엇이겠는가? 그러므로 우리는『순수이성비판』에서 아무것도 배운 것이 없는 그들에게 다음과 같이 외쳐야 마땅할 것이다.

> 너희는 여러 시간 동안 알아듣게 이야기해 주어도
> 결국 항상 같은 말만 되풀이하는
> 여자들 같지 아니한가?

쇼펜하우어는 절대자뿐만 아니라 유물론唯物論 및 그 '우악스런 이론들'에도 신랄한 조소를 퍼부었다.

끝으로 19세기 중반인 바로 이 시대에 다시 부활한, 무지로 인해 자기가 독창적이라고 착각하는 조야한 유물론이 바로 그런 종류에 속한다. 이것은 우선 생명력의 존재를 부인하고 그것을 물리적 또는 화학적 힘으로 설명한 후 그 힘을 다시 원자라는 공상적空想的 존재의 질료, 위치, 형태 및 운동의 기계적 작용이 빚어낸 결과라고 설명함으로써 자연의 모든 힘을 유물론의 '물자체'인 작용과 반작용으로 환원시키고자 한다. 이것은 빛조차도 기계적 진동 또는 심지어 파동이라고 주장한다. 유물론자들은 이 이론을 위해 에테르라는 공상적인 매질媒質을 가정하고 이것이 1초에 483조 번 망막을 두드리면 빨간색, 727조 번 두드리면 보라색으로 보인다고 주장한다. 그럼 색맹들은 그것이 자기 망막을 몇 번 두드렸는지 세지 못하는 사람들이겠구면? 안 그런가? 그처럼 극단적이고 기계론적이며, 데모크리토스적이고 조야한 그야말로 우악스런 이론들은 괴테의 『색채론Farbenlehre』이 출간된 지 50년이 지난 후에도 뉴턴이 주장하는 빛의 동질성同質性을 믿고 부끄럼 없이 그것을 주장하는 사람들에게 꼭 어울린다. 그들은 아이(데모크리토스)*에게는 봐주는 것을 어른에게는 용서치 않는다는 것을 알게 될 것이다. 그들은 심지어 언젠가 치욕적인 최후를 맞게 될지도 모른다. 그런 일이 일어나면 그때는 모두들 살금살금 도망가서 자신은 그것과 아무 상관도 없었던 체할 것이다.

유물론 비판과 관련된 해학적인 성찰의 정점은 다음 구절이다. 이 구절은 느리게, 말하자면 혀 위에서 살살 녹도록 읽어야 한다.

이제 직관적 상상력을 동원하여 유물론을 거기까지 쫓아가 보자. 그래서 우리가 유물론과 함께 유물론의 정상에 이르면 올림피아 신들의 그 불멸의 웃음이 갑자기 우리를 엄습하는 것을 느끼게 될 것이다. 왜냐하면 우리는 유물론이 그토록 애써 이끌어 낸 결론, 즉 인식이 이미 최초의 출발점인 단순한 물질에 이미 불가결한 조건으로 전제되어 있었을 뿐 아니라 우리가 유물론과 함께 물질을 생각하고 있다고 착각하는 동안에도 실제로는 그 물질을 표상하는 주관, 그 물질을 보는 눈, 그 물질을 느끼는 손, 그 물질을 인식하는 분별력Verstand을 생각하고 있었을 따름이라는 것을 깨닫기 때문이다. 이렇게 예기치 않게 유물론은 하나의 거대한 순환논법임이 밝혀진다. 왜냐하면 결론이 이미 출발점의 근거가 되고 있

---

* 고대의 원자론을 확립한 그리스 철학자.

고 이 논리 사슬은 원형이라는 것이 드러나기 때문이다. 그러므로 유물론자는 말 타고 강을 건너며 다리로는 말을 끌어올리고 손으로는 앞으로 자빠진 자신의 상투를 잡고 자기 자신을 끌어올리려는 뮌히하우젠Münchhausen 남작과 같다.

그는 '순수 자연과학'에 대해 부정적이다.

더구나 그것은 철학적으로 보면 유물론이다. 그러나 이미 보았듯이 유물론은 가슴에 죽음을 안고 태어난 존재다. 왜냐하면 그것은 주관 그리고 인식의 형식을 전혀 고려하지 않기 때문이다. 그러나 그것들은 유물론의 목적지인 유기체에서 못지않게 그것이 출발점으로 삼고 있는 가장 단순한 물질에서도 이미 전제되어 있다. 왜냐하면 '주관 없는 객관은 없다'라는 명제로 인해 유물론은 어떤 것이든 영원히 성립할 수 없기 때문이다. '항성들과 행성들이 그것들을 보는 눈과 그것들을 인식하는 분별력이 없이 존재한다'고 말은 할 수 있지만, 표상에게 이 말은 자가당착에 불과하다.

여기서 쇼펜하우어는 자신의 철학을 탄생시킨 결정적인 발걸음을 내딛는다.

이 모든 것은 표상이라는 객관적인 인식을 통해서는 결코 표상이라는 현상 너머에 이를 수 없다는 것, 즉 대상의 외면에 머물 뿐 결코 그 안으로 들어가서 그것 자체, 그것의 본연本然을 탐구할 수는 없다는 것을 말해 준다. 이 점에 대해서는 나도 칸트와 같은 생각이다. 그러나 나는 이 진리와 균형을 이루는 또 다른 진리, 즉 우리는 인식 주체일 뿐만 아니라 우리 자신도 인식 대상이라는 것, 즉 우리 자신도 물자체라는 것, 그러므로 우리가 외부로부터는 이를 수 없는 대상 본연의 내적 본질에 이르는 길이 안으로부터 우리에게 열려 있다는 것을 강조했다. 이것은 마치 우리가 적군 내부의 배신 덕분으로 외부에서 공격해서는 점령할 수 없었던 요새 안으로 지하 통로나 비밀 통로를 통해 단번에 들어오게 된 것과 같다.

우리 안의 이 '물자체'를 쇼펜하우어는 '의지'라고 부른다. 우리가 다른 곳에서도 말한 것처럼 그것 역시 궁극적으로는 인식이 불가능하지만, 그래도 우리는 그것의 맹목적이며 막연한 분투奮鬪를 느낀다. 바로 이 의지가 진정한 중심이다.

우선 형이상학적 실험이라고 부를 수 있는 독특한 상상 실험을 통해 이 주장의 의미를 깨달을 수 있을 것이다. 즉 머지않은 장래에 있을 자신의 죽음 이후를 상상해 보라. 이때 자신自身은 없고 세계만 계속 존재한다고 생각해 보라. 그러면 곧 자신이 그래도 그 상황에 여전히 개입되어 있다는 것을 깨닫고 스스로도 놀랄 것이다. 왜냐하면 자기가 없는 세계를 상상할 수 있다는 생각은 착각이라는 것을 깨닫기 때문이다. 즉 의식에서 자아는 직접적인 것으로, 세계는 그것에 의해 비로소 전달되고 오직 그것을 위해서만 존재한다. 이 모든 존재의 중심, 이 모든 실재의 핵심을 없애고도 세계가 계속 존재하도록 할 수 있겠는가? 그것은 순수하게 개념적으로는 생각할 수 있지만 실현할 수는 없는 생각이다. 이것을 실현하려는 노력, 즉 직접적인 것이 없는 간접적인 것, 제약이 없는 제약된 것, 운반체 없는 피운반체를 생각하려는 시도는 항상 실패

할 수밖에 없다. 그것은 변의 길이가 모두 같은 직각 삼각형, 물질의 생성 또는 소멸 등의 불가능한 것들을 상상하려는 것과 마찬가지다. 그런 상상을 하려고 하면 우리는 목적한 것을 상상할 수 있게 되는 것이 아니라 오히려 우리가 세계 안에 있는 것 못지않게 세계가 우리 안에 있으며, 모든 실재의 근원은 우리 안에 있다는 느낌만을 강하게 받게 된다.

쇼펜하우어에 따르면 주관을 물질의 산물로 보는 학설은 혹독한 비판을 받아 마땅하다. 그런 학설의 정체를 알면 앞서 말한 '올림피아 신들의 웃음'을 느끼게 된다는 것이다.

유물론의 참된 본질은, 물질을 절대적인 것으로 놓고 주관과의 관계를 전혀 고려하지 않는다는 것이다. 그러나 물질은 주관과의 관계 속에서만 존재한다. 그럼에도 불구하고 유물론은 인과율에 따라 물질의 모든 상태를 검토한 후, 마지막으로 특히 인식 등도 환경의 산물로 발생한 물질의 한 상태로 설명한다. 만일 우리가 직관적 상상력을 동원하여 유물론자들의 철학적 사변을 좇아간다면 이 마지막 지점에 이르러 올림피아 신들의 불멸의 웃음이 갑자기 엄습하는 것을 느끼게 될 것이다. 왜냐하면 우리는 이때 갑자기 지금 결론으로 제시된 것(인식)이 이미 최초의 출발점(물질)부터 필수적인 조건으로 무언중에 전제되어 있었다는 것, 그러므로 그 결론은 이미 기정사실로 전제되어 있었다는 것을 깨닫기 때문이다. 왜냐하면 유물론자들이 출발점에서 상정한 물질이라는 것은 이미 물질을 표상하는 주관이었기 때문이다. 그러므로 그것은 일종의 장난이든지 또는 뮌히하우젠류의 황당한 이야기일 뿐이다. 그런데 주관 없는 객관 대신에 반대로 객관 없는 주관을 상정한다면 당연히 이 난센스와 정반대되는 것이 생길 것이다. 그것이 바로 진정한 의미의 관념론이다. 그러나 이 엄청난 난센스의 전모는 오직 피히테의 관념론에서만 진정으로 드러난다. 근거根據의 원리는 오직 객관과의 관계 속에서만 의미를 가질 수 있음에도 불구하고 그의 관념론은 이 근거의 원리에 따라 주관으로 하여금 객관을 산출하게 한다.

실제로는 주관과 객관이 서로 상관관계에 있음에도 외부 세계를 주관의 산물로 보는 관념론의 학설을 쇼펜하우어는 다음의 간결한 표현으로 혹평한다.

논증으로는 결코 이론적 자기중심주의를 반증할 수 없다. 그럼에도 불구하고 그것이 철학에서 의미를 가졌던 경우는 오직 회의론적懷疑論的 궤변, 즉 가상적假想的으로만 쓰였을 경우였다. 반면에 그것을 진지한 확신의 형태로 발견할 수 있는 곳은 오직 정신병원뿐일 것이다. 그렇다면 그런 것에 대해 해야 할 일은 반증이라기보다는 치료일 것이다. 이런 의미에서 우리는 그것에 더는 신경 쓰지 않고 그것을 단지 항상 논쟁적인 회의주의의 마지막 요새로, 즉 영원히 점령할 수는 없지만 그것을 지키는 수비대 역시 결코 거기서 나올 수 없기 때문에 그것을 지나쳐 배후에 두더라도 전혀 위험하지 않은 작은 국경 요새로 보고자 한다.

쇼펜하우어는 칸트 이후 철학 시장에 만연한 온갖 이념의 창궐에 대해 다음과 같이 신랄한 어조로 비판한다.

다른 한편 프랑스인들과 영국인들은 이념이라는 단어에 매우 일상적이지만 매우 확실하고 분명한 의미를 결부시킨다. 반면에 독일인들은 이념이라는 말을 들으면 머리가 어지러워지기 시작하고 정신이 하나도 없어지며 마치 기구氣球를 타고 하늘로 올라가라는 말처럼 느끼게 된다. 즉 이성 직관의 전문가 분들께서 장사를 시작할 좋은 기회인 것이다. 그자들 중 가장 뻔뻔스런 그 유명한 야바위꾼 헤겔이 자신이 주장하는 세계 및 만물의 원칙에 지체 없이 이념이라는 이름을 부여한 것도 그 때문이다. 그러자 아니나 다를까 모두들 그것을 대단한 것으로 생각했다. 그러나 이 농간에 넘어가지 않고 도대체 이성을 그 능력으로 갖고 있다는 그 이념이란 무엇이냐고 물으면 그 답변으로 대개 삽입중복문挿入重複文들로 이루어진 거창하고 공허하며 애매모호한 헛소리를 듣게 되는데, 그 중복문들의 길이가 얼마나 긴지 독자들은 그것들을 읽는 도중 잠이 들거나 또는 다 읽었을 경우에도 무슨 가르침을 얻었다기보다는 오히려 마취 상태에 빠져 있게 되거나 또는 심지어 무슨 키메라 같은 것을 말하는 것이 아닌가 하고 의심을 하게 될 정도다.

그것은 '영혼'에도 적용된다. '영혼'은 그 당시 널리 쓰이던 용어였지만, 쇼펜하우어는 그것에는 아무 의미도 없다고 주장한다.

그러므로 영혼의 개념 역시 선험적인 실체로 상정된 것이기 때문에, 『순수이성비판』이 증명하듯 허용될 수 없다. 그뿐만 아니라 그것은 '단일한 실체'로서 인식과 의지의 불가분의 단일성을 기정사실로 전제하고 있기 때문에, 고칠 수 없는 오류의 근원이 되고 있다. 그러나 인식과 의지를 분리하는 것이야말로 진리에 이르는 길이다. 그러므로 철학에서는 이 개념을 더는 사용해서는 안 되며, 수술 메스와 의료용 주걱을 치워 버린 후 견진성사 때 물려받은 개념들을 가지고 철학을 시작한 독일의 의사들과 생리학자들에게나 맡겨야 한다.

쇼펜하우어는 유행이 되어버린 '영혼과 육체', '정신과 물질'의 구분을 격렬히 비판한다.

완전히 제정신이 아니고서는 삼차원의 공간을 점하며 가차 없이 엄격한 시간의 진행 속에서 전진하고 그 모든 운동이 예외 없이 인과율의 지배를 받으며 우리가 그것을 경험하기도 전에 이미 그 모든 상태에서 그것이 따르는 법칙들을 알 수 있는 감각계感覺界, 즉 외부의 그러한 세계가 완전히 객관적이고 실제적으로 우리와는 관계없이 존재하다가 단순한 감각을 통한 지각을 통해 우리의 머리 안으로 들어와서 거기서 이제 다시 한 번 저 외부에서처럼 존재하게 되는 것이라고 믿을 수는 없을 것이다.

위대한 사상가 카르테시우스Cartesius*조차 주관과 객관은 서로를 제약하고 있기 때문에 한편으로는 유심론자唯心論者들, 다른 한편으로는 유물론자들이 주장하듯 그중 어느 하나가 다른 하나를 산출할 수는 없다는 것을 아직 극명하게 인식하지 못했다.

즉 그는 주관과 객관, 또는 관념과 실재 사이에 존재하는 심연深淵을 드러냈다. 그는 이 인식을 외부세계의 존재에 대한 회의懷疑로 표현했다. 그러나 그는 인자하신 하나님께서 우리를 속이고 계시

---

* 데카르트의 라틴명.

지는 않을 것이라는 궁색한 논거로 이 회의에서 빠져나감으로써 이 문제가 얼마나 근본적이고 풀기 어려운지를 보여주었다.

200년이 지난 후에도 이 문제는 온갖 종류의 철학 사조들과 그 것들의 그릇된 전문용어들로 인해 그 해결의 길이 막혀 있었다. 많은 철학박사들을 포함하여 철학을 모르는 자들은 관념론이라는 단어를 전혀 쓰지 못하게 해야 한다. 왜냐하면 그들은 그것의 의미도 모르면서 그것을 논하며 온갖 허튼소리들을 하기 때문이다. 그들은 관념론을 때로는 유심론의 의미로, 때로는 대략 속물 근성의 반대 개념으로 이해하는데 통속적인 삼류 문필가들이 여기에 맞장구를 쳐주기 때문에 자신들의 생각이 옳은 줄로 착각한다. '관념론과 실재론'은 마음대로 쓸 수 있는 단어들이 아니다. 그것들은 고정적인 의미를 가진 철학 용어다. 그러므로 다른 어떤 것을 표현하려면 당연히 다른 단어를 사용해야 한다. 관념론과 실재론의 대립은 인식 대상, 즉 객관과 관련된다. 반면에 유심론과 유물론의 대립은 인식 주체, 즉 주관과 관련된다. (오늘날의 무지한 삼류 문필가들은 관념론과 유심론을 혼동한다.)

오늘날의 많은 박사들도 쇼펜하우어가 비난한 '철학을 모르는 자들'에 속하는 것 같다. 이들은 유심론의 특성을 관념론의 특성으로 혼동하며, 유물론이란 영혼보다 육신을 우선시하는 것이라고 이해한다.

아주 오랜 옛날부터 있었고 이미 열 번이나 풍비박산 났던 유물론의 부활로 약국과 병원에서 철학자들이 등장했다. 이들은 자신들의 직업에 필요한 것 외에는 아무것도 배우지 못한 자들로서 이제는 아주 천진난만하고 단정하게 마치 칸트가 아직 태어나지도 않은 것처럼 자신들의 '늙은 여편네 철학'을 강연하며 '육체나 영혼' 및 그것들의 상호관계에 대해 토론하고 심지어는 (후세 사람들이여, 믿어 다오!) 그 영혼이 깃들어 있다는 뇌의 부위까지 증명한다. 이들의 방자함에는 훈계가 필요하다. 즉 대화에 끼려면 뭔가 배운 것이 있어야 한다는 것, 괜히 길거리에서 하는 쓸데없는 낙서니 교리문답이니 하는 조롱을 듣지 않으려면 그런 허튼소리는 안하는 것이 좋을 것이라는 점을 알려주어야 한다.

쇼펜하우어는 당시의 순수 과학자들에게도 다음과 같이 엄중 경고한다.

물리학은 독자적으로는 존립할 수 없다. 그것은 형이상학에 의지해야 한다. 물리학이 형이상학에 대해 아무리 거드름을 피워도 이는 어쩔 수 없는 사실이다.

그러나 형이상학이 꼭 종교일 필요는 없다. 다음의 짧은 언급은 그 점을 분명히 한다.

도대체 매번 미사마다 새 형이상학이 등장한다. 인자하신 하나님에 대한 장황한 보고報告로 이루어진 이 형이상학은 그의 근황과 그가 세상을 만드셨는지 낳으셨는지 아니면 또 다른 어떤 방법을 쓰셨는지, 어쨌든 산출하시게 된 경위를 설명한다. 반년마다 하나님에 대해 최신 소식을 듣는 것 같다.

쇼펜하우어가 유신론을 거부했다고 해서 그를 범신론자로 여겨서는 안 될 것이다.

더구나 사실 범신론이라는 단어는 모순을 내포하며 자기 스스로를 부인하는 개념이다. 그래서 진지함을 이해하는 사람들은 이 개념을 의례적인 표현법으로밖에는 여기질 않았다. 지적이고 통찰력 있던 지난 세기의 철학자들이 세계를 신^{Deus}이라고 부른 스피노자를 전혀 이론의 여지가 없는 무신론자로 여겼던 것도 이 때문이다. 스피노자가 무신론자가 아니라는 생각은 오히려 말밖에는 이해할 줄 모르는 이 시대의 가짜 철학자들이 처음 한 것이다. 그들은 그것을 뻐기며 스피노자의 철학을 무세계론無世界論*이라고 부른다. 농담을 하는가? 그러나 어쨌든 나는 말에서 그 의미를 박탈하지 말 것을 간곡히 당부하는 바이다. 만일 다른 말을 표현하려면 다른 말을 쓰라. 즉 세계는 세계, 신神들은 신들이라고 부르라.

어쨌든 이름을 붙일 때에는 조심해야 한다. 추가 설명이 필요한 경우도 매우 자주 생기기 때문이다.

내가 '다른 세상에서'라고 말할 때, '그 다른 세상이 도대체 어디에 있는가?'라고 묻는 것은 어리석기 짝이 없는 질문이다. 왜냐하면 모든 '어디'라는 질문에 의미를 부여하는 '공간'은 바로 '이' 세상의 구성 요소이기 때문이다. 이 세상의 바깥에서는 '어디'라는 것이 없다. 평화와 평안 그리고 행복은 '어디'도 '언제'도 없는 바로 그곳에만 있다.

심지어는 뇌조차도 결국 공간을 차지하고 있는 물체이므로 그 세상에 포함될 수 없다.

---

* 세계 및 만물은 오직 외견상으로만 실재하는 것처럼 보일 뿐이라고 주장하는 철학적 세계관 - 저자 랄프 비너의 해설.

그러므로 이 뇌로 나타난 단순히 현상적이며 가현적假現的인 의식이 머지않아 없어지게 될 것을 한탄하는 사람은, 천국에는 바다 표범이 없다는 말을 듣고 천국에 가고 싶어 하지 않았다는 그린란드의 개종자들과 같다.

다음의 성찰은 조금 섬뜩하지만, 주관과 객관의 상호제약 및 공간의 상대성을 명확히 보여준다.

내가 어떤 대상, 예를 들어 어떤 풍경을 보면서 이 순간 누군가가 내 목을 쳐서 떨어뜨리는 상상을 한다고 하자. 나는 이 경우 그 대상이 변함없이 그대로 존재할 것임을 안다. 그러나 이것은 궁극적으로는 나 역시 그것과 마찬가지로 계속 존재할 것임을 의미한다. 이것을 이해할 수 있는 사람은 소수에 불과할 것이다. 그러나 어차피 그 소수를 위해 말한 것이다.

지당하게도 그가 매우 자주 지적하는, 끊임없이 되살아나는 철학 상의 중대 오류가 특히 이 예에 비추어 볼 때 의미심장하게 나타난다.

인간의 분별력이라는 것이 철학적 성찰에 얼마나 부적합한지는 카르테시우스 이래 수없이 많은 지적을 받아왔음에도 지금도 여전히 관념론과 실재론이 대립 쌍으로 버젓이 통용되고 있는 현실에서 특히 잘 나타난다. 물체 자체는 우리의 의식에만 있는 것이 아니라 정말로 실제로 존재한다는 천진난만한 주장을 펴면서 말이다.

오늘날까지도 그런 이론들이 전파되어 심지어는 학교에서조차 그것들을 가르치고 있는 현실을 감안하면 이 오류에 대해서는 끊임없는 지적이 필요하다.

사실 세상에는 정신도 물질도 없는 반면 난센스와 망상은 참으로 많다.

만일 쇼펜하우어가 이 시대에 산다면 그는 자신이 퇴치하고자 했던 그 망상이 여전히 기세당당하게 만연해 있는 것을 보고 놀랄 것이다.

칸트의 철학을 공부하지 않은 모든 사람들을 포함한 철학의 문외한들, 즉 대부분의 외국인들과 교리문답을 토대로 버젓이 철학을 하고 있는 독일의 의사들 같은 사람들 사이에서는 '정신과 물질'이라는 근본적으로 틀린 대립개념이 아직도 통용되고 있다. 특히 헤겔파들이 탁월한 무지와 철학에 대한 몽매蒙昧를 바탕으로 칸트 이전의 시대에서 다시 가져온 '정신과 자연'이라는 이름으로 그것을 다시 통용시켰다. 그런데 그들이 그런 제목으로 늘어놓는 '정신과 물질'의 대립 이야기를 듣고 있노라면 그것이 얼마나 순진한지 마치 칸트라는 사람은 전혀 존재하지도 않았고, 우리는 아직 라이프니츠처럼 귀족의 저택 정원에서 공주들 및 시녀들과 함께 '정신과 자연'에 대해 논하면서 길게 늘어뜨린 남성용 가발을 쓰고 깎아 다듬은 생 울타리 사이를 거닐고 있는 것 같은 착각이 든다. '자연'이라는 말은 깎아 다듬은 생 울타리를, 정신이라는 말은 가발 속의 내용물을 말하는 것이라고 이해하면서 말이다.

다음의 성찰은 공룡(쇼펜하우어가 'Dinos'*라는 약어를 들으면 물론 폭

---

* '공룡'이라는 뜻의 독일어 'Dinosaurier'의 약어.

소를 터뜨릴 것이다)과 과거 및 미래의 자연 변화에 대한 요즘의 관심에 비추어 시사하는 바가 많다.

지구에 생명체가 존재하기 전에 일어났던 지질학적 사건들은 어떤 의식 속에도 존재한 적이 없다. 그것들에는 의식이 없기 때문에 그것들 자체의 의식 속에 존재할 수도 없었고, 또 타자의 의식도 없었기 때문에 타자의 의식 속에 존재할 수도 없었다. 주관이 전혀 존재하지 않았으므로 그것들 또한 전혀 객관적으로 존재할 수 없었다. 즉 그것들은 전혀 존재하지 않은 것이다. 그럼에도 불구하고 그것들이 '존재했던 것들'로서는 어떤 의미를 가질 수 있지 않을까? '존재했던 것들'로서 그것들의 의미는 다만 가설적인 것에 불과하다. 즉 만일 그 태고太古에 의식이 있었다면 그 의식 속에는 그런 사건들이 나타났을 것이라는 것, 현상들을 결과에서 원인으로 되짚어 볼 때 우리는 그렇게 추론할 수 있다는 것, 즉 물자체의 본질상 그런 사건들로 나타났을 것이라는 의미에 불과하다.

한편 쇼펜하우어는 자연과학, 특히 천문학을 과대평가하지 말라고 강력히 경고한다.

천문학의 수학적 확실성, 신뢰성, 정확성은 그것이 다루는 대상의 그 비길 데 없는 단순성 또는 초라함에 근거한다. 그 덕분에 그것은 아직 발견도 안 된 행성들의 출현을 예견하여 세계를 놀라게 한다. 사람들의 경탄을 아무리 받아도 자세히 살펴보면 그것은 결국 나타나는 결과를 통해 보지 못한 원인을 알아내는 모든 작업에서 이루어지는 것과 동일한 오성悟性의 활동이다. 이것이라면 다른 사람이 계속 아니라고 하는데도 포도주 한잔으로 술통에 가죽이 있다는 것을 정확하게 알아맞혔다는 그 포도주 감식가가 더 경탄할 만하지 않은가? 결국 술통을 다 비워보니 그 바닥에서 가죽 고리를 단 열쇠 하나가 나왔다지 않은가?

요즘도 가끔 라디오에서 흘러나오는 '포도주 감식가'라는 노래는 그 마지막 구절에서 거의 문자 그대로 쇼펜하우어가 인용한 일화 이야기를 하고 있다. "통바닥엔 열쇠, 이것엔 가죽 고리, 또 이것엔 은방울, 그것을 감식가가 알아맞혔다네!"

천문학처럼 대중의 감탄을 자아내는 학문도 없다. 아니나 다를까 대부분이 계산하는 재주밖에 없는 자들이며 굳이 더 말하자면 그런 자들이 대개 그렇듯 저급한 능력의 소유자들인 이 천문학자들은 자신들의 '가장 숭고한 학문'이니 뭐니 하며 거드름을 피운다. 천문학의 이런 주장에 대해서는 일찍이 플라톤이 그것을 조롱하며, 숭고하다는 것은 높은 곳에 있다는 뜻이 결코 아니라고 일깨운 바 있다.

이 프랑크푸르트의 현자는 측정하거나 계산하는 것에는 별로 호감을 갖지 않았다. 그것은 그가 인간을 두 부류로 나눈 것에서도 드러난다.

괴테는 정확하고 깊고 객관적인 시선으로 사물의 본성을 통찰한다. 반면에 뉴턴은 항상 측정하거나 계산하는 것에만 바쁜, 그리고 이를 위해 현상을 피상적으로 파악하여 만든 누더기 이론을 기초로 삼는 단순한 수학자에 불과하다. 당신들이 오만상을 다 찌푸려도 이것은 사실이다.

사람이 죽은 후에도 그 사람의 지성은 계속 존재한다는 신비주의자들이나 종교적 몽상가들의 주장을 그는 다음과 같이 비웃는다.

죽음과 함께 지성도 같이 사라지는 것이 아니라면 아주 좋긴 할 것이다. 그렇다면 이 세상에서 배운 그리스어를 고스란히 다른 세상으로 가져갈 수 있을 것이니 말이다.

그는 세계의 신비를 자신들의 입장에서 풀고자 하는 의사들과 화학자들에게도 신랄한 충고를 한다.

이 사람들이 메스나 도가니를 놓아두고 철학의 문제들을 다루면서 보이는 그 천진난만함은 정말 놀랄 정도다. 그러나 그 천진난만함의 근원은 모두들 오직 돈벌이를 위해 학문을 하다가 이제 웬만해지면 아무 대화에나 한몫 끼려는 데 있다. 그 신사 분들에게 자신들과 사물의 참된 본질 사이에는 마치 벽처럼 자신들의 머리가 버티고 서 있어서 조금이라도 그것을 알아내기 위해서는 멀리 돌아가야 한다는 것을 깨우쳐 줄 수만 있다면 얼마나 좋을 것인가? 그러면 더는 그들이 철학을 논하는 구두장이들처럼 '영혼'이니 '질료'니 하면서 되는대로 겁 없이 큰소리치지는 못할 것이 아닌가?

그는 구두장이와 재단사는 비웃고 농민은 칭찬하면서, 교묘하게 '노동자와 농민' 사이를 이간한다.

밭 가는 농부를 내게 데려오라. 그에게 질문을 이해시켜라. 그러면 그는 천지만물이 사라질지라도 공간은 여전히 존재할 것이며 천지의 모든 변화가 멈출지라도 시간은 계속 흐를 것이라고 너희에게 말할 것이다.

또 그는 어떤 궤변을 논리적으로 반박한다.

네가 세계의 시작을 생각하면 너는 곧 그 세계가 없었던 시간을 생각하는 것이다. 그러나 네가 시간을 생각하는 순간 너는 곧 세계도 생각하는 것이다. 즉 너는 세계가 없다고 생각하면서 동시에 있다고 생각하려는 것이다. 바로 그것이 모순이다.

신에 대한 상상을 실체적으로 구체화하려는 노력도 물론 쇼펜하우어의 비난을 샀다.

사람들은 점차적으로, 특히 스콜라 철학을 기점으로 하여 온갖 특질들을 신에게 입혀 놓았다. 그러나 계몽주의는 그의 옷을 하나씩 하나씩 다시 벗겼다. 사람들은 그의 옷을 기꺼이 다 벗기고 싶어 하지만, 그렇게 하면 혹시 옷들만 있고 그 안에는 아무것도 없는 것을 발견하게 될까봐 그렇게 하지 못하고 있다.

쇼펜하우어가 1824년에 드레스덴에서 지은 「어떤 회의론자의 기도」라는 시 역시 풍자적이다.

하나님, 만일 당신이 계시다면 제 영혼을
무덤에서 구원해 주세요. 제게 영혼이 있다면요.

다양하게 나타난 종말론적 분위기에 맞서 그는 다음과 같은 공리를 내세운다.

칸트의 철학은 세계의 종말이 우리의 바깥이 아니라 우리의 안에 있다고 가르친다.

또한 그는 유물론에서도 좋은 점을 발견한다.

현대의 유물론은 철학이 자라는 땅에 거름이 되는 분뇨다.

그는 이렇게 거름을 준 철학이 어떤 모습을 하는가를 다음의 대화체 형식으로 보여준다. 이는 진지한 철학적 주제를 유머러스하게 대중적으로 설명한 예다.

주관: 나는 존재한다. 그리고 나 외에는 아무것도 없다. 왜냐하면 세계는 나의 표상이기 때문이다.

물질: 그것은 주제넘은 망상이다. 나, 곧 내가 존재한다. 그리고 나 외에는 아무것도 없다. 왜냐하면 세계는 나의 일시적인 형태이기 때문이다. 너는 단순히 이 형태의 일부에서 산출된 것에 불과하며, 전적으로 우연한 존재다.

주관: 그 무슨 어리석은 착각인가? 너도, 너의 형태도 나 없이는 존재할 수 없다. 너희들은 나에 의해 제약되어 있다. 나 없이도 너희를 생각할 수 있다고 여기는 사람은 큰 착각에 빠져 있는 것이다. 왜냐하면 나의 표상 바깥에 있는 너희들의 존재란 그야말로 모순, 즉 자가당착이기 때문이다. 너희가 존재한다는 것은 바로 너희가 나에 의해 표상된다는 것을 의미할 뿐이다. 나의 표상은 너희가 현존하는 장소다. 그러므로 나는 너희 현존의 제1조건이다.

물질: 다행스럽게도 너의 건방진 주장은 머지않아 단순한 말로써가 아니라 실제적으로 반증될 것이다. 조금만 기다려라. 그러면 너는 정말로 더는 존재하지 않게 되고 너의 허풍과 함께 없어질 것이며 그림자처럼 사라져 나의 모든 덧없는 형체들이 겪는 운명을 당하게 될 것이다. 그러나 나는 끄떡없이 그리고 변함없이 세세연년 영원

토록 존재하며, 내 형태들의 덧없는 변화를 지켜볼 것이다.

주관: 네가 산다고 자랑하는 그 영원한 시간은 네가 점하는 그 무한한 공간과 마찬가지로 단지 나의 표상 속에만 존재할 뿐이다. 즉 그 것은 내가 온전히 내 안에 갖고 있는 나의 표상 형식으로, 너는 이 형식을 통해 나타나며 이 형식을 통해 인지된다. 이 때문에 비로소 네가 현존할 수 있는 것이다. 또 너는 내가 곧 없어지게 될 것이라고 나를 위협하는데, 그것은 내가 당할 일이 아니다. 만일 내가 없어진다면 너도 함께 없어질 것이다. 없어지는 것은 단지 개아個我뿐이다. 그것은 일시적으로 나를 담고 있을 뿐이며, 다른 모든 것들과 마찬가지로 나에 의해 표상된 것이다.

물질: 내가 너의 그 주장을 인정하여 그 덧없는 개아들의 현존과 불가분하게 결합되어 있음에도 개별적으로 존재하는 것으로 너의 존재를 본다 하더라도 그것은 여전히 나의 존재에 의존하고 있다. 왜냐하면 너는 주관이고, 주관은 항상 객관을 필요로 하기 때문이다. 그런데 그 객관이 바로 나다. 나는 객관의 핵심이며 내용이고 객관 중의 불변하는 것으로서 객관을 결속시킨다. 만일 내가 없다면 객관은 지리멸렬하고 실체 없이 덧없어서 마치 너의 개아들이 갖는 꿈이나 공상 같을 것이다. 사실 그 꿈이나 공상의 환영들조차도 내게서 빌려 간 것이 아닌가?

주관: 나의 존재가 개아들과 결부되어 있다는 이유로 네가 나의 존재를 부인하지 않는 것은 잘하는 일이다. 왜냐하면 내가 개아들에게 불가분으로 매여 있는 것처럼 너도 너의 자매인 형태에 불가분으로 매여 있어 지금까지 단 한 번도 형태 없이는 나타난 적이 없기 때

문이다. 누구도 너나 나를 적나라하게 개별적으로 본 일이 없다. 왜냐하면 우리는 둘 다 추상적인 개념에 불과하기 때문이다. 반면에 근본적인 실체는 하나다. 그것은 자기 자신을 직관하고 또한 자기 자신에 의해 직관되지만 그것의 존재 자체는 그 직관이나 그 직관됨에 본질이 있는 것이 아니다. 왜냐하면 그것들은 우리 둘이 나누어 갖고 있기 때문이다.

둘 다: 그렇다면 우리는 우리 둘 모두를 포괄하며 우리에 의해 존립되는 전체의 필수적인 부분들로서 서로 불가분하게 결합되어 있는 것이다. 오해가 아니면 우리는 서로 적대적으로 대립하거나 또는 하나가 그 다른 하나의 존재를 부인할 수 없는 사이다. 왜냐하면 우리의 현존은 서로 의존하고 있기 때문이다.

7장

피히테·셸링·헤겔은 엉터리 문사다

아무도 이해할 수 없도록 쓰는 것처럼 쉬운 일은 없다.
의미심장한 생각을 모두가 이해할 수 있도록 쓰는 것이야말로 가장 어려운 일이다.

철학계의 세 거성巨星 피히테·셸링Schelling·헤겔에 대한 쇼펜하우어의 수많은 비판들을 살펴보면 그는 마치 '욕하는 사람이 옳다'라고 생각한 듯한 느낌이다. 그러나 그의 비판들을 욕으로만 생각하는 것은 피상적인 판단이다. 왜냐하면 그것들은 때론 거친 말로 표현돼 있을지라도 사실은 정곡을 찌르는 비평이기 때문이다. 다음의 언급에는 그 모든 것을 단순한 비방이 아니라 일종의 유머로 받아들이기를 주문하는 그의 기본 입장이 나타나 있다.

아, 철학교수 해먹기도 정말 눈물겹겠구나! 우선은 장관들 장단에 춤을 춰야 한다. 하지만 그것을 아주 예쁘게 해도 바깥에서는 사나운 식인종, 즉 진짜 철학자들의 습격을 받을지 모른다. 그들은 철학교수 하나쯤은 주머니에 넣고 가서 설명의 흥미를 돋우기 위해 때때로 꺼내는 휴대용 어릿광대로 사용하는 것이다.

그는 가짜 철학자들이 서로 맞장구치는 것에 가장 불쾌해한다.

원숭이들은 보는 것을 따라 하고, 사람들은 듣는 것을 따라 말한다.

그는 철학교수들의 성공 이유를 다음과 같이 나름대로 설명한다.

그러므로 학생들은 신학교수가 교의학^{敎義學}을, 법학교수가 법령전서를, 의학교수가 병리학을 잘 알고 소유하듯, 지존^{至尊}의 자리에 임용된 형이상학 교수도 형이상학을 잘 알고 소유하고 있을 것이라고 생각한다. 그래서 그들이 순진한 믿음을 갖고 형이상학 교수의 강의에 출석하면 거기서는 짐짓 거만한 표정으로 과거의 모든 철학자들을 깔보며 비판하는 사람을 보게 된다. 이 때문에 학생들은 '내가 제대로 찾아왔구나'라는 확신을 갖고 피티아* 앞에 앉은 듯 경건한 마음으로 넘쳐나는 지혜의 말씀들을 빠짐없이 머리에 새기게 되는 것이다.

이 학생들은 자기들이 무엇을 배우고 있는지 알지 못한다.

사람들이 반드시 알아야 할 것은 많은 학자님들은 강의로, 또 책으로 끊임없이 가르치시느라고 제대로 배우실 시간이 없으시다는 점이다.

그러므로 강단에서 선포되는 말을 곧이곧대로 모두 믿어서는 안 된다.

칸트의 학설을, 또한 칸트 이래 플라톤을 한 번만이라도 제대로

---

* 고대 그리스, 델피의 아폴로 신전에 있던 무녀(巫女).

이해하고 파악한 적이 있었다면, 그리고 칸트가 만든 전문용어들을 함부로 지껄이거나 플라톤의 문체를 어설프게 흉내 내는 대신 이 두 사상가의 학설이 갖는 내적 의미와 내용을 충실하고 진지하게 숙고해 보았다면 분명 이미 오래전에 이 위대한 두 현자들의 생각이 얼마나 서로 일치하는가를, 그리고 그 두 학설의 본연의 의미와 목표는 전적으로 동일하다는 사실을 발견했을 것이다. 그랬다면 플라톤을 그의 정신이 조금도 깃들어 있지 않은 라이프니츠와 끊임없이 비교하거나, 또는 그 위대한 옛 사상가의 넋을 모독하기라도 하려는 듯 현재 살아 있는 어떤 잘 알려진 양반과 비교하지도 않았을 것이다. 그뿐만 아니라 그랬다면 이 시대는 현재보다 훨씬 더 진보해 있거나, 또는 더 정확히 말해, 최근 40년간처럼 크게 부끄러운 후퇴를 하지도 않았을 것이다. 또한 오늘은 이 허풍선이, 내일은 저 허풍선이에게 우롱당하지도 않았을 것이고, 그렇게 의미심장할 것 같던 독일의 19세기를 (고대인들이 때때로 가족의 장례식에서 행하듯) 철학계가 칸트의 무덤 위에서 펼친 익살극으로 시작하지도 않았을 것이다. 이는 당연히 다른 국민들의 비웃음을 샀는데, 왜냐하면 그 같은 것은 진지할뿐더러 심지어는 뻣뻣하기까지 한 독일인들에게는 가장 안 어울리는 일이었기 때문이다.

그는 특정 '유행어'들 역시 '철학계가 펼친 익살극'의 산물로 보았다.

절대자니 뭐니 하는 그 모든 헛소리는 그래도 염치는 있어 가면을 쓰고 다시 등장한 우주론적 증명에 불과하다. 그런데도 이것이 독일에서는 『순수이성비판』의 면전에서 60년 동안 버젓이 철학

행세를 하고 있다. '절대자'라는 것이 무엇인가? 어쨌든 이미 있는 어떤 것으로서 그것이 어디서 왔는지 그리고 왜 있는지 (처벌을 받고 싶지 않으면) 더는 묻지 말아야 하는 존재라는 것이 아닌가? 그야말로 철학교수들의 보물이 아닐 수 없다.

쇼펜하우어는 한 일화를 통해 자신이야말로 철학의 진리를 다시 캐낼 사람이라고 주장한다.

독자들은 철학이라는 이름으로 지난 40년 동안 독일에서 저질러진 장난의 진상을 점차 깨닫기 시작했으며, 앞으로도 점점 더 깨달을 것이다. 즉 심판의 날이 온 것이며, 이제 독자들은 칸트 이후의 그 끝없는 저술과 논쟁을 통해 밝혀진 진리가 하나라도 있는지 보게 될 것이다. 그러므로 나는 그 무가치한 대상들에 대해 여기서 더는 논하지 않겠다. 더구나 나는 일화 하나로 나의 목적을 더 간결하고 기분 좋게 달성할 수 있는 것이다. 가면사육제의 군중 사이로 사라진 단테를 찾아오라고 메디치 대공★☆이 명령한 일이 있었다고 한다. 그 명령을 받은 사람들은 단테 역시 가면을 쓰고 있는데 어떻게 그를 찾을 수 있겠느냐고 난감해했다. 그러자 공작은 질문 하나를 일러주며, 가면 쓴 사람들 중 조금이라도 단테와 비슷한 사람이 있으면 그를 향해 외치라고 했다. 그 질문은 '누가 좋은 것을 알아볼 수 있는가?'였다. 이 질문에 대해 많은 어리석은 답변을 들은 후, 그들은 마침내 한 가면을 쓴 사람에게 이런 대답을 들을 수 있었다. "나쁜 것을 알아볼 수 있는 사람이오." 이것으로 그들은 단테를 알아볼 수 있었다.

이런 식으로 무장한 쇼펜하우어는 '나쁜 것'을 찾아내는 일을 줄

기차게 진행한다.

그러면 그들이 지금 큰 어려움에 처한 자기들의 옛 친구인, 이미 뒤로 나자빠져 있던 우주론적 증명을 위해 무엇을 한 것일까? 오, 그들은 멋진 속임수를 생각했다. 그들은 그에게 말했다. "친구, 쾨니히스베르크의 그 늙은 고집쟁이와 끔찍하게 부딪힌 후 너는 상태가 안 좋아. 아주 안 좋아. 너의 형제인 존재론적 증명이나 물리신학적 증명만큼이나 상태가 안 좋아. 그러나 안심해. 그렇다고 우리가 너를 버리겠어? 네가 우리의 밥줄이라는 것은 너도 알잖아? 그러나 어쩔 수 없어. 너는 이름과 옷을 바꿔야 해. 왜냐하면 우리가 너의 이름을 말하면 모든 것이 끝장이기 때문이야. 반면에 너의 정체가 드러나지 않으면 우리는 너를 도와 다시 인기를 얻게 할 수 있어. 그러나 이미 말했듯이 정체가 드러나지 않아야 해. 그래서 이제부터는 너의 이름을 '절대자'라고 부를게. 어때? 낯설고 품위 있고 고상하게 들리지? 고상한 체하는 것이 독일인들에게 얼마나 잘 먹히는지는 우리가 가장 잘 알지. 모두들 무슨 말을 해도 다 알아듣는 척하면서 제 딴에는 자기가 지혜롭다고 착각한다니까. 너는 변장을 하고 생략된 삼단논법의 형태로 등장하는 거야. 즉 네가 우리에게 장황하게 늘어놓던 너의 그 모든 전前 삼단논법들과 전제前提들은 그냥 집에 고이 놔둬. 어차피 그건 사람들이 모두 쓸데없는 소리라는 것을 다 알잖아. 오히려 너는 과묵하고 자신에 찬, 대담하면서도 고상한 남자로 등장함으로써 단번에 목적을 이루게 될 거야. 그러니까 너는 '절대자'라고 외치면 돼. 우리도 같이 외칠 테니까. 그리고 '그러니까 그것은 절대자이기 때문에 무조건 존재할 수밖에 없다. 그렇지 않다면 존재하는 것은 아무것도 없을 테니까.'라고 이야기해. 여기서 책상을 한 번 쳐주고. 그것이 어디서 왔냐고? '그런 어리석은 질문을 하다니! 내가 말하지 않았는가? 절대자라고.' 먹힌다니까. 우리가 장담해. 먹혀."

그는 그 '절대자'의 사도들을 사제들과 동일시한다.

비록 수는 많지 않지만 인간의 형이상학적 욕구를 이용하여 생계를 꾸리는 두 번째 인간부류가 있는데, 그들은 철학으로 먹고사는 자들이다. 그리스 시대에는 그런 자들을 궤변가라고 불렀는데, 요즘에는 철학교수라고 부른다.

물론 그는 '요즘 사람들'은 철학사에 끼어주지도 않는다.

금세기 동안 독일에서 철학으로 여겨져 오던 것을 알고 있는 독자라면 칸트와 나 사이의 기간에 피히테의 관념론도 실재와 관념의 절대 동일성의 체계도 언급되지 않은 것에 놀랄지 모른다. 오히려 그것들이야말로 당연히 이 주제에서 다뤄야 할 내용인 것처럼 보이는데도 말이다. 그러나 나는 그것들을 포함시킬 수 없었다. 왜냐하면 내가 아는 한 피히테, 셸링, 헤겔은 철학자가 아니기 때문이다. 그 이유는 그들에게는 철학자의 첫째 조건, 즉 연구의 진지성과 정직성이 없기 때문이다. 그들은 단지 궤변가에 불과하다. 그들에게 중요한 것은 실질이 아니라 외양이며, 그들이 추구한 것은 진리가 아니라 세속적 영달榮達이다. 정부에 의한 임용任用, 학생들과 출판업자들의 사례금, 이를 위해 자신들의 가짜 철학으로 세인들의 이목을 가능한 많이 모으고 법석을 떠는 것, 이것들이야말로 이 지혜의 사도 분들을 인도한 별들이었으며 그들에게 영감을 불어넣은 정신이었다. 그러므로 그들은 입구의 검사를 통과하지 못하며, 인류를 위해 공헌한 명예로운 사상가들의 모임에 입장할 수 없다.

그래도 아직 잘 이해를 못하는 사람들을 위해 쇼펜하우어는 다음과 같이 더 분명하게 말한다.

즉 칸트의 가르침 직후 철학계에 나타난 신비화, 허세, 현혹, 기만, 허풍의 방법이 여기에 근원을 두고 있다. 언젠가 철학사는 이 기간을 '부정직의 시대'라는 제목으로 다룰 것이다. 왜냐하면 모든 옛 철인^{哲人}들이 갖고 있던 정직성, 독자들과의 공동 탐구라는 특징이 여기서는 사라져 버렸기 때문이다. 이 시대의 사이비 철학자들은 독자들을 깨우치려는 것이 아니라 현혹하려 한다. 그 한 페이지 한 페이지가 모두 그 증거다. 이 시대의 빛나는 영웅은 피히테와 셸링 그리고 마지막으로는 심지어 그들조차도 매우 부끄러워할, 즉 그 재주꾼들에 비하면 훨씬 격이 떨어지는 어설프고 우둔한 야바위꾼 헤겔이다. 그들의 변죽은 온갖 철학교수들이 울리는데, 이들은 청중 앞에서 심각한 표정으로 자기들도 전혀 알 리가 없는 무한과 절대 및 다른 많은 것들에 대해 지껄인다.

그는 성경에 정통한 독자들을 위해 다음과 같이 달리 표현하기도 한다.

만일 칸트가 이제 다시 와서 이런 못된 짓을 본다면 그는 실로 시나이 산에서 내려오다가 금송아지 주위를 돌며 춤추고 있는 자기 민족의 모습을 본 모세의 심정이 될 것이다. 모세는 그에 격분해서 십계명 돌판들을 던져 깨뜨렸다. 그러나 칸트도 이를 그렇게 심각히 받아들이려 한다면 나는 시라의 아들 예수의 말로 그를 위로할 것이다. "어리석은 자에게 말하는 사람은 조는 자에게 말하는 사람과 같다. 말이 끝나면 어리석은 자는 '뭐라고요?' 하고 묻는다."[*]

그는 자기원인自己原因이라는 상투어를 재치 있는 일화를 통해 풍자한다.

습관적으로 말과 생각을 동일시하는 네오스피노자주의자들(셸링주의자, 헤겔주의자 등)은 종종 이 '자기원인'에 대해 고상하고 경건한 경탄의 장광설을 늘어놓는다. 그러나 나로서는 이 '자기원인'에서 형용모순形容矛盾, 즉 무한한 인과의 사슬을 끊으려는 뻔뻔스런 억박질밖에는 발견할 수 없다. 이는 턱 끈으로 단단히 고정시킨 자기 머리 위의 원통형 군모에 브로치를 달려다가 손이 닿지 않자 의자 위에 올라갔다는 그 오스트리아인 같은 것이다.

그는 피히테라는 이름만 들어도 넌더리를 낸다.

여기에 피히테를 언급해서는 안 된다. 그는 인류의 선민選民인 참된 철학자들 가운데 낄 자격이 없다. 이들은 매우 진지하게 자신의 이익이 아닌 진리를 추구했고, 그러므로 진리를 빙자하여 자신의 개인적 출세만을 추구하는 그런 자들과 혼동해서는 안 된다. 피히테는 가짜 철학, 부정직한 방법의 아버지다. 이것은 애매모호한 언어의 사용, 알아듣지 못할 말, 궤변으로 사람들을 속이는 동

---

[*] '시라의 아들, 예수'가 그 저자로 되어 있으며 로마 가톨릭에서는 제2경전으로, 개신교에서는 외경으로 분류하는 『집회서(Ecclesiasticus)』의 22장 10절.

시에 고상한 어조로 현혹하여 열심히 배우고자 하는 사람들을 기만하려 한다. 이것은 셸링에 의해서도 사용된 후, 잘 알다시피 헤겔에 이르러 그 정점에 달했다. 이때에 비로소 그것은 사기로 발전했다. 그러나 그 피히테라는 자만을 놓고 보더라도, 그자를 정말 진심으로 칸트와 나란히 거명하는 사람이 있다면 그는 칸트가 어떤 사람인지 전혀 모르는 것이다.

쇼펜하우어는 어떤 의미에서는 칸트도 자신의 아류들의 행동에 책임이 있다고 말한다.

그러나 칸트의 논술에 때때로 나타나는 애매한 구절들이 끼친 가장 큰 폐해는, 그것들이 아류들이 따라 하는 '나쁜 예'로 작용했으며 심지어는 타락의 허가로 잘못 해석되었다는 사실이다. 독자들은 애매한 것이 항상 무의미한 것은 아니라는 것을 인정할 수밖에 없었다. 그러자 즉시 무의미한 것들이 애매한 논술 뒤로 숨어들었다. 피히테는 이 새로운 특권을 움켜잡고 애용한 첫 번째 인물이었다. 셸링도 더하면 더했지 덜하지 않았고, 곧 재능도 없고 정직하지도 않은 수많은 탐욕스런 엉터리 문사들이 그 두 사람을 무색하게 했다. 그러나 가장 뻔뻔스럽게 명백한 난센스를 지껄이고 그때까지만 해도 정신병원에서나 들을 수 있었던, 의미 없이 미쳐 날뛰는 횡설수설을 휘갈겨 쓴 자는 바로 헤겔이었다. 이것은 일반을 상대로 자행된 사상 유례없는 졸렬한 기만극의 도구가 되었고, 후세 사람들에게는 믿기지 않을 정도의 성공을 거두어 독일인의 우둔함을 기념하는 비牌로 남을 것이다. 이 와중에도 장 파울Jean Paul은 「강단 위에서의 철학적 광분狂奔과 무대 위에서의 문학

적 광분에 관한 진보된 고찰」이라는 멋진 글을 썼지만 소용이 없
었다. 왜냐하면 이미 괴테도 다음과 같이 읊었지만 소용이 없었기
때문이다.

저렇게 마음껏 지껄이고 가르치는구나.
저 바보들을 어찌할꼬?
사람이란 보통 무슨 말을 들으면
거기엔 뭔가 생각할 것이 있다고 여기기 마련인데.

그러나 칸트는 단지 악용된 것에 불과하다고 볼 수 있으므로,
유죄 선고는 오직 그 세 명의 궤변가들만 받는다.

그러나 일찍이 장사꾼들과 환전상들이 예루살렘 성전에서 쫓겨
났듯이 피히테, 셸링, 헤겔 같은 자들도 철학자의 반열班列에서 쫓
겨나야 한다. 왜냐하면 그들에게 진심인 것은 자기들의 개인적 이
익뿐이며, 그들의 철학은 그것을 위한 단순한 수단이고 그 자체로
서는 허구에 불과하기 때문이다. 그들은 철학교수지 철학자는 아
니다. 그들은 그 순결한 진리의 전당에도, 세상에서 오직 진리만
사랑한 사람들의 그 명예로운 모임에도 속하지 않는다.

그는 나중에 덧붙인 주석註釋에서 다음과 같이 말한다.

이것은 너무 심한 말이 아니다. 그들은 그런 말을 들어 마땅
하다. 왜냐하면 그들은 사기꾼들이지 철학자가 아니기 때문이다.
게다가 그들은 뻔뻔스럽기 때문에 인정사정을 두어서는 안 된다.

쇼펜하우어가 끊임없이 비난의 표적으로 삼은 것은 무엇보다도

알아들을 수 없게 말하는 것이었다.

가장 오래 지속되는 가면假面은 불가해성不可解性이다. 그러나 이것은 독일만의 현상이다. 이곳에서는 그 가면이 피히테에 의해 도입되고, 셸링에 의해 완성되었으며, 헤겔에 이르러 마침내 최고조에 달했다. 항상 대성공을 거두면서 말이다. 그러나 아무도 이해할 수 없도록 쓰는 것처럼 쉬운 일은 없다. 의미심장한 생각을 모두가 이해할 수 있도록 쓰는 것이야말로 가장 어려운 일이다.

쇼펜하우어는 그 어려운 일을 할 수 있는 재능을 갖고 있었기 때문에, 본래 어려운 칸트의 철학을 일반 대중에게 알기 쉽게 전달할 수 있었다.

이것이야말로 칸트 철학의 핵심이다. 칸트의 철학과 그 내용은 아무리 자주 강조해도 지나치지 않다. 왜냐하면 야바위 장사치들이 우민화愚民化 과정을 통해 독일에서 철학을 몰아냈던 시기를 우리가 막 지나왔기 때문이다. 진리와 정신은 세상에서 가장 하찮은 것으로, 반면 봉급과 사례금은 가장 중요한 것으로 생각하는 자들의 자발적 협조를 받으면서 말이다.

그런데 이 모든 비난의 말을 읽고 있노라면 '만일 쇼펜하우어가 자기도 교수가 되었더라면 그의 태도가 어떠했을까?'라는 의문이 든다. 이것은 우리에게 미소를 머금게 한다.

철학에서는 위에 묘사한 과정이 가장 절망적인 형태로 나타났다. 즉 대개 어디서나 칸트와 나란히, 즉 그와 격이 같은 사람으로 피히테를 거명하는 것이다. 그래서 '칸트와 피히테'는 관용어慣用語가 되어버렸다. 하긴 말똥도 말했다지? "봐! 우리 사과들이 어떻게 떠가는지."* 같은 영예를 셸링, 더구나 말하기도 부끄럽지만 심지어는 난센스 낙서꾼이며 두뇌파괴자인 헤겔도 안았다. 즉 이 문단의 거봉을 찾는 사람들이 점점 많아졌던 것이다. 그런 독자들에게는 햄릿이 지조 없는 자기 어머니에게 부르짖는 것처럼 부르짖고 싶은 심정이다. "눈이 있으세요? 눈이 있으세요?" 이런 없네!

그는 종종 자기가 돈키호테처럼 풍차 날개와 싸우고 있다는 느낌을 받는다.

왜냐하면 어느 시대, 세상 어느 곳, 어떤 환경에서나 자연 스스로가 꾸민, 지성과 분별력에 맞선 평범하거나 형편없거나 어리석은 모든 자들의 음모가 존재한다는 사실을 결코 잊어서는 안 되기 때문이다. 그들은 모두 지성과 분별력에 대항하는 수많은 신실한 동맹자들이다. 아니면 혹시 순진하게도 그들은 다만 지성과 분별력을 인정하고 존중하고 전할 수 있을 때만 기다리고 있을 뿐이라고 생각하시는가? 자기가 얼마나 하찮은 존재인지 확인해 보려고? 천만의 말씀! 사람들은 자기도 흉내 낼 수 있을 것이라 기대할 수 있을 때만 어떤 것을 칭찬한다. "형편없는 자들, 오직 형편없는 자들만 세상에 있어야 해. 그래야 우리도 좀 행세하지."

그러나 그는 이 모든 것에서 우스꽝스런 면도 발견한다.

여기서 재미있는 점은, 철학자를 자칭하는 이자들이 나를 평가하면서도 철학자 행세를 한다는 점이다. 그것도 나를 향해 아랫사람

---

* 이것은 사과와 말똥이 강물에 나란히 떠내려가던 중 말똥이 본문처럼 말했다는 우화를 바탕으로 한 풍자다. 말똥이 자기도 사과라고 하는 것은 말똥을 뜻하는 독일어 'Pferdeapfel'이 'Pferde(말)'과 'Apfel(사과)'의 합성어이기 때문이다.

대하는 표정으로 거만을 떨면서 말이다. 더욱이 이자들은 심지어 40년 동안 나를 굽어살피시는 수고도 하지 않으셨는데, 이는 나 같은 것은 거들떠볼 필요도 없다는 투였다. 자, 국가도 자기 사람들을 보호해야 할 테니, 철학교수 조롱금지법을 제정하는 것은 어떨까?

그 법은 다음과 같은 언급도 제재해야 했을 것이다.

오늘날 칸트 철학의 연구는 또 하나의 특별한 유익을 주는데, 그것은 『순수이성비판』 이후 독일의 철학서적이 얼마나 타락했는지를 알 수 있게 해준다는 것이다. 그만큼 칸트가 했던 깊은 연구는 오늘날의 천박한 수다와는 확연한 대조를 이룬다. 이 수다를 듣고 있노라면 한편에서는 기대에 찬 입후보자들이, 다른 한편에서는 이발사 조수들이 지껄이고 있는 것 같은 생각이 든다.

그는 데이비드 아서에게 보내는 1859년 11월 10일자 편지에서 다음과 같이 쓴다.

영국인들과 프랑스인들은 독일인들이 벗어놓은 누더기를 아직도 입고 다닙니다. 그 세 명의 궤변가들 말입니다. 그러나 곧 달라지겠죠.

그는 그들이 궤변을 사용하고 있다는 것을 구체적으로 입증한다.

이미 말했듯이 칸트의 체계에는 이 점과 관련하여 일찍이 입증된 큰 약점이 있어 "줄기 없는 연꽃은 없다."라는 멋진 인도 격언의 한 예증例證이 되고 있다. 이 경우 줄기는 물자체를 추론하는 과정의 오류다. 그러나 잘못된 것은 다만 추론의 방법이었을 뿐 주어진 현상에 대응하는 물자체의 인정은 아니었다. 그러나 피히테는 후자의 경우로 오해했다. 그의 이 오해는 오직 그가 진리가 아닌 세인의 이목과 사리 추구에만 관심을 가졌기 때문에 가능한 것이었다. 그래서 그는 뻔뻔스럽고 어리석게도 물자체를 완전히 부인하고 다른 한 체계를 세웠다. 그런데 여기서는 칸트의 체계와는 달리 단지 표상의 형식뿐만 아니라 그것의 질료, 그것의 모든 내용까지도 선험적이라고 사칭詐稱되면서 주관으로부터 도출되었다. 이때 그는 독자들의 무분별과 어리석음을 아주 제대로 꿰뚫고 이용했다. 즉 독자들은 형편없는 궤변, 단순한 눈속임, 무의미한 요설饒舌을 증명으로 인정했던 것이다. 그리하여 그는 독자들의 관심을 자기에게로 돌리고, 독일 철학의 향방을 결정하는 데 성공했다. 이후 독일 철학은 셸링에 의해 계속 그 방향으로 나갔고, 마침내 헤겔의 난센스 사이비 철학에서 그 목적지에 이르렀다.

한 강의에서 "이 존재는 객관과 주관의 종합적 통일이다. 여기서는 직관되는 것과 직관하는 것이 하나다. 이것들은 직관적으로 직접 파악된다. 이를 위해 직관하는 것은 직관 속에서 자기 자신을 다시 직관해야 한다."라는 피히테의 명제를 들은 그는 자신의 강의노트에 다음과 같이 썼다.

"나는 그에게 그 어려운 요술을 쉽게 하고 싶으면 양쪽에 거울을 놓아보라고 권하는 바이다."

또 "단순한 순수 가시성可視性을 그 안의 가시적인 것과 구별하는 것이 학문론學問論의 임무다."라는 피히테의 명제 뒤에는 다음과 같이 썼다.

"그가 오늘은 수지^{獸脂} 양초가 아닌 순수 양초만을 꽂아놓았기 때문에 강의록을 더는 작성할 수 없었다."

그는 '의식에 관한 사실들과 학문론^{Wissenschaftslehre}'이라는 피히테의 강의공고에 다음과 같이 코멘트한다.

"'학문론'이 아니라 '학문 아님^{Wissenschaftsleere}'이겠지?"

또한 그는 "눈과 보는 활동의 절대적 결속이 그 근거다."라는 피히테의 말을 적은 후, 그 옆에 다음과 같이 써놓았다.

이것은 나에게 이렇게 들린다.
꺼져라, 내 빛아, 영원히 꺼져라.
가라, 가라, 밤과 공포 속으로!

이것은 뷔르거의 시 「레노레^{Lenore}」를 변형하여 인용한 것으로, 여기에 나타난 태도는 피히테에 대한 이후의 평가에도 그대로 유지된다.

피히테는 정말로 큰 발견을 했다. 즉 독일인들의 우둔함을 발견한 것이다. 독일인들은 누가 자기에게 완전한 난센스를 뻔뻔스럽게 지껄여 대도, 남들이 자기의 지적 능력을 비웃을까 봐 거기서 심오한 뜻을 발견하는 체하며 그 내용을 칭송한다. 이 때문에 독일인들에게는 형편없는 자들이 철학적 명성을 얻게 된다. 그런데 이것은 한번 확립되면 아주 오래, 여러 해 동안, 즉 언젠가 분별 있는 사람이 재평가를 할 때까지 지속된다.

구체적인 증거들도 있다.

피히테 학설의 절정은 그가 정언명령을 해설하고 그것을 필연적인 법칙들에서 도출한 것이다. 이보다 더 심하게, 본질적인 것은 오인하고 본질적이지 않은 것은 과장함으로써 자신의 모범을 패러디한 아류가 지금까지 있었는가?

그는 그 '궤변가들'의 모든 활동 역시 칸트의 패러디라고 불렀다.

그러므로 더 나은 시절이 올 때까지는 철학서적의 독자들이 주의와 관심의 대상을 바꾸지 않을 것이다. 즉 앞으로도 지금까지와 마찬가지로 항상 습관적으로 칸트, 즉 자기 자신의 심연을 조명한, 자연이 이제까지 단 한 번밖에 낳을 수 없었던 이 천재와 나란히 그와 격이 같은 사람으로 피히테를 거명할 것이다. 그래도 아무도 '헤라클레스와 원숭이'라고 외치지 않을 것이다. 또한 앞으로도 지금까지와 마찬가지로 헤겔의 '절대난센스 철학'(그중 4분의 3은 순수난센스고, 나머지 4분의 1은 어처구니없는 착상들이다)이 헤아릴 수 없는 심오한 사상으로 통할 것이다. 그래도 아무도 헤겔이 쓴 책의 표어로 "미친놈이 아무 생각 없이 주절대는 소리 같은 것"이라는 셰익스피어의 말을, 그 표지 그림으로 뭐가 뭔지 알 수 없도록 주위에 먹물을 뿌리는 오징어를, 이 그림의 둘레 글로 "애매모호는 나의 요새"를 제안하지 않을 것이다. 그뿐만 아니라 앞으로도 지금까지와 마찬가지로 대학용으로 쓰기 위해 매일 순전히 말들과 어구들로만 이루어진 새 학설들 및 그에 부수되는 전문용어들을 만들어 낼 것이다. 그것들을 이용하여 뜻 없는 이야기를 며칠씩 계속할 수 있도록 말이다. 그리고 이 재미에 빠져 "물레방아 소

리는 나는데 밀가루는 보이지 않는구나."라는 아랍 격언 따위에는
전혀 개의치도 않을 것이다.

쇼펜하우어에 따르면 일방적으로 주관에서 출발하여 철학적 문
제에 접근하는 한 예가 피히테의 사이비 철학이다.

내가 이와 관련하여 그를 언급하는 것은 이 때문이다. 그러나
그의 학설 자체는 진실한 가치도 실질적 내용도 없는, 실로 완전
한 속임수에 불과하다. 그러나 그는 이 속임수를 아주 진지한 표
정과 신중한 어조, 탁월한 능변과 불타는 열정으로 주장하고 옹
호했기 때문에 그것은 대단한 것처럼 보였고, 그래서 인기를 끌
었다. 그러나 시류時流에 편승하려고 한 다른 모든 철학자들과 마
찬가지로 그는 어떤 영향에도 흔들리지 않고 시종일관 목표, 즉
진리만을 쫓는 진정한 진지성은 전혀 갖고 있지 않았다.

그는 칸트와 피히테를 같이 거명하는 것을 항상 새로운 형태의
신성모독처럼 여겼다.

헤겔파 및 그들과 마찬가지로 무지한 자들은 칸트·피히테 철학
이라는 말을 한다. 그러나 실제로는 칸트의 철학과 피히테의 허풍
이 있을 뿐이며, 앞으로도 그럴 것이다. 비록 나의 조국 독일에는
다른 어떤 나라보다 형편없는 것을 찬미하고 훌륭한 것을 멸시하
는 자들이 많아 그 사실에 저항하고 있지만 말이다.

그러나 셸링 역시 결코 좋은 평가를 받지 못한다.

나는 칸트가 세운 이 자유와 필연의 양립설兩立說이야말로 인간
의 통찰력이 이룩한 가장 큰 업적이라고 생각한다. 이 학설 및 선
험미학先驗美學은 영원히 지속될 왕관과 같은 칸트의 명성에 박힌

두 개의 큰 다이아몬드다. 잘 알려진 바와 같이 셸링은 자유에 관한 논문에서 칸트의 이 학설을 많은 사람들이 더 잘 이해할 수 있도록 다른 말로 바꿔 설명했다. 만일 그가 이때 자기는 여기서 자기의 지혜가 아니라 칸트의 지혜를 제시하고 있다고 정직하게 말했더라면 나는 그의 설명을 칭찬했을 것이다. 그러나 그는 그렇게 하지 않았고, 이로 인해 철학계의 일부 독자들은 오늘날까지도 그것을 그의 것으로 알고 있다.

그는 다른 잘못도 지적한다.

마지막으로 폰 셸링 씨가 '이유'와 '원인'을 어떻게 나누는지는 마르쿠스Marcus와 셸링의 『의학연보』 제1권 제1호의 서두에 있는 '자연철학 입문을 위한 경구Aphorismen zur Einleitung in die Naturphilosophie' 제184항에서 알 수 있다. 거기서는 중력은 사물의 이유고 빛은 원인이라고 이야기한다. 나는 이것을 단지 기묘한 이야기로서 인용할 뿐이다. 그것이 아니고서야 그렇게 되는대로 경솔하게 지껄이는 소리를 진지하고 정직한 연구자가 언급할 일이 있겠는가?

그러고는 절대자에 대한 이야기를 또 한다.

주관은 객관이 아니므로, 즉 인식의 대상이 될 수 없으므로 어떤 술어述語도 가질 수 없다. 그러므로 '절대적'이라는 술어도 가질 수 없다. 그러니 이제 절대자가 피히테와 셸링의 철학이 아니면 어디로 가겠는가?

그는 단도직입적으로 말한다.

나는 피히테와 셸링을 허풍선이라고 불렀다. 왜냐하면 귀납법의 허술한 적용, 잘못된 추론, 틀린 가설 등을 토대로 독단론을 주장하는 사람이 있다면 그에 대해서는 '잘못 생각하고 있다'라고 말하는 것이지만, 자기와 자기의 제자들에게만 가능한 방법으로 자기의 독단론을 직접 직관한다고 주장하는 사람은 '허풍선이'라고 부르는 것이기 때문이다.

그는 셸링이 발표하는 모든 저술을 싫어했다.

논문 전체의 기저에는 어디에나 다음과 같은 호전적 어조가 깔려 있다. "만일 내 생각에 동의하지 않는다면 너는 바보일 뿐만 아니라 악당이다. 그러니 알아서 말조심하라!"

그는 셸링의 다른 어떤 책을 다음의 4행시로 혹평한다.

이 책은 시종일관 다음과 같은 어조로 말한다. 난 그것을 잘 알아.

그것 때문에 시간도 많이 낭비했지.

왜냐하면 완전한 모순은

똑똑한 사람에게나 바보에게나 똑같이 신비스럽게 느껴지거든.

셸링주의자들에게는 크게 불리한 점이 또 하나 있다.

모르는 것을 모른다고 인정하면서 아는 것을 안다고 하면 그 안다고 한 것은 두 배의 가치를 갖는다. 왜냐하면 이 경우 그것은 예를 들어 셸링주의자들처럼 모르는 것도 아는 척할 때 받는 의심으로부터 자유로워지기 때문이다.

물론 쇼펜하우어는 셸링에 이어 헤겔을 공격할 수 있는 경우를 특히 좋아했다.

반면 폰 셸링 씨가 얼마나 존재론적 증명을 숭배하고 있는지

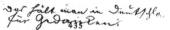

selbst, obwohl verschlossen, das Wesen Gottes, gleich-
sam als einen im Dunkel der Tiefe leuchtenden Le-
bensblick enthalten. Die Sehnsucht aber, vom Ver-
stande erregt, strebt nunmehr, den in sich ergriffnen
Lebensblick zu erhalten, und sich in sich selbst zu
verschliessen, damit immer ein Grund bleibe. Indem
also der Verstand, oder das in die anfängliche Natur
gesetzte Licht, die in sich selbst zurückstrebende Sehn-
sucht zur Scheidung der Kräfte (zum Aufgeben der
Dunkelheit) erregt, eben in dieser Scheidung aber
die im Geschiedenen verschlossene Einheit, den ver-
borgnen Lichtblick, hervorhebt, so entsteht auf die-
se Art zuerst etwas Begriffliches und Einzelnes, und
zwar nicht durch äußre Vorstellung, sondern durch
wahre Ein-Bildung, indem das Entstehende in die
Natur hineingebildet wird, oder richtiger noch, durch
Erweckung, indem der Verstand die in dem geschie-
denen Grund verborgne Einheit oder Idea hervor-
hebt. Die in dieser Scheidung getrennten (aber nicht
völlig auseinandergetretenen) Kräfte sind der Stoff,
woraus nachher der Leib configurirt wird; das aber
in der Scheidung, also aus der Tiefe des natürlichen
Grundes, als Mittelpunkt der Kräfte entstehende le-
bendige Band ist die Seele. Weil nun der ursprüngliche
Verstand die Seele aus einem von ihm unabhängigen
Grunde als Inneres hervorhebt; so bleibt sie ebende-
zeit selbst unabhängig von ihm, als ein besondres und
für sich bestehendes Wesen.

Es ist leicht einzusehen, daß bei dem Wider-
streben der Sehnsucht, welches nothwendig ist zur
vollkommen Geburt, das allerinnerste Band der
Kräfte nur in einer stuffenweise geschehenen Entfal-
tung sich löst; und bei jedem Grade der Scheidung

쇼펜하우어가 셸링이 저술한 철학 책에 써놓은 방주(旁註)

는 1809년의 그의 철학저술 제1권 152쪽의 긴 주석에서도 알 수 있다. 이것이 주는 더 큰 교훈은, 독일인들을 현혹하는 데는 뻔뻔스럽게 고상한 척하며 허풍떠는 것만으로도 충분하다는 사실이다. 그래도 그토록 한심한 헤겔 같은 자, 사실 존재론적 증명을 괴물처럼 부풀려 놓은 것에 불과한 것을 철학이랍시고 내세우는 자가 칸트의 비판에 맞서 존재론적 증명을 변론하려 했다는 것은, 평소에는 부끄러움을 모르는 존재론적 증명 '자신'도 부끄러워할 동맹이 아닐 수 없다. 보았는가? 철학이 사람들의 경멸을 받도록 만든 자들을 내가 존중해 주기를 바라지 말라.

다음 구절은 특히 신랄한 어조의 예다. 이것도 셸링에서 시작하지만 주요 공격목표는 헤겔이다.

셸링의 뒤를 이어 철학계에서는 장관들이 만들어 놓은 짐승이 등장했다. 그 짐승은 정치적 의도, 그것도 수단을 잘못 택한 정치적 의도로 위대한 철학자라고 위에서 도장을 찍어놓은 헤겔이다. 이자는 천박하고 우둔하며 역겹고 혐오스런 야바위꾼으로, 유례없이 뻔뻔스럽고 터무니없는 난센스를 휘갈겨 놓았다. 그의 고용된 추종자들은 그것을 불멸의 가르침이라고 나발 불었고, 멍청이들은 그것을 그대로 믿었다. 이로 인해 지금까지 들어본 적이 없는 완벽한 경탄의 합창이 울려 퍼졌다. 그런 인간에게 인위적으로 부여된 광범위한 정신적 영향력은 한 세대의 학자들 전체를 지적으로 파멸시켰다. 그 사이비 철학의 신봉자에게는 후세의 비웃음이 기다리고 있다. 그뿐만 아니라 이미 지금도 그 서곡으로 이웃나라 사람들의 조소가 듣기 좋게 울려 퍼지고 있다. 왜 듣기 좋으냐고? 나의 업적을 30년 동안 줄곧 아무것도 아닌 것, 눈길 한 번 줄 필요가 없는 것으로 무시했던 학자집단을 가진 국민이 이웃나라 국민들에게 아주 형편없고 터무니없으며 난센스인데다가 물질적 이익을 노린 것을 전대미문前代未聞의 최고 가르침으로 떠받들고 심지어는 숭배까지 했다는 평판을 받는데 듣기에 안 좋을 수가 있는가? 혹시 나더러 다른 사람들처럼 훌륭한 애국자가 되어 다른 어떤 국민도 아닌 이 국민의 한 사람이었던 것을 자랑스러워하라는 것은 아니겠지? 스페인의 속담도 들어보지 못했는가? "누구나 자기가 거둔 손익損益대로 장에 대해 말하기 마련이다." 칭찬을 받으려거든 민중의 우두머리들에게나 가라. 뻔뻔하고 졸렬한, 장관들이 부풀려 놓은, 열심히 난센스나 휘갈겨 대는, 재능도 업적도 없는 사기꾼들, 이들이야말로 독일인들에게 어울린다. 나 같은 사람이 아닌 것이다. 이것이 내가 작별을 고하며 그들에게 주는 성적표다. 빌란트Wieland는 독일인으로 태어난 것을 불운으로 생각한다고 말했다. 뷔르거, 모차르트, 베토벤 등도 그 말에 동의했을 것이다. 나도 그렇다.

이런 맥락에서 그는 종종 정치적 곁눈질도 한다.

헤겔의 철학은 사람들을 우둔하게 하는 수단으로서는 비길 데가 없다. 마치 주문呪文 같은 이 허튼소리, 이 요설은 말들을 괴물같이 짜 맞추어 생각할 수 없는 생각, 완전한 모순을 생각하도록 이성에 요구함으로써 지성을 완전히 마비시킨다. 그러므로 정부들이 아주 분명하게 그 신민臣民들, 그중에서도 우선 학자들이 가능한 명석하고 깨어 있기를 바랐던 시기에 이것이 번성할 수 있었다는 것은 이상한 일이 아닐 수 없다. 아마도 정부들은 헤겔의 철학에 전혀 신경을 쓰지 않았던 모양이다.

한편 법률적인 성찰도 가능하다.

헤겔주의자들은 어떤 주장을 펴다가 자가당착에 빠지면 "이제는 개념이 그 반대개념으로 급전急轉했다."고 말한다. 이것이 법정에서도 적용된다고 상상해 보라!

그는 헤겔의 학설을 전파하는 사람들을 혹독하게 단죄한다.

즉 나는 그런 것을 읽을 때마다 어리둥절해져서 다음과 같이 자문한다. '이건 어리석은 거야, 파렴치한 거야? 이 녀석이 정말 이 말도 안 되는 헛소리, 순전한 난센스를 지혜로 착각할 만큼 어리

석어서 이렇게 지껄이는 거야, 아니면 이 복음福音 전파의 대가로 심부름 삯과 노잣돈을 바라는 거야?'

이럴 땐 나는 대개 후자의 경우라고 생각한다. 왜냐하면 우둔함이 독일인의 국민적 특성이긴 해도(이에 대해선 외국 모든 나라가 같은 의견이다) 금세기 독일 문단의 기본특성은 뭐니 뭐니 해도 파렴치와 잇속이기 때문이다.

"본질은 그 자체가 순수한 동일성同一性이며 또한 가상假象이다. 왜냐하면 그것은 자기 자신에 대한 반성적 부정성否定性으로 자기 자신을 배척하기 때문이다. 즉 그것은 본질적으로 차이의 규정을 내포한다."라는 헤겔의 공리가 칭송을 받은 것도 우둔함이라는 '독일인의 국민적 특성' 때문이었음이 틀림없다. 쇼펜하우어는 이에 대해 다음과 같이 말한다.

사람들을 현혹하는 데는 그들이 자신들로서는 이해할 수 없다고 느낄 수밖에 없는 것을 그들에게 제시하는 것보다 더 나은 것이 없다. 그러면 그들은, 특히 무엇이든 쉽게 믿는 독일인들은 즉시 '문제는 단지 자기의 이해력에 있을 뿐'이라고 믿을 것이다. 왜냐하면 그들은 내심 자기의 이해력을 그다지 신뢰하지 않기 때문이다. 동시에 그들은 남에게 창피를 당할까 봐 자기가 이해하지 못한다는 것을 숨길 것이다. 이를 위한 방법으로는 그 이해 못할 가르침에 대한 칭송에 같이 끼어드는 것보다 더 확실한 것이 없다. 바로 이 때문에 그것은 점점 더 권위를 얻고 점점 더 인기를 끌며, 자기의 이해력을 믿고 독자적으로 판단하는 사람들로 하여금 그 짓거리를 점잔 빼는 지루한 헛소리라고 선언하는 데 점점 더 많은 용기와 자신감을 필요로 하게 만든다.

쇼펜하우어는 심지어 헤겔의 외모까지 조롱의 대상으로 삼았다.

그러므로 스콰르차피치가 페트라르카의 전기傳記에서 페트라르카의 동시대인이었던 요세푸스 브리비우스의 말을 인용해 전한 일화는 전적으로 믿을 만하다. 즉 옛날에 비스콘티 가家의 저택에 많은 영주와 귀족들이 모인 가운데 페트라르카도 서 있었는데 갈레아초 비스콘티가 그 당시 아직 아이였던 아들, 즉 후일의 밀라노 초대 대공大公에게 그 자리에 모인 사람들 중 가장 현명한 사람을 찾아내 보라고 했다는 것이다. 그러자 아이는 그들 모두를 한동안 살피더니 페트라르카의 손을 잡고 아버지에게로 데려와, 모인 모든 사람들이 크게 감탄했다고 한다. 왜냐하면 자연이 인류 중 자기의 총애하는 사람들에게 찍어놓은 기품의 도장은 아이도 알아볼 수 있을 정도로 선명했기 때문이다. 그러므로 나는 예리한 감각을 지니신 우리나라 사람들에게 다음에도 한 번 범속한 사람을 위대한 천재라고 30년 동안 나발 부실 의향이 계시다면 헤겔같이 맥줏집 주인 같은 골상을 가진 사람을 고르지는 마시라고 조언드리는 바이다. 그 사람의 얼굴에는 자연이 아주 명료하고 매우 숙달된 필체로 '범속한 사람'이라고 써놓지 않았는가?

"각 사람의 얼굴에는 그의 역사가 쓰여 있다."는 인도 격언이 있다. 쇼펜하우어는 여기에 다음과 같이 덧붙인다.

심지어는 보기만 해도 더러워지는 느낌을 주는 얼굴들도 있다.

그러나 그가 헤겔의 '맥줏집 주인 같은 골상'보다 더 싫어한 것은 그의 명성이었다. 그는 그것을 그야말로 자기에 대한 모욕으로 받아들였다.

문학사 전체를 통틀어 헤겔 철학에 비견될 만한 거짓 명성의 예는 없었다. 어느 시대, 어느 곳에서도 이 전혀 무가치한 사이비 철학처럼 철두철미하게 형편없는 것, 명백히 잘못되었고 터무니없으며 분명하게 난센스인 것, 게다가 그 개진開陳 방법은 혐오스럽고 역겹기 짝이 없는 것이 그토록 파렴치하고 뻔뻔스럽게 최고의 가르침, 역사상 유례없는 가장 훌륭한 것으로 칭송받은 일은 없다. 말할 필요도 없이 여기에는 위에서 비친 햇살이 작용했다. 그러나 주의해야 할 것은, 그와 동시에 이것이 독일 독자들을 상대로 완벽한 성공을 거뒀다는 사실이다. 이것이 수치다. 파렴치하게 조작된 그 명성은 사반세기가 넘게 진짜로 통했으며, 그 '승리에 취한 짐승'은 독일학계를 풍미했고 지배했다. 그래서 심지어는 그 어리석은 짓거리를 미워하는 소수의 사람들조차도 그것을 창시한 저열低劣한 작자에 대해 드문 천재요 위대한 사상가라고 깍듯이 말할 수밖에 없었다. 그러나 사람들은 반드시 이 일을 교훈으로 삼게 될 것이다. 그래서 결국 이 기간은 이 국민과 이 시대의 씻을 수 없는 오점으로 문학사에 영원히 남을 것이며, 수세기 동안 조롱을 받을 것이다. 사필귀정이 아닌가?

독일인들은 형편없는 안목 때문에 끊임없이 그의 욕을 먹는다.

한편 독일인들에 대해 말하자면 괴테의 색채론에 대한 그들의 판단은 역시 예상대로였다. 헤겔같이 재능도 능력도 없고 난센스나 휘갈겨 대는, 철저히 빈 껍질뿐인 사이비 철학자를 30년 동안 가장 위대한 사상가, 가장 위대한 현자로 칭송한, 그것도 유럽 전체가 울리도록 합창으로 칭송한 국민에게 무엇을 기대하겠는가?

헤겔주의자들의 책에 '정신'이라는 낱말이 나오면 이 프랑크푸르트 현자의 분노는 극에 달한다.

모든 저술에서 뜬금없이 다짜고짜 이른바 '정신'에 대한 장광설을 늘어놓는 헤겔주의자들의 졸렬한 파렴치도 이에 포함된다. 이들은 자기들의 요설에 얼이 빠져 아무도 응당 해야 할 것, 즉 교수님께 이렇게 대드는 짓은 하지 못할 것이라고 굳게 믿는다. "정신이라고? 그 녀석이 누군데? 그리고 너희는 그 녀석을 어떻게 아는데? 그것은 단지 자의적으로 편리하도록 물화物化시킨 개념일 뿐이 아닌가? 너희는 그것을 연역하거나 증명하기는커녕 정의조차 하지 않았다. 너희들, 늙은 여편네들을 앉혀 놓고 말하는 줄 아냐?" 그런 사이비 철학자들에게는 이런 식으로 말해야 하는데 말이다.

그가 보기에는 바로 그 '정신'이 이 학문에는 없었다.

진리도 명료성도 정신도, 심지어는 상식조차도 없을 뿐만 아니라 전대미문의 가장 혐오스런 요설을 입고 나타나는 이 헤겔 짓거리는 위에서 강요한 특권적 강단講壇철학, 즉 자기에게 봉사하는 사람들을 먹여 살리는 난센스가 되었다.

그는 종교에 대한 헤겔의 입장을 재치 있는 풍자로 결산한다.

이런 의구심을 단번에 해소하기 위해 철학교수 헤겔은 '절대종교'라는 표현을 생각해 냈고, 실제로 이를 통해 자신의 목적을 달성했다. 이는 그가 자기 독자들을 잘 알고 있었던 덕분이다. 그런데 이 '절대종교'는 강단철학에서는 실제로 그야말로 절대적이다.

즉 그것은 절대로, 무조건적으로 옳아야 하고 또 옳을 수밖에 없는 그런 종교다. 한편 이 진리탐구자 양반들 중 다른 어떤 자들은 철학과 종교를 켄타우로스 같은 것으로 융해시켜 그것을 종교철학이라고 부른다. 또 이들은 종교와 철학은 원래 동일한 것이라고 가르치곤 한다. 그러나 이 주장은 단지 프란츠 1세가 카를 5세와 절실히 화해하고 싶다는 뜻으로 했다는 다음 언급의 의미에서만 옳은 듯이 보인다. "내 형제 카를이 원하는 것을 나 역시 원한다네." 무엇을? 밀라노!

그는 대학철학 자체를 격렬히 비난한다.

이래도 아직 대학철학의 본질과 목적에 대해 환상을 버리지 못한 사람은, 헤겔의 사이비 철학이 걸어온 역사를 살펴보라. 터무니없기 그지없는 발상이 그것의 기본 착상이었다는 것, 그 착상은 머리로 서 있는 세계, 철학적 어릿광대짓이었다는 것, 또 그 내용은 이제까지 있어온 바보들을 위한 헛소리들 중에서도 가장 공허하고 무의미한 것이었다는 것, 또한 그것의 논술은 그 창시자의 작품들에서조차 역겹고 무의미하기 그지없는 횡설수설로 실로 정신병원 입원 환자들의 헛소리를 연상시킨다는 것이 그것에 조금이라도 해가 되었는가?

자기의 철학이 오랫동안 주목을 받지 못한 이유를 쇼펜하우어는 다음과 같이 설득력 있게 설명한다.

언제 어디서나 무능과 어리석음이 지혜와 분별력에 맞서, 전자는 군대가, 후자는 몇몇 사람들이 나서 벌이는 뿌리 깊고 화해 없는 전쟁 때문에 값지고 참된 것을 이루려는 사람들은 누구나 무지, 둔감, 저속한 취향, 개인적 이해, 질시의 추잡한 연합에 맞서 어려운 싸움을 이겨내야 한다……. 그런데 나에게는 그 밖에도 또 하나의 특별한 적敵이 있었다. 그것은 나의 분야에서는 독자들의 판단을 조종할 수 있는 직업과 기회를 가진 사람들의 대부분이 가장 형편없는 것, 즉 헤겔 짓거리를 전파하고 칭송하며 그야말로 하늘로 높이는 일에 고용되어 봉급을 받아왔다는 사실이다. 그런데 그 일은 조금이라도 그것과 더불어 좋은 것을 인정하고서는 이룰 수 없는 일이었다. 후세의 독자들이여, 수수께끼 같던 것, 즉 내가 나의 동시대인들에게는 마치 달에 사는 남자처럼 잘 알려져 있지 않았던 이유를 이제는 아셨을 것이다.

실제로 위의 세 거성은 그를 평생 애먹였다.

이 헤겔이란 자는 하나의 재주는 분명히 있었다. 그것은 독일인들을 우롱하는 재주다. 그러나 그것은 대단한 재주는 아니다. 우리는 그가 어떤 허튼소리로 독일 학계의 존경을 30년 동안 받을 수 있었는지 알지 않는가? 철학교수들이 아직도 이 세 궤변가들을 진지하게 받아들이고 철학사에 그들의 자리를 반드시 마련해 주려 하는 까닭은, 단지 그것이 그들의 생업에 속하기 때문이다. 왜냐하면 그것은 그들에게 이른바 칸트 이후 철학사를 상세히 강연하고 저술하기 위한 소재가 되기 때문이다. 그들은 거기서 이 궤변가들의 학설을 자세히 설명하고 진지하게 검토한다. 그러나 현명하게 처신하려면 이자들이 뭔가 있는 체하려고 시장에 내놓은 것에 전혀 신경 쓰지 말아야 한다. 만일 헤겔이 써놓은 잡동사니들을 약용藥用으로 분류하여 심리적으로 작용하는 구토제嘔吐劑로서

약국에 비치하려는 목적이 아니라면 말이다. 왜냐하면 그것이 일으키는 구역질은 실제로 매우 독특하기 때문이다.

그는 헤겔의 『정신현상학Phänomenologie des Geistes』 서문에 대해 다음과 같이 말한다.

이런 것을 머리말에 쓰는 자는 멍청이들을 현혹하려는 자로서 19세기의 독일인들이야말로 바로 자기가 찾던 사람들이라는 것을 알아차린 파렴치한 사기꾼이라는 사실을 꿰뚫어 보는 것은 어렵지 않은 일이라고 나는 생각한다.

그는 로시니의 「세비야의 이발사」에서 아이디어를 얻은 듯한 다음의 조언을 한다.

자신의 피후견인이 너무 영리해져서 자신의 계획이 위태로워질까 걱정되는 후견인은 그에게 헤겔 철학을 열심히 공부시켜서 그런 불행을 미연에 방지하라.

그는 때때로 나타나는 헤겔의 거드름 피우는 어조도 비판한다.

이렇게 참된 업적을 깔보는 태도는 대소大小의 모든 사기꾼들이 사용하는 잘 알려진 술책이다. 그럼에도 불구하고 바보들은 대개 이에 걸려든다. 바로 이 때문에 이 사기꾼도 난센스 휘갈기기 다음으로는 거드름 피우기를 주 수법으로 사용한다. 즉 이자는 뜬구름 같은 자기의 허튼소리 위에 앉아 다른 철학자들의 학설뿐만 아니라 모든 학문들과 그 방법론, 인간 정신이 수세기 동안 통찰력과 노고 그리고 열심으로 이룩한 것을 거만하고 모욕적이고 조소적으로 깔봄으로써 자기의 잠꼬대 같은 공리공론이 실제로 독일의 독자들에게 높은 평판을 얻게 하는 데 성공했다. 바로 이렇게 생각하는 독일 독자들에게 말이다.

그들은 오만하고 불만족스런 모습이다.
그들은 귀한 가문 출신인가 보다.

쇼펜하우어가 즐겨 공격했던 그 추상개념들 역시 귀한 가문 출신인 것으로 보인다.

그 후, 그리고 이것 및 이와 비슷한 물건들로 인해 독일 철학에서는 이제 '지적 직관'이니 '절대사고'니 하는 것들이 분명한 개념, 정직한 연구를 밀어냈다. 인상印象 심기, 넋 빼기, 현혹, 온갖 술책으로 독자들의 눈을 속이기 등이 방법론으로 되었고, 통찰이 아니라 저의底意가 논술을 이끌게 되었다. 그래서 이 모든 것으로 인해 철학은(그것을 아직도 그렇게 부를 수 있다면) 점점 더, 점점 깊이 타락하여 마침내 장관들이 만든 짐승인 헤겔에 이르러 가장 밑바닥에 도달했다. 이자는 칸트가 쟁취한 사고의 자유를 다시 질식시키기 위해 이성의 딸로서 진리의 어머니가 될 철학을 이제 국가적 목적, 반反 계몽주의, 신교적新敎的 예수회주의의 도구로 만들었다. 그리고 이 추잡한 것을 가리고 동시에 우민화를 가장 광범위하게 달성하기 위해 적어도 정신병원 밖에서는 들어본 적이 없는 공허하기 짝이 없는 헛소리, 터무니없기 그지없는 요설의 망토를 그 위에 덮었다.

그는 이에 대해 침묵하는 것은 큰 죄라고 본다.

왜냐하면 나는 그자가 어떤 철학적 공적도 없을뿐더러 철학과

das die Physik aber nicht aufzeigt, ungeachtet sie vorgibt, sich auf Erfahrung und Beobachtung zu stützen. — Ein Beispiel von existirendem Specificiren der Schwere ist die Erscheinung, daß ein auf seinem Unterstützungspunkte gleichgewichtig schwebender Eisenstab, wie er magnetisirt wird, sein Gleichgewicht verliert und sich an dem einen Pole jetzt schwerer zeigt als an dem andern. Hier wird der eine Theil so inficirt, daß er ohne sein Volumen zu verändern, schwerer wird; die Materie, deren Masse nicht vermehrt worden, ist somit specifisch schwerer geworden. — Die Sätze, welche die Physik bei ihrer Art, die Dichtigkeit vorzustellen, voraussetzt, sind: 1) daß eine gleiche Anzahl gleichgroßer materieller Theile gleich schwer sind; wobei 2) das Maaß der Anzahl der Theile das Gewicht ist, aber 3) auch der Raum, so daß, was von gleichem Gewicht ist, auch gleichen Raum einnimmt; wenn daher 4) gleiche Gewichte doch in einem verschiedenen Volumen erscheinen,

쇼펜하우어가 헤겔의 『엔치클로페디』에 써놓은 방주

독일의 문예 전반에 극도로 해로운, 그야말로 백치화白痴化하는, 말하자면 페스트 같은 영향을 끼쳤다고 보기 때문이다. 그러므로 스스로 생각하고 스스로 판단할 수 있는 사람들은 기회가 있을 때마다 그런 짓거리에 맞서 매우 단호하게 싸워야 한다. 왜냐하면 우리가 침묵하면 누가 말하겠는가?

물론 교수들뿐만 아니라 저널리스트들도 그 짓거리에 관여하고 있다.

그 형편없는 것을 칭송하기로 작당한 저널리스트들의 무리와 헤겔 짓거리로 먹고사는 교수들 그리고 그 교수들처럼 되기를 애타게 갈망하는 대학강사들은 두뇌는 매우 평범하지만 사기꾼으로서는 매우 비범한 그자를 인류 역사상 가장 위대한 철학자라고 온 사방에 떠벌린다. 그러나 그것은 심각히 생각할 필요가 없는 일이다. 더욱이 그 한심한 짓거리의 졸렬한 저의는 점차 비전문가들의 눈에도 확연히 드러날 것이므로 더욱 그렇다.

책임은 철학교수들이 가장 크다.

그러나 가장 뛰어난 두뇌들이 연구했던 것들에 대해 지금은 누구나 되는대로 조야粗野한 말을 지껄이는 철학계의 이 황폐화와 야만의 상황은, 파렴치한 난센스 낙서꾼 헤겔이 철학교수들의 도움으로 기괴하기 짝이 없는 착상들을 버젓이 시장에 내놓고 그로써 독일에서 30년 동안 가장 위대한 철학자로 통할 수 있었던 사실이 빚어낸 또 하나의 귀결일 뿐이다. 그러니 아무나 자기도 자기의 참새 대가리로 지나가는 것을 버젓이 내놓을 수 있다고 생각하지 않는가?

쇼펜하우어에 따르면 철학사에는 이미 로크Locke에서 시작하여 칸트를 넘어 연면히 이어지는, 무시당하는 천재들의 맥이 있다.

그 신사 분들께서는 혹시 로크라는 사람을 알까? 그의 책을 읽어보긴 했을까? 어쩌면 한 번은 읽었을지도 모르지. 오래전에, 대충, 여기저기, 짐짓 거만하게 그 위대한 인물을 내려다보며, 더욱이 형편없는 날품팔이 독일어 번역본으로. 왜냐하면 통탄스럽게도 고전어古典語 어학능력은 감소하는 반면 그 감소분만큼 신어新語 어학능력이 증대하는 것 같지는 않기 때문이다. 혹은 그들은 그런 괴팍한 늙은이들은 아예 거들떠보지도 않았는지 모른다. 심지어는 칸트 철학에 관해서도 제대로 된 지식은 기껏해야 겨우 몇몇 소수의 늙은이들 머릿속에나 남아 있지 않은가? 그 이유는 현재 장년이 된 세대의 청소년기는 '천재 헤겔', '위대한 샤이어마허

Scheiermacher', '예리한 헤르바르트Herbart'의 작품을 읽는 데 쓰였기 때문이다. 불행히도, 불행히도, 불행히도!

쇼펜하우어는 특정한 '독일인의 기본성격'을 끊임없이 언급하는데, 그것을 듣고 있노라면 결코 오래지 않은 과거의 불행했던 정치현상이 우리 눈앞에 펼쳐지는 듯하다.

독일인들은 말과 개념을 동일시하는 데 익숙하다. 왜냐하면 그들은 어렸을 때부터 우리에 의해 그렇게 훈련되기 때문이다. 헤겔 짓거리만 보더라도 그것이 텅 비고 공허한데다가 역겨운 말장난이 아니면 무엇인가? 그럼에도 불구하고 장관들이 만들어 놓은 철학계의 이 짐승은 얼마나 화려한 성공을 거뒀는가? 거기에는 그 형편없는 자에 대한 영광송榮光頌을 시작할 녀석을 몇 명 고용하는 것만으로 충분했다. 즉 그들의 음성은 수많은 멍청이들의 빈 머리에 지금도 울리며 전파되고 있는 메아리를 만든 것이다. 그러자 곧 범속한 인간, 실로 범속한 사기꾼이 위대한 철학자로 둔갑했다.

철학자뿐만 아니라 지도자도 이런 식으로 만들 수 있다. 사람만 바꾸면 되는 것이다.

갑자기 소심해지려 하면 우리는 독일에 있다는 사실을 항상 기억하라. 이곳은 다른 곳에서는 전혀 불가능했을 일을 할 수 있었던 곳이다. 즉 재능도 없고 무지하며 난센스나 떠들고 유례없는 공허한 말장난으로 사람들의 머리를 철저히 그리고 돌이킬 수 없이 망가뜨린 사이비 철학자, 즉 귀하신 우리 헤겔을 천재요 심오한 사상가라고 떠벌릴 수 있었던 곳이다. 게다가 그런 짓이 응징이나 조롱을 받지 않은 것은 사람들이 진심으로 그것을 믿고 있기 때문이다. 오늘날까지 30년 동안 그것을 믿고 있다.

세계관이 두뇌를 망가뜨릴 수 있다는 것은 쇼펜하우어가 지적한 여러 위험들 중 하나다.

이는 사회 기풍이 어두워졌음을 나타낸다. 그것은 오로지 그자들의 머리가 오늘날 불행히도 독일의 다른 수많은 머리들이 그런 것처럼 파렴치한 헤겔 짓거리, 이 저속학파, 이 어리석음과 무지의 발원지, 머리를 망가뜨리는 이 사이비 가르침에 의해 완전히 썩었고 돌이킬 수 없이 괴팍해졌다는 사실로만 설명할 수 있다. 그러나 사람들은 이제야 드디어 그것의 정체를 깨닫기 시작했다. 그러므로 그것에 대한 숭배는 곧 덴마크 학술원만의 일이 될 것이다. 그 졸렬한 사기꾼이 최고의 철학자로 보인다는 이들은 그를 위해 기꺼이 싸울 것이다.

이 프랑크푸르트의 현자는 철학의 적용범위를 세계사로 확대하려는 헤겔류의 노력에 질색한다.

끝으로 특히, 어디서나 정신을 황폐화하고 백치화하는 헤겔의 사이비 철학으로 인해 등장한 경향, 즉 세계사를 계획적인 전체로 파악하려는, 또는 그들의 표현대로 하자면 '세계사를 유기적으로 구성하려는' 노력에 대해 말해 보자. 이것의 토대는 사실 조야하고 범속한 실재론이다. 이것은 현상을 세계의 본질 자체로 보고 그 현상, 그 현상적 인물들, 그 현상적 사건들을 중요시하는 오류를 범한다. 더구나 그것은 어떤 신화적 기본관점들을 암암리에 전제하여 자기의 은밀한 지주로 삼고 있다. 그렇지 않다면 도대체 어떤 관객을 위해 그런 희극이 상연되고 있단 말인가?

또 그가 문제 삼은 것은 특히 셸링학파에서 사용하던 유한자, 무한자, 존재, 비존재, 타재他在, 단일성, 다수성, 다양성 등과 같은 사실상 구상적具象的으로 생각할 수 없는 추상개념들이었다.

그런데 이제 헤겔과 그 패거리들이 그같이 막연하고 텅 빈 추상 개념들로 부린 농간까지 언급하면 독자들의 속이, 또 내 속도 메스꺼워질까 걱정하지 않을 수 없다. 왜냐하면 이 구역질나는 사이비 철학자들의 공허한 말장난에는 역겹기 그지없는 따분함이 감돌기 때문이다.

어쩌면 오늘날의 독자들은 그 당시의 철학 강의들이 흥미를 돋우기 위해 동원한 공허한 미사여구들을 상상하기 어려울 수 있다. 그러나 당시의 서적들을 연구해 보면 상상할 수 있는 최악의 경우였음을 알 수 있다. 즉 사람들은 마치 공놀이를 하듯 개념들로 곡예를 했다. 문제는 아무도 그것들을 받을 수 없었다는 점이다.

그런 막연한 개념들은 그 후 거의 대수학代數學의 기호처럼 사용되어, 그것들처럼 이리저리 주거니 받거니 하는 물건이 되었다. 이로 인해 철학은 일종의 추리, 일종의 계산으로 타락했고 그래서 모든 계산들이 다 그렇듯 낮은 차원의 능력들만을 발휘시키고 요구했다. 급기야 그것은 단순한 말장난이 되었는데, 그 가장 혐오스런 예가 머리를 망가뜨리는 그 헤겔 짓거리다. 여기서는 말장난이 결국 순전한 난센스로까지 발전한다.

말장난이 말의 신비화로 발전하는 것은 잠깐이다.

반면 독자들의 관심을 칸트에게서 자기들에게로 돌리는 데 성공한 이 허풍선이들에게 로크와 칸트가 내놓은 결론들은 성가신 물건이었다. 그러나 이런 경우 그들은 산사람들 못지않게 죽은 사람들도 무시한다. 즉 그들은 주저 없이 그 현자들이 마침내 발견한 유일한 옳은 길을 떠나 되는대로, 그 근원과 내용에 상관없이 끌어 모은 온갖 개념들을 가지고 철학을 했다. 이로 인해 헤겔의 사이비 철학은 결국 개념들은 전혀 근원이 없고, 오히려 그것들 스스로가 사물의 근원이라는 주장을 펴는 셈이 되었다.

이런 경험을 한 쇼펜하우어는 다음과 같이 사적인 결론을 내린다.

20년 동안 줄곧 헤겔이란 자, 이 정신적 야만인을 가장 위대한 철학자라고 유럽 전체가 울리도록 큰 소리로 외쳐온 이 시대 사람들의 박수를, 그것을 지켜봐 온 사람이 탐할 수는 없는 일이다.

그러면서도 그는 요구 하나를 제시한다.

그러나 여기서 거짓 명성의 예로 든 헤겔의 영광은 유례없는 사건이다. 즉 독일에서조차도 유례가 없다. 그러므로 나는 그 사이비 철학자의 전집 및 그 추종자들의 전집을 포함한, 그 일에 관한 모든 기록들을 후세를 위한 교훈, 경고 및 웃음거리로, 그리고 이 시대 및 이 나라의 기념비로 세심하게 미라mirra화하여 보관할 것을 모든 공공도서관들에 요청하는 바이다.

이토록 철저히 미워했음에도 불구하고 쇼펜하우어는 많은 점에서 자기의 견해를 바꿨다. 이미 그의 저술활동 초기에 나타난 다음의 인식이 그것의 단초였다.

천재의 작품들에서 오류와 잘못을 지적하는 것은, 그 천재의 가치를 분명하고 완전하게 설명하는 것보다 훨씬 더 쉽다.

또 그의 유고遺稿에는 다음과 같은 말이 있다.

하찮은 사람들의 하찮음을 폭로하는 유일한 참된 수단은 위대함뿐이다. 다른 수단을 사용하는 사람은 자기에게는 그 수단이 없음을 자인하는 것이다. 하찮은 사람들은 문학사의 어느 시대에나 원망하고 욕했다. 왜냐하면 그들은 자기를 높이기 위해서는 다른 사람들을 낮추는 수밖에 없다고 느꼈기 때문이다. 천재들은 결코 그렇게 하지 않았을 뿐만 아니라 설혹 그런 마음이 들어도 자제했다. 왜냐하면 그것만이 다른 사람들을 낮추지 않고 자기 자신의 힘으로, 말하자면 단순한 상대적 공간이 아니라 절대적 공간에서 자기를 높일 수 있다는 것을 보일 수 있는 유일한 방법이었기 때문이다. 이렇게 높아진 사람은 그 자리를 계속 지킬 수 있다.

그의 다음 조언은 마치 세 거성을 염두에 두고 한 말처럼 들린다.

결코 비방이나 경멸로 경쟁자나 적을 작게 만들려고 해서는 안 된다. 오직 스스로의 위대성을 통해서만 그렇게 할 일이다. 그것이야말로 그들을 작게 만든다. 또한 그것이야말로 그들에게 가할 수 있는 가장 큰 타격이다. 그러므로 그들 역시 그것을 결코 용서하지 않을 것이다. 반면 처음에 언급한 직접적 방법으로 그렇게 하려 한다면 이는 자기가 후자의 방법으로는 그렇게 할 수 없다는 것을 시인하는 셈이며, 바로 그 때문에 자기 목적을 달성할 수 없게 된다. 왜냐하면 그것은 자기도 그들과 마찬가지라는 것을 보이는 것이기 때문이다.

노인의 지혜로운 말이다. 그러나 그가 실제로 위의 방법대로 실력행사를 할 필요가 있었을까? 아니면 더 나은, 더 현명한 방법이 있었을까?

많은 경우, '어차피 그를 변화시키진 못할 테니 그저 이용하자'라고 생각하는 것이 가장 현명하다.

그 자신이 세운 이 원칙이 아마도 더 적절했을 것이다. 그러나 이 말의 배경은 다른 많은 것과 마찬가지로, 그가 즐겨 인용했던 실러의 경구였을 것이다.

만일 그것이 그토록 아주 영리한 생각이 아니었다면
정말 바보 같은 생각이라고 말하고 싶었을 것이다.

그러나 만일 쇼펜하우어가 그 생활규범을 철저히 지켰더라면 우리에겐 웃을 기회가 더 적었을 것이다. 더구나 피히테, 셸링, 헤겔조차도 그의 다음 말을 들으면 싱긋 웃을 것이다.

사람들과 더불어 살 수밖에 없는 이상, 자연이 일단 정하고 세워 놓은 개개인의 개성을 무조건 배척해서는 안 된다. 아무리 형편없고 비열하며 하찮아도 말이다. 오히려 그것을 영원한 형이상학적 원칙으로 인해 그 모습 그대로일 수밖에 없는 불가변^{不可變}의 것으로 받아들이라. 그래도 너무하다 싶을 때에는 '저런 녀석도 있어야지'라고 생각하라.

8장

어리석은 사람은
유희를 탐닉하라

철학자나 작가가 결혼을 했다면 이미 그것으로 학문과 예술이 아니라
자신의 이익을 추구한다는 의심을 받기에 충분하다.

'섹스'란 낱말이 쇼펜하우어의 시대에 많이 쓰였던 것은 아니다. 오히려 당시에는 '매력적'이란 말을 설명하는 데도 애를 먹었을 것이다. 하지만 오늘날의 미디어가 이 분야 초유의 진보로 예찬하는 많은 것들도 사실은 이미 오래전 우리의 조상들도 알았던 것으로 보인다. 사디즘이나 마조히즘 같은 변태적 성애性愛는 지나치게 육감적인 이 시대의 소산이라고 믿는 사람이 있다면 1840년에 출간된 라인하르트Reinhard의 소설 『감옥의 렌헨Lenchen im Zuchthaus』을 읽어보라. 생각이 달라질 것이다. 성애는 항상 있었다. 그리고 삶의 모든 문제를 주제로 삼는 이 철학자가 이 영역을 예외로 남겨둔다는 것은 당연히 있을 수 없는 일이다.

쇼펜하우어는 결혼한 적이 없다. 단지 여류 조각가 엘리자베트 네이Elisabeth Ney와 함께 소파에 앉아 커피를 마셨을 때 그런 느낌을 한 번 느꼈을 뿐이다. 그러나 그는 짐짓 점잖은 체하는 사람은 아니었고, 자기 말로는 사랑 경험도 풍부했다. 그것을 보여주는 사실 가운데 하나가 성애에 대한 그의 연구 중 명시적으로 다음과 같이 말하는 구절이다.

칸트의 논문 「미감과 숭고감에 관한 고찰Über das Gefühl des Schönen und Erhabenen」 제3절의 이 주제에 관한 설명은 매우 피상적이고 경험 부족으로 인해 부분적으로는 틀리다.

칸트의 경험 부족을 탓하는 이 언급은 동시에 자기는 그렇지 않다는 것, 즉 자기는 말하자면 전문가라는 의미를 내포한다. 더욱이 그는 지성과 성 사이에는 직접적 상관관계가 있다고 보았기 때문에 더욱더 그 점을 분명히 하고자 했다.

지력이 뛰어날수록 개성도 더 분명하며, 이 때문에 자기의 개성에 상응하는 이성異性의 개성에 대한 요구도 더 분명하다. 이로 인해 지력이 뛰어난 사람들은 더 열정적인 사랑을 할 수 있다.

이 말의 숨은 결론은, 어리석은 사람은 성적으로도 둔감하다는 것이다. 위의 예가 아니더라도 쇼펜하우어는 지성을 사랑과 연관하여 고찰하기를 좋아했다.

기억은 어린 소녀같이 변덕스럽고 괴팍하다. 즉 때때로 그것은 그동안 수없이 내주던 것을 전혀 예기치 않게 거부하는가 하면 나중에, 그것에 대해 더는 생각하지 않을 때는 완전히 자발적으로 건네주기도 한다.

다음의 비유는 더 정확하다.

이성은 여성적인 존재다. 그것은 받아야만 줄 수 있다.

진리는 특별한 경우다.

진리는 자기를 갈구하지 않는 자의 품에 몸을 던지는 창녀가 아니다. 오히려 그것은 쌀쌀맞은 미녀 같아서 그것을 위해 모든 것을 바칠지라도 그것의 사랑을 얻을 수 있을지는 아직 알 수 없다.

다음의 유머러스한 예는 어리석어도 합리적일 수 있다는 것을 보여준다.

마지막으로 완벽을 기하기 위해 하는 말이지만, 합리도 아주 훌륭하게 '어리석음'과 결합될 수 있다. 어리석은 원칙을 선택하여 일관되게 실천하는 것이 그런 경우다. 그 한 예가 필리페 2세의 딸 이사벨라 공주다. 그녀는 오스텐데^{Ostende}가 정복되기 전에는 새 속옷으로 갈아입지 않겠다고 맹세했고, 그것을 3년 동안 끝까지 지켰다.[*]

때로 쇼펜하우어는 결혼은 평범한 반면 자기가 선택한 독신생활은 이상적인 것처럼 말한다.

한편 누구도 자기 자손의 참 제작자일 수는 없고, 다만 도구에 불과하다. 왜냐하면 합리주의자들은 자신 있게 자기 본능의 빛을 따르므로 정말 진심으로 자기는 4, 50년 전, 나이트캡을 쓴 아버지가 자기를 만들고 우둔한 자기 엄마가 자기를 무사히 이 세상에 놓기 전에는 그야말로 완전히 무였으며 바로 그 무에서 생겼다고 착각하기 때문이다. 왜냐하면 그래야만 모든 책임을 면할 수 있으

---

[*] 에스파냐의 공주 이사벨라는 남편인 오스트리아의 알브레히트 대공이 벨기에의 도시 오스텐데를 정복할 때까지 속옷을 갈아입지 않았다고 한다.

니까. 아, 이 죄인, 원죄인아!

처녀들의 처우 문제에 대해서 쇼펜하우어는 새로운 시각을 제시한다.

또한 결과를 생각해 볼 때, 특별한 기회에 나눠주는 공적 지참금을 지금처럼 주로 이른바 가장 고결하다는 처녀들에게 줄 것이 아니라 가장 총명하고 재능 있는 처녀들에게 주는 것이 더 유익할 것은 아닌지 따져 볼 문제다. 더구나 고결성에 대한 평가는 내리기가 매우 어렵지 않은가? 왜냐하면 사람의 마음은 오직 하나님만이 아실 수 있다고 하기 때문이다. 고결한 성품을 나타낼 수 있는 기회란 매우 드물 뿐 아니라 우연에 맡겨져 있다. 더구나 많은 경우 처녀의 고결성은 못생긴 데 힘입은 바 크다. 반면 총명에 대해서는 자기 역시 총명한 사람이라면 조금 검사를 해보면 상당히 정확하게 판단할 수 있다.

한편 다음과 같은 실제적 적용도 있다. 남부 독일을 포함한 많은 나라에서는 여인네들Weiber이 짐을, 그것도 종종 매우 무거운 짐을 머리에 이고 나르는 폐습이 성행한다. 이는 뇌에 악영향을 미칠 것이 틀림없다. 이로 인해 여성의 뇌는 점점 더 나빠지고, 남성도 여성으로부터 뇌를 유전받기 때문에 인구 전체가 점점 더 어리석어진다. 더 어리석어질 수 없는 사람도 많지만 말이다. 그러므로 이 관습을 타파하면 인구 전체가 갖는 지력의 총량을 증가시킬 수 있다. 이는 분명 국부國富를 가장 크게 증가시킬 수 있는 길일 것이다.

위에 쓰인 '여인네들'이란 말 뒤에는 물론 배경이 좀 있다.

'여인네들Weiber' 대신 '부인들Frauen'이란 낱말을 사용하는 잘못된 관행이 점점 더 일반화되고 있는데, 이 역시 언어를 더욱더 가난하게 만드는 일종의 언어파괴다. 왜냐하면 독일어의 'Frau'는 라틴어의 'uxor(부인)'고 'Weib'는 'mulier(여인네)'이기 때문이다. (처녀Mädchen는 부인Frauen이 아니라 앞으로 부인이 되려는 존재다.) 여인네들이 이제는 여인네라 불리는 것을 원하지 않는 것은 유대인들이 이스라엘로, 옷 만드는 사람들이 재단사로 불리고 싶어 하며 상인들이 자기들의 업무장소를 사무실이라고 칭하는 것, 모든 농담이나 재담이 유머라고 불리고 싶어 하는 것과 같은 이유 때문이다. 왜냐하면 한 낱말의 가치는 낱말 자체가 아니라 그것에 의해 지칭되는 것의 속성에 의해 결정되기 때문이다. 낱말 때문에 그 낱말에 의해 지칭되는 것이 멸시당하는 것이 아니라 그 반대다. 그러므로 200년 후에는 당사자들이 또다시 칭호를 바꿔달라고 요청할 것이다. 그러나 여인네들의 변덕 때문에 독일어가 낱말 하나를 잃을 수는 결코 없는 일이다. 유럽의 여인네들의 그 허튼 짓거리, 숙녀 문화는 결국 우리를 모르몬주의*에 빠지게 만들 것이라는 점을 유념해야 한다.

'여인네들'뿐만 아니라 처녀들도 이 철학자에게는 낮은 평가를 받는다.

자연이 처녀들을 통해 노린 것은 연극에서 깜짝 효과라고 부르는 것이다. 즉 자연은 그들에게 그들 인생의 나머지 전 기간을 대

---

* 여기서는 모르몬교의 일부다처주의를 의미한다.

가로 수년 동안 아름다움, 매력, 풍성함을 넘치도록 부여함으로써 그들이 그 수년 동안 한 남자의 환상을 사로잡아 그가 어떤 식으로든 자기를 평생 동안 돌볼 의무를 기꺼이 지도록 매료할 수 있게 해준다. 왜냐하면 남자의 이성적 판단에만 맡길 경우 그가 그 의무를 지려 할지 의심스러웠기 때문이다.

그러나 그는 늙어가는 남자의 운명을 제시하며 처녀들을 위로한다.

슈투트가르트Stuttgart 근교의 루트비히스부르크Ludwigsburg에는 가위로 아모르의 날개를 자르는 사투르누스의 모습으로 시간을 형상화한 그림이 있다.* 만일 그것이 우리가 늙으면 사랑할 기력도 없어진다는 것을 의미하는 것이라면 그것은 옳다.

그러나 그는 아주 신속하게 소년의 아름다움을 지적하며 입장을 바꾼다. 프라우엔슈테트에게 보내는 1853년 2월 17일자의 편지에는 다음과 같은 구절이 있다.

내 나이가 되어보세요. 짧은 다리, 긴 몸통, 좁은 어깨, 넓은 엉덩이에, 유방이 달린 이 작은 인간들이 어떻게 보이는지. 그들의 얼굴도 가장 아름다운 소년들의 얼굴에 비하면 아무것도 아닙니다. 활력 없는 눈은 특히 그렇고요.

이쯤 되면 오늘날의 페미니스트들이 자기들의 주장을 펴기 위

---

* 로마 신화에서 사투르누스는 주피터의 아버지로 농업의 신이고, 아모르는 사랑의 신이다.

해 쇼펜하우어를 동원할 일은 거의 없어 보인다. 그러나 소년들에 대한 그의 칭송도 그들이 수염을 기르는 순간 끝장난다.

수염은 반가면¥假面으로 경찰에 의해 금지되어야 한다. 게다가 그것은 얼굴 한가운데에 있는 성징性徵으로서 음란하다. 그래서 여자들은 그것을 좋아한다.

물론 수염의 발생에는 또 다른 원인들도 작용한다.

동일한 역동적 원인이 남자의 수염에서도 작용한다. 반면 그것의 궁극 원인은 골상학적인 것, 즉 사람의 모든 심적 동요를 드러내는 표정의 빠른 변화는 주로 입과 그 주변에 나타난다는 사실에 있는 것 같다. 즉 그 때문에 ('인간은 인간에게 늑대'라는 것을 아는) 자연은 교섭을 하거나 돌발사건이 발생할 때 종종 위험할 수 있는 이 표정을 상대방의 감시로부터 숨기기 위해 남자에게 수염을 준 것이다. 반면에 여자는 수염 없이도 지낼 수 있다. 왜냐하면 여자는 위장과 자제自制를 타고나기 때문이다.

그러나 적어도 식물계에서는 위장이란 것이 없으니 얼마나 멋진가?

식물은 바로 인식이 없기 때문에 순진무구하게 자기 성기性器를 자랑스럽게 과시한다. 그러나 생물계에 인식이 들어오는 순간 성기는 은밀한 곳으로 이동한다. 그런데 이 현상이 오히려 덜 심하게 나타나는 인간은 자기 성기를 의도적으로 감춘다. 즉 인간은 그것을 부끄러워한다.

인간의 의복생활은 궁극적으로 광대 짓이다.

요란한 의복이 초래한 또 따른 결과는 짐승들은 모두 자연이 준 형상, 털가죽, 체색體色으로 다니면서 자연스럽고 기분 좋으며 아름다운 모습을 보이는 반면 인간은 다양한, 때론 매우 괴상하고 진기한, 게다가 또 때론 초라하고 너절한 옷을 입고 그 짐승들 사이를 마치 풍자화諷刺畵처럼 돌아다닌다는 사실이다. 이 형상은 다른 모든 형상들과는 달리 자연이 아닌 재단사의 작품이기 때문에 전체와 조화되지도 어울리지도 않고, 그로 인해 세계의 전체적 조화를 뻔뻔스럽게 깨고 있다.

그는 특히 여성의 옷차림을 비난했다.

그러나 가장 불쾌한 것은, 숙녀라 불리는 여자들의 오늘날 의상이다. 이 여자들은 자기 증조모들의 몰취미를 흉내 내어 인간의 형상을 심하게 훼손하려 할 뿐만 아니라, 속 테로 폭을 높이만큼이나 넓게 벌려 놓은 포대자루 같은 옷을 입어 불결한 기체의 누적을 짐작케 함으로써 추하고 불쾌한데다 또한 역겹다.

쇼펜하우어의 양성兩性 비교에는 주저함이 없다.

정의는 주로 남성의, 인간애는 주로 여성의 미덕이다. 판사직을 수행하는 여자를 상상하면 웃음이 나오지만, 병자간호 수녀들은 병자간호 수사들을 오히려 능가한다.

성욕의 지속기간이 상이하다는 사실에서 그는 의미심장한 결론을 도출한다.

성적 만족에 대한 욕구와 그것을 얻을 수 있는 능력은 남자의 경우 여자보다 두 배 이상, 즉 24세부터 60세까지 지속된다. 반면에 여자는 대개 35세, 늦어도 40세면 성적 만족 및 출산의 능력을 상실한다. 그러므로 자연법의 견지에서는 남자가 아직도 살아 있는 자신의 생식 능력과 생식 욕구를 이미 그 두 가지를 모두 상실한 여자에게 바쳐야 할 이유가 없다. 따라서 20세에서 40세까지 한 여자와 산 남자가 이제 그녀가 성적으로 더는 쓸모없다면 젊은 두 번째 여자를 맞아도 그 첫 번째 여자에게 부당한 일을 저지르는 것이 아니다. 단 그는 이 두 여자가 사는 동안 그들을 부양해야만 하며, 자식들도 모두 책임져야 한다.

그러나 한 여자와 결혼생활을 하는 자 역시 믿을 수 없는 사람이다.

철학자나 작가가 결혼을 했다면 이미 그것으로 학문과 예술이 아니라 자신의 이익을 추구한다는 의심을 받기에 충분하다.

또 배우자의 가치에 대한 많은 남편들의 공공연한 예찬도 별로 믿을 것이 못 된다.

많은 남편들이 자기 아내에 대해 늘어놓는 화려한 예찬은 사실 자기의 보는 눈을 예찬하고 있을 따름이다. 어쩌면 이때 그의 뇌리에는 누군가의 다음과 같은 말이 작용하고 있을지 모른다. "사람의 가치는 죽을 때와 배우자를 선택할 때 나타난다."

한편 쇼펜하우어의 다음 언급은 그가 결혼을 전적으로 싫어했던 것은 아니라는 것을 보여준다.

자혜慈惠와 사랑이 동일인을 향하고 서로를 향할 때 결혼은 행복하다.

또한 다음의 언급도 "결혼은 모든 문화의 시작이자 정점이다."라는 괴테의 잠언과 일치한다.

여기서 '인간의 존엄'이라고 불릴 만한 것은 인간이 자기 본성을 부인하고 예를 들어 목숨보다 더 소중히 여기는 것을 갖는다든지, 바로 눈앞의 주관적인 욕구 만족이 아니라 어떤 객관적인 것에 관심을 쏟는다든지, 이로써 예를 들어 성욕을 한 사람에 대한 정열적인 사랑으로 변화시킨다든지 할 때, 즉 그의 안에 있는 원초적인 것인 의지가 2차적인 것인 인식에 의해 극복될 수 있다는 것이 가시화可視化되기 시작할 때 비로소 시작된다.

즉 쇼펜하우어도 결혼을 훌륭한 제도로 인정하고 있는 것이다. 그러므로 비록 그가 종종 익살스럽게 이런 입장과는 상치되는 언급을 할지라도 그것을 곧이곧대로 들어서는 안 된다.

일부다처의 많은 장점 중 하나는 남자와 처부모妻父母의 관계가 그렇게 뚜렷하지 않다는 점이다. 처부모와의 관계를 꺼려 성사되지 못하는 결혼이 요즘 얼마나 많은가?

이를 주해註解하면서 그는 다음과 같이 쓴다.

"한 명 대신 열 명의 장모!"

그는 여성 해방에 대해 자기만의 견해를 갖고 있었다.

일부일처제인 우리 대륙에서 결혼은 남자에게 권리는 반분半分되고 의무는 두 배로 늘어나는 것을 의미한다. 그러나 법이 여자들에게 남자들과 동등한 권리를 인정하려면 먼저 그들에게 남자들과 똑같은 이성을 부여했어야 옳지 않겠는가?

그는 물론 여자들의 속마음을 환히 알고 있다.

여자들은 내심 남자들의 직분은 돈 버는 것이고 자기들의 직분은 그것을 탕진하는 것이라고 여긴다. 가능하면 남편이 아직 살아 있을 때, 적어도 그가 죽고 나면.

그는 어떤 경우에는 아내보다 정부情婦를 갖는 것이 더 낫다고 생각한다.

평민에게도 결혼이라는 외적 형식을 불가능하게 만드는 사회적 상황이 있긴 하다. 특히 이혼을 허용하지 않는 가톨릭 국가들에서 그렇다. 반면 어디서나 지배계급의 남자들은 그런 상황에 처해 있다. 내 생각으로는 이들은 정부를 가질 때보다 낮은 계급의 여자를 아내로 맞았을 때 도덕적으로 훨씬 더 문란하다. 이로 인해 만일 이들의 적출嫡出 혈통이 끊어지면 나중엔 비 적출혈통이 권리를 주장할 수도 있게 된다. 이 때문에 아무리 먼 얘기인 것 같아도 그런 결혼은 내전內戰의 불씨가 될 수 있다. 더구나 그런 귀천상혼貴賤相婚, 즉 사실상 모든 외적 조건에 반해 이루어진 결혼은 결국 여자들과 성직자들에 대한 양보의 결과다. 그러나 이 두 부류에게는 가능한 아무것도 양보해서는 안 된다.

믿기 어렵겠지만, 이 철학자는 윤락에 빠진 처녀들에게도 이해심을 보인다.

처녀가 몸을 파는 것은 자기가 속한 성性 전체에 대한 배신행위다. 그러나 이 신의信義는 암묵적으로 전제된 것이지 서약誓約한 것은 아니다. 게다가 보통의 경우 그 때문에 가장 직접적인 타격을 입는 것은 그녀 자신의 이익이다. 그러므로 여기서는 그녀의 나쁨보다는 그녀의 어리석음이 비교도 할 수 없을 정도로 더 크다.

'가족'은 그에게 특별히 추구할 만한 것은 아니었다.

나는 한 남자가 갖는 것에 아내와 아이들은 포함시키지 않았다.

왜냐하면 오히려 그들이 그를 갖는 것이기 때문이다.

사랑이 우정이 될 수 있다는 것은 이미 오스발트 콜레Oswalt Kolle
훨씬 전부터 다뤄진 주제였다.

알다시피 행복한 결혼은 드물다. 그 이유는 바로, 결혼은 본질
상 그 주 목적이 현 세대가 아닌 다음 세대이기 때문이다. 그러나
다정다감한 사람들을 위로하기 위해 덧붙이자면, 정열적인 성애性
愛에는 때때로 그것과는 근원이 전혀 다른 감정, 즉 의기투합意氣投
合에 기초한 참된 우정이 결합되기도 한다. 그러나 그것은 대개 본
래적 의미의 성애적 만족이 더는 불가능할 때 비로소 모습을 드러
낸다.

쇼펜하우어의 여성혐오에도 불구하고 숙녀 독자층에서 그야말
로 그의 붐이 일어난 것은, 아마도 탁월한 '경험적 지식'에 기초한
이런 고찰들 때문이었을 것이다. 그들은 이 욕쟁이가 뒤에서 자
기들을 헐뜯는 말을 아주 재미있어했다. 그리하여 곧 그의 저술에
대한 공부는 거의 남성 사회에서 만큼이나 여성 사교계에서도 유
행했다.

그런데 이에 대해서는 쇼펜하우어 자신의 멋진 증언이 있다. 즉
그는 프라우엔슈테트에게 보내는 1855년 9월 7일자의 편지에서
드레스덴 출신의 화가교수 베르Baehr가 자기에게, "드레스덴에서
는 당신의 저술에 대한 관심이 높으며, 특히 여자들이 거기 아주
빠져 있다"고 말했다고 전한다.

그러나 5년 전만 해도 여성들에 대한 그의 태도는 완전히 달
랐다. 예를 들어 1850년 12월 2일에는 요한 아우구스트 베커에게

쇼펜하우어의 연인, 카롤리네 메돈(Caroline Medon)

다음과 같이 쓴다.

그래서 나는 그 숙녀 분께 그렇게 설명했고, 지금은 그쪽의 답장을
기다리고 있습니다. 받게 될지는 모르겠지만요. 아시다시피 여자란 존
재는 항상 그렇잖아요. 그들은 매사에 자기 기분만 따르고, 편지도 내
킬 때만 씁니다.

그는 거침없이 솔직하게 여자의 단점을 서술한다.
자연은 예외 없이 남성에 대한 심한 편애를 보인다. 즉 그것은
남성에게 지력, 체력, 큰 키, 또 아름다움 및 아름다움과 힘의 지

속성이란 장점을 주었다. (주의! 동물에서도 마찬가지다.) 심지어 자연
은 성애에서도 남자에게는 즐거움만을, 반면 여자에게는 그것과
결부된 모든 짐과 불이익을 안겨줌으로써 남성 편애를 드러낸다.
즉 여자는 임신, 진통, 수유授乳를 떠맡아야 할 뿐만 아니라 수유로
인해 어머니와 붙어 있어야 하는 아이 때문에 양육 부담도 져야
한다. 반면 남자는 도망쳐 버릴 수도 있다.

그는 다음과 같은 간결한 고찰로 니체Nietzsche의 한 유명한 잠언
에 선수를 친다.

순종이 여자의 본성에 따른 숙명이라는 것은, 어떤 여자든 자기
본성에 반反해 완전히 독립적으로 되면 이내 한 남자에 기대어 그
의 조종과 지배를 받으려 한다는 사실에서도 알 수 있다. 왜냐하
면 여자는 주인을 필요로 하기 때문이다. 여자가 젊다면 그것은
연인일 것이고, 나이 들었다면 고해신부일 것이다.

남성과 여성은 다른 점에서도 차이가 난다.

남자들은 천성적으로 서로에게 무관심하다. 그러나 여자들은
천성적으로 서로를 적대한다. 그들은 거리에서 마주치기만 해도
벌써 교황파와 황제파처럼 서로를 쳐다본다.

그는 숙녀라면 질색을 한다.

유럽의 '숙녀'는 원래 있어서는 안 되는 존재다. 주부들과 주부
가 되기를 희망하는, 그래서 오만하게가 아니라 가정적이고 다소
곳하게 키워야 할 소녀들만 있으면 되는 것이다. 유럽에는 바로
이 '숙녀들'이 있기 때문에 보다 낮은 신분의 여자들, 즉 이 성性에
속한 대다수가 동양에서보다 훨씬 더 불행하다.

다음은 한 독일 노인의 솔직하고 진솔한 말이다.

'일부다처' 자체는 전혀 논쟁거리가 못 된다. 그것은 도처에 만연한 사실이며, 다만 그것의 조절이 문제일 뿐이다. 정말로 한 여자하고만 사는 사람이 도대체 어디 있는가? 우린 모두, 적어도 한동안, 대개는 항상, 일부다처로 산다. 즉 남자는 누구나 여러 여자가 필요한 것이다. 그러므로 여러 여자를 돌볼 것인지는 그의 의사에 맡기는 것이, 아니, 여러 여자를 돌보라고 그에게 의무지우는 것이 가장 공정하다. 그렇게 하면 여자들도 종속적인 존재로서 자연스런 제자리로 돌아오게 될 것이고 숙녀들, 즉 유럽 문명 및 기독교적이고 게르만적인 어리석음이 낳은 이 괴물도 존경과 경의에 대한 그들의 우스꽝스런 요구와 함께 세상에서 사라질 것이며 여자들만, 그러나 유럽에 가득한 지금의 불행한 여자들 같지 않은 여자들만 있게 될 것이다.

이 정도는 별로 지독한 것이 아니라고 생각하는 사람들을 위해 그는 강도를 높인다.

고대인들과 동양인들도 여자들을 바로 그렇게 보았고, 이에 따라 여자들에게 알맞은 지위를 어이없는 여성숭배에 젖은 우리들보다 훨씬 더 정확하게 파악했다. 그것들은 다만 여자들을 오만하고 무례하게 만들었을 뿐으로, 그들을 보면 때로 베나레스Benares의 신성한 원숭이들이 생각날 정도다. 이 원숭이들은 자기를 성스럽고 신성불가침한 존재로 여겨 무엇이든 해도 좋다고 생각하는 것이다.

또한 그는 그리스인들도 자신의 입장의 대변자로 내세운다.

그러므로 그리스인들이 정말로 연극 공연에 여자들을 입장시키지 않았다면 그것은 잘한 일이다. 왜냐하면 그들의 극장에서는 적어도 뭘 좀 들을 수 있었을 테니까.

여자를 '아름다운 성'이라고 하는데, 그가 보기에는 정반대다.

키는 작고 어깨는 좁고 엉덩이는 넓고 다리는 짧은 사람들을 '아름다운 성'이라고 부를 수 있는 것은, 오직 성욕에 눈먼 남자들의 머리밖에 없다. 즉 여자의 모든 아름다움은 이 욕망 속에 깃들어 있는 것이다. 여성을 '아름다운 성'이라고 부르는 것보다야 '미적 감각이 결여된 성'이라고 부르는 것이 더 지당하다. 음악에도 문예에도 조형예술에도 그들은 참된 진짜 감각이나 감수성이 없다. 그런 체해도 그것은 남의 마음에 들려고 흉내 내는 것뿐이다.

그러나 이런 평가는 쇼펜하우어 혼자만의 경우가 아니었다. 유명한 피아노곡 '처녀의 기도Gebet einer Jungfrau'*를 쓴 여류 작곡가에 대해 당시의 한 음악사전은 다음과 같이 부정적인 설명을 한다.

"1838년 1월 바르샤바에서 태어난 테클라 바다르체프스카Tekla Badarzewska는 솜씨가 뛰어난 세련된 피아니스트라는 평판을 주변에서 들었다. 그녀는 자연주의자로서 작곡도 해보았지만, 깊이 없고 졸렬하기 짝이 없는 작품들밖에는 쓸 수 없었다. 그러나 그녀의 작품들, 특히 이른바 '처녀의 기도Prière de la Vierge'는 우연히도 운 좋게 전 유럽과 아메리카의 얼치기 피아니스트들 사이에서 크게 유행했고 인기를 누

---

* 우리나라에서는 '소녀의 기도'라는 제목으로 더 잘 알려져 있다.

렸다. 그러나 그녀는 1862년 바르샤바에서 요절했고, 이로써 음악을 타락시키는 사이비 작품들을 더는 세상에 쏟아내지 못하게 되었다."

한편 여성의 내면에 대한 쇼펜하우어의 언급도 이와 일치한다.

영아나 유아의 보육자이자 양육자로서 여자들이 적합한 이유는, 유치하고 어리석고 근시안적이며 한마디로 큰 아이이기 때문이다. 즉 그들은 아이와 진짜 사람인 남자 사이에 있는 일종의 중간 단계다. 며칠씩이나 아이와 시시덕대며 춤추고 노래하는 여자를 좀 보라. 그리고 만일 남자가 그 여자의 일을 대신한다면 그가 아무리 잘해 보려고 해도 과연 어떻게 할 것인지 상상해 보라.

후대의 카바레** 예술가, 헬무트 크발팅어Helmut Qualtinger의 말처럼 쇼펜하우어에게는 겨우 남자나 "그나마 가치를 인정받는다."

더 고귀하고 더 완벽한 것일수록 더 늦게, 더 느리게 성숙한다. 남자의 이성과 지력은 28세나 되어야 겨우 성숙한다. 반면 여자는 18세면 된다. 그 후에도 이성이 있긴 있다. 아주 미미하지만.

남자 사이, 여자 사이에서 생기는 일들에는 때때로 우스운 면들이 있다.

남자들에게 서로의 신체적 장점들은 큰 의미를 갖지 못한다. 자기보다 큰 사람 옆에 있는 것보다야 자기보다 작은 사람 옆에 있는 것이 더 편안하긴 하지만 말이다. 그래서 남자들 사이에서는 어리석고 무지한 자들이, 여자들 사이에서는 못생긴 자들이 대개

** 춤, 노래 등을 통해 정치·사회적인 풍자를 하는 무대예술

사랑을 받으며 인기를 누린다. 이 때문에 그들은 아주 쉽게 정말 좋은 사람이라는 평판을 얻는다. 왜냐하면 누구나 자기 자신이나 다른 사람들 앞에서 자기의 호감을 합리화할 구실이 필요하기 때문이다. 그러므로 어떤 종류든 정신적 우월성은 사람을 아주 고독하게 만든다. 사람들은 그것을 기피하고 증오할 뿐만 아니라 이를 합리화하기 위해 그것의 소유자에 대해 온갖 험담을 만든다.

여자들 사이에서는 아름다움이 바로 그런 역할을 한다. 아주 아름다운 처녀에게는 친구는 고사하고 같이 다니려는 여자조차 없다. 그런 처녀들은 상류층 여자들의 말동무 직職은 아예 신청조차 않는 것이 좋다. 왜냐하면 자기가 앞으로 나오기만 해도 새 주인이 될 여자의 얼굴이 빛을 잃을 것이기 때문이다. 그러니 이 여자가 자기를 위해서든, 자기 딸들을 위해서든 그런 배경을 원할 이유가 있겠는가?

여자들은 심지어 헤겔 때문에도 욕을 먹는다.

그렇게 많은 위대한 사건들이 있었음에도 헤겔 철학은 독일의 지성을 바로 그 천진난만의 상태로 되돌려 놓았다. 그런 사람들에게는 다음과 같이 외쳐야 할 것이다. "너희는 여러 시간 동안 알아듣게 얘기해 주어도 결국 항상 같은 말만 되풀이하는 여자들 같지 아니한가?"

한편 그는 자기가 세운 지력의 모계유전론을 매우 중요시한다.

뛰어난 재능의 소유자가 뛰어나지 못한 지력을 가진 여자의 아들인 경우도 가끔 있지만, 그것은 그 여자 자신이 점액질粘液質의 아버지를 갖고 있기 때문이다. 즉 그로 인해 그녀의 두뇌는 필요한 만큼의 혈액순환 에너지를 공급받지 못하게 되고, 이 때문에 비상하게 발달되었음에도 불구하고 충분히 활성화되지 못한다. 나는 위의 31장에서 이 요건에 대해 설명한 바 있다. 그러나 그녀의 완벽한 뇌신경계는 어쨌든 아들에게 유전된다. 그런데 이제 그의 아버지가 왕성한 심장을 가진 활발하고 정열적인 사람일 경우 뛰어난 지력의 탄생을 위한 또 하나의 신체적 조건이 충족되게 된다. 어쩌면 바이런이 이 경우인지 모른다. 왜냐하면 그의 어머니의 지적 탁월성에 대한 언급은 어디서도 찾을 수 없기 때문이다. 한편 천재 아들을 둔 뛰어난 지력의 여자가 지력이 뛰어나지 못한 어머니를 가진 경우도 마찬가지로 설명할 수 있다. 즉 이때는 그 어머니의 아버지가 점액질일 것이다.

그는 마찬가지로 단호하게 성격의 부계유전설을 주장한다.

그런데 우리는 다른 한편 그 훌륭한 마르쿠스 아우렐리우스의 아들이 불량한 콤모두스인 것을 본다. 그러나 우리는 이에 당황하지 않는다. 왜냐하면 우리는 파우스티나 황후가 부정한 여인이었던 것을 알기 때문이다. 그러므로 우리는 오히려 이 경우를 거울삼아 다른 유사한 경우들에도 적용할 것이다. 예를 들어 나는 도미티아누스가 티투스의 완전한 형제였다고는 결코 생각지 않는다. 오히려 베스파시아누스도 간부^{姦婦}의 남편이었을 것이다.

그는 이상국가를 제시하기 위해 자신의 유전이론들을 통합한다.

모든 불한당들을 거세하고 모든 푼수들을 수도원에 집어넣고 고매한 성품의 사람들에게 하렘 하나를 통째로 안겨주고 지력과 분별력을 가진 모든 처녀들에게 남자들, 그것도 모든 남자들을 데려다주면 곧 페리클레스 시대를 능가하는 세대가 발생할 것이다.

처녀들에게는 어떤 경우에도 좋을 조언 하나를 한다. 즉 웃으라는 것이다.

말하는 김에 하는 말이지만, 아름다운 얼굴에 이는 미소는 아름다운 고장에 구름 사이로 갑자기 나타나는 햇살과 같다. 그러므로 웃어라, 처녀들아, 웃어라!

한편 그는 아무리 심오한 철학적 설명에도 아주 즐겨 성적 비유를 엮어 넣었는데, 이는 분명 쇼펜하우어의 대중성에 크게 기여했을 것이다. 그러나 그렇다고 해서 주제의 심각성이 훼손된 것은 아니었다.

이제 예리하고 독자들마저 힘들었을 이 고찰을 마무리하면서 분위기 전환을 위해 익살맞은, 심지어는 외설스럽기까지 한 비유를 들자면 나는 그런 착각에 빠진 칸트를 가면무도회에서 어떻게 해볼까 하는 마음을 품고 저녁 내내 가면 쓴 한 미녀와 시시덕거리지만 결국 가면을 벗고 자신의 정체를 밝힌 그녀가 자기 아내라는 것을 알게 되는 한 남자에 비유하고 싶다.

그는 주위의 신사 숙녀들에게 다음과 같이 선의의 충고를 한다.

네 육욕의 유혹을, 너를 노린, 약속된, 그러나 네 속에 숨어 있는 짓궂은 장난질처럼 웃으며 지켜보라.

그러나 그는 이 충고에 따르고 싶지 않은 사람들을 위해서도 일종의 사랑 강좌를 준비해 놓고 있다.

제 스스로 먼저 안길 여자는 없다(발 벗고 나선 창녀라면 몰라도).

왜냐하면 아무리 아름다운 여자에게도 그것은 퇴짜를 맞을 위험을 내포하는 일이기 때문이다. 왜냐하면 종종 병, 비탄, 사업, 우수憂愁 등이 남자에게서 모든 욕구를 앗아가기 때문이다. 그러나 퇴짜는 여자의 자존심에는 치명타다. 반면에 남자가 먼저 다가가 여자에게 그런 위험부담을 제거해 주면 이때야 비로소 남자와 여자는 동등한 입장에 서게 된다. 또한 이때가 되면 여자들이 대개는 아주 고분고분하다는 사실을 알게 될 것이다.

그런데 연애의 궁극 목표는 그의 철학의 근원과 일치한다. 그는 다른 어떤 철학자들보다도 더 분명하게 이 점을 지적한다.

그런데 내가 '생의 의지'라고 명명한 그 세계의 내적 본질, 그 물 자체를 가장 내밀하게 인식할 수 있는 곳, 그것을 가장 분명하게 의식할 수 있는 곳, 그것이 가장 확연하게 드러나는 곳이 어디냐고 나에게 묻는다면 나는 성교性交의 쾌락을 가리킬 것이다. 바로 그것이다! 그것이 만물의 참된 본질, 핵심이며 모든 존재의 목표이자 목적이다. 그러므로 그것은 또한 생물에게는 주관적으로는 모든 행위의 목표며 최고의 소득이고, 객관적으로는 세계를 유지하는 역할을 한다. 왜냐하면 무기無機 세계는 인식을 통해 유기有機 세계에 부가되어 있기 때문이다. 이것이 남근숭배, 음경숭배의 근원이다.

한편 인간의 성교가 동물의 교미보다 더 격렬한 것도 지성이 더 발달한 때문인지 모른다.

나는 사자의 교미는 가장 격렬한 현상으로 나타나야 할, 의지에 대한 최고의 긍정으로서 매우 맹렬한 양상을 보일 것이라고 예상

했다. 그러나 그것이 인간 성교의 양상보다 훨씬 덜한 것을 보고 매우 놀랐다.

여기선 어째 투박한 익살의 설교자, 아브라함 아 산크타 클라라 Abraham a Sancta Clara의 꾸짖는 소리가 들리는 것 같지 않은가? 그는 다음과 같이 외쳤다. "예전엔 신방 침대를 보면 마치 그 위에서 두 마리 곰이 싸운 것처럼 보였는데, 지금은 작은 닭 한 마리를 잡아 놓은 것만 같지도 못하다."

쇼펜하우어는 이런 고찰들을 하면서 다음과 같은 뼈 있는 한마디를 던진다.

인류가 계속 존재하고 있는 것은 다만 인류의 색욕을 증명하고 있을 따름이다.

그는 성교 자체는 일종의 기만전술이라고 본다.

성적 욕망이 우리에게 야기하는 착각은 설 자리를 생각해서 단지 앞에서만 보도록 고안된, 그래서 뒤에서 볼 때는 형편없지만 앞에서 보면 아름다운 어떤 입상들과 같다. 연모戀慕가 우리에게 주는 환상도 이와 같아서 우리가 그것을 앞에서, 미래의 일로 보는 동안은 환희의 낙원이지만 지나고 난 후 뒤에서 보면 혐오스럽기까지는 않더라도 보잘것없는 것, 시시한 것으로 보인다.

성욕은 여기서 '지나고 난 후에야 정체를 알 수 있는 마귀' 같은 것으로 묘사된다. 마귀의 그런 속성은 차라투스트라Zarathustra의 가르침에서 아주 적절하게 언급되는데, 이 가르침이야말로 세계 역사상 처음으로 마귀가 우리에게 모습을 드러낸 순간이다. 쇼펜하우어의 해석에 따르면 섹스는 '지나고 난 후에야 그 정체를 알 수 있는' 속성이 지옥의 인식표라는 사실을 보여주는 구체적인 증거다.

가장 아름답고 사랑스런 한 쌍이 아주 우아하게 아름다운 사랑의 유희를 펼치며 서로 당기고 밀고 갈망하고 도망치는 모습을 상상해 보라. 달콤한 유희, 사랑스런 희롱이 아닐 수 없다. 그러나 이제 성적 쾌락에 탐닉하는 그들을 보라. 모든 희롱, 그 모든 부드러운 우아함은 갑자기 사라졌다. 행위가 시작되자 돌연 사라진 것이다. 그 대신 이제 깊은 진지함이 그 자리를 차지한다. 그런데 이것이 어떤 진지함인가? 동물의 진지함이다. 동물은 웃지 않는다.

쇼펜하우어의 철학에서 성애는 매우 중요한 위치를 차지한다. 그가 쓴 문장들 중 가장 긴 문장이 바로 이 주제와 관련된 것이었다는 사실도 그것을 보여준다.

그런데 바로 자기 자신이 그런 정열에 사로잡혀 자기의 열광적 감정을 가장 고상하고 가장 정신적인 표현으로 나타내려는 사람들은 나에게 박수를 보내지 않을 것이다. 그들은 나의 견해가 너무 형이하학적形而下學的이고 육신적이라고 생각할 것이다. 그러나 사실은 이 견해만큼 형이상학적인, 더 나아가 선험적인 견해도 없다. 그런 사람들은 우선, 자기들에게 소네트를 짓도록 영감을 주는 대상들도 만약 그들이 18년 일찍 태어났다면 자기들에게 눈길 한 번 뺏을 수 있었을까 생각해 봐야 할 것이다.

왜냐하면 모든 연모戀慕는 아무리 정신적인 체해도 오직 성애에 뿌리를 두고 있고 더 나아가 다만 보다 구체적으로 규정되고 특화된, 심지어는 가장 엄격한 의미에서 개체화된 성욕일 뿐이기 때문이다. 그래서 이제 이 점에 유념하면서 성애가 명암고저^{明暗高低}의 모든 양상, 모든 뉘앙스로 연극이나 소설에서 뿐만 아니라 실제 세계에서, 즉 그것이 모든 충동 중 생존욕^{生存慾} 다음으로 강하고 활발하게 나타나며 젊은 인류의 힘과 생각의 반을 지속적으로 빼앗으며, 거의 모든 인간 노력의 궁극적 목표며, 가장 중요한 사안에도 부정적 영향을 끼치고 가장 중요한 일도 매시간 중단시키며, 때로는 가장 뛰어난 두뇌조차 한동안 혼란에 빠뜨리고, 거리낌 없이 자기의 허섭스레기를 갖고 정치가들의 협상이나 학자들의 연구에 끼어들어 방해하며, 연애편지나 고수머리털을 심지어는 정부 부처의 서류철이나 철학 원고에까지 끼워 넣고 또 그에 못지않게 얽히고설킨 심각한 분규들을 매일 조장하고, 가장 소중한 관계들을 해체하고, 가장 강한 유대들을 끊어놓고, 때로는 목숨이나 건강, 때로는 부, 명예, 행복을 집어삼키며, 심지어는 평소에 정직했던 사람을 양심 없는 사람으로, 지금까지 신실했던 사람을 배반자로 만드는 등, 전체적으로는 모든 것을 오도^{誤導}하고 흐트러뜨리고 망치려는 악의에 찬 악령^{惡靈}처럼 행동하는 실제 세계에서 수행하는 중요한 역할을 보노라면 "웬 소란, 웬 야단법석, 웬 수선, 호들갑인가? 결국 갑돌이가 갑순이를 찾는 문제일 뿐이 아닌가? (나는 여기서 이렇게 질박^{質朴}하게 표현하지 말았어야 했을 것이다. 그러므로 친애하는 독자 여러분들께서는 이 구절을 아리스토파네스 풍*으로 바꿔 이해하시기를 바란다.) 왜 그런 사소한 것으로 그토록 중요한 역할을 하게

---

* 익살스런 조롱.

하여 질서정연한 인간의 삶에 끊임없이 방해와 혼란을 야기토록 한단 말인가?"라고 외치지 않을 수 없다. 그러나 진리는 진지한 연구가들에게 점차적으로 다음과 같은 사실을 깨우쳐 준다. 이것은 사소한 문제가 아니다. 오히려 그 분망奔忙의 진지성과 열심은 이 사안의 중대성에 전적으로 어울린다. 희극적이든 비극적이든 모든 연애의 궁극적인 목적은 인생의 다른 모든 목적보다 더 중요하고, 그러므로 그 목적을 쫓는 모든 사람들의 깊은 진지성은 아주 당연한 것이다. 왜냐하면 그것은 다름 아닌 다음 세대의 조성造成을 결정하는 일이기 때문이다.

이 주제의 광대성廣大性은 특히 상론詳論에서 명확히 드러난다.

우선 사랑 문제에서는 남자는 본성상 신의信義가 없고, 여자는 신의가 있다는 사실이 이에 속한다. 남자의 사랑은 만족을 얻는 순간부터 현저하게 저하된다. 그는 자기가 이미 소유하고 있는 여자보다는 거의 모든 다른 여자들에게 더 매력을 느낀다. 즉 그는 자주 애인을 바꾸고 싶어 한다. 그러나 여자의 사랑은 바로 그 순간부터 고조된다. 이는 종種을 보존하려는, 그 때문에 가능한 종을 크게 증식하려는 자연의 목적 때문이다. 왜냐하면 남자는 얼마든지 1년에 100명 이상의 아이들을 만들 수 있기 때문이다. 물론 그와 같은 수의 여자들을 가질 수 있다면 말이다. 반면에 여자들은 그만큼의 남자들이 있다 해도 (쌍둥이를 낳을 경우를 제외하면) 1년에 단 한 명의 아이밖에는 낳을 수 없다. 그러므로 남자들은 항상 다른 여자들을 찾는다. 반면에 여자는 한 남자에 매우 집착한다. 왜냐하면 자연은 그녀가 본능적이고 무의식적으로 앞으로 태어날 자식을 먹여 살리고 지켜줄 남자를 잡아두도록 강요하기 때문이다. 그러므로 결혼의 순결은 남자에게는 인위적인 것이고, 여자에게는 자연스런 것이다. 그래서 여자의 간통은 객관적으로는 그 결과 때문에, 주관적으로는 그 반자연성反自然性 때문에 훨씬 더 용서가 안 된다.

쇼펜하우어가 여기서 하고자 하는 말은, 속된 말로 "남자야 들여놓는 것이 없지!"라고 표현하는 것이다. 그러나 남자도 그렇게 유유자적 빠져나오지는 못한다.

생식生殖에서 여자가 차지하는 몫은, 어떤 의미에서 남자의 몫보다 더 무죄無罪하다. 왜냐하면 남자는 만들어질 자식에게 최초의 죄며 모든 악과 해의 근원인 의지를 주는 반면 여자는 구원救援의 길을 여는 인식을 주기 때문이다. 생식 행위는 세계의 마디다. 왜냐하면 그것은 '생의 의지가 또다시 긍정되었다'는 것을 의미하기 때문이다. 그래서 브라만교에서는 그런 의미로 "슬프도다. 슬프도다. 링가가 요니 안에 있도다."*라고 탄식한다. 반면에 수태와 임신은 '의지에 또다시 인식의 빛이 부여되었다'를 의미한다. 즉 의지는 이 인식의 빛을 통해 다시 탈출로를 찾을 수 있게 된 것, 즉 구원의 가능성을 다시금 얻게 된 것이다.

어떤 여자든 성교 현장을 들키면 부끄러워 어쩔 줄 모르는 반면 임신에 대해서는 부끄러워하기는커녕 오히려 일종의 자부심을 가

---

* 링가는 시바 신을 상징하는 남근상이고, 요니는 시바 신의 배우자인 샤크티 여신을 상징하는 여음상이다.

지고 그것을 과시하는 주목할 만한 현상도 이 때문이다. 분명한 표지는 그것에 의해 표시되는 것 자체와 동일시되기 마련이 아닌 가? 또 실제로 여자들은 성교가 있었음을 나타내는 다른 표지에 대해서는 한없이 부끄러워한다. 그러나 유독 임신에 대해서만은 예외다. 이는 앞서 말한 대로 임신은 어떤 의미에서 성교가 계약 해 놓은 죄의 속죄贖罪를 가져다주는 것, 또는 적어도 그에 대한 희 망을 열어놓는 것이기 때문이다. 그러므로 성교는 이 문제와 결부 된 모든 수치와 치욕을 떠안는 반면 임신은 순수하고 순결할 뿐만 아니라 어떤 의미에서는 심지어 명예롭기까지 하다.

인도 철학에 뿌리를 둔, 이 연극대사 같은 "슬프도다. 슬프도다. 링가가 요니 안에 있도다."는 한 세계관의 키워드가 된다.

링가가 바로 시바의 상징인 것은 한없이 적절하고 심오하다. 왜냐하면 개체의 파괴와 종의 보존은 필연적인 상관관계에 있기 때문이다. 즉 죽음은 생식을 불가피하게 만든다. 반면에 생식이 없다면 죽음도 없을 것이다.

그런데 주목할 만한 것은, 링가와 요니가 세계 곳곳에서 상징으로 쓰이고 있다는 사실이다.

나일의 열쇠인 크룩스 안사타Crux Ansata**이며 금성의 상징인 우는 시바숭배자들의 '링가와 요니'와 일치한다.

그는 인도의 종교철학에 나타난 성애의 힘을 매우 구체적으로 묘사한다.

** '생명'을 뜻하는 고대 이집트의 신성문자, '앙크'의 라틴명으로 '자루달린 자'라는 의미다.

푸라나*는 마하바라타순다와 우파순다의 이야기, 세 번째 노래에서 육화肉化는 다만 의지의 표현일 뿐이라는 사실을 아주 잘 표현하고 있다. 거기서는 브라마가 가장 아름다운 여자, 틸로타마를 만든다. 그녀는 신들의 모임 주위를 도는데 시바는 그녀에게 반해 그녀가 원을 도는 동안 그녀에게 눈을 떼지 못하고 계속 쳐다봤기 때문에 그에게는 그녀의 위치에 따라, 즉 동서남북 네 방향으로 네 얼굴이 생긴다. 그래서 시바의 얼굴이 네 개라는 것이다. 마찬가지로 이때 인드라에게는 수없이 많은 눈들이 생긴다.

쇼펜하우어에 따르면 자연은 사람들이 너무 성애에 빠지지 않도록 몇 가지 제어장치를 마련해 놓았다.

또한 악덕에 대한 많은 자연형벌은 도덕성을 도모하기 위한 것으로 보인다. 특히 그 불가사의한 성병性病은……. 즉 성병은 성욕이 인간을 과도하게 지배하는 것을 막는 유용한 제방堤防이다.

오늘날 AIDS와 관련하여도 비슷한 목소리들이 커지고 있는 것은 이상한 일이 아니다. 앞서 인용한 "슬프도다. 슬프도다. 링가가 요니 안에 있도다."는 여기서 경악스런 현실적 의미를 획득한다. 그 점은 쇼펜하우어가 다른 관점에서 내린 다음의 결론에서도 마찬가지다.

우리가 이제 이 최종 고찰의 관점에서 인생의 분망함을 들여다보면 우리는 모든 사람들이 고난과 싸우면서 끝없는 욕구를 충족

---

* 힌두교의 성전(聖典) 문학으로 신화·전설·계보 등을 백과사전식으로 모아놓은 작품 군(群).

시키고 다양한 난관을 극복하기 위해 온 힘을 다하는 것을 볼 수 있다. 그러나 그들이 그 대가로 기대할 수 있는 것은, 고작 그 고생스런 개체적 삶을 잠시 동안 연장하는 것뿐이다. 그러나 우리는 그 사이, 그 분망함의 한가운데에서 서로를 향해 애태우는 두 연인의 눈빛이 교차하는 것을 발견한다. 그런데 왜 그렇게 은밀하며 조심스럽고 남모르게? 왜냐하면 이 연인들은 그 모든 고난과 고생을 지속시키려는 배신자들이기 때문이다. 만일 이런 이들이 없다면 곧 찾아올 그 고난과 고생의 종식을 이제 이들은 자기들 같은 이들이 과거에 그랬듯 막으려는 것이다.

아브라함 아 산크타 클라라 풍의 이런 반어적 설교는 쇼펜하우어의 또 다른 고찰에서도 나타난다. 이 고찰은 보다 밝은 분위기지만, 그럼에도 불구하고 그의 학설에서 벗어나지는 않는다. 그리고 이것 역시 아무리 진지할 때라도 우리에게 미소를 짓게 하는 그의 글의 속성을 보여준다.

만약 두 연인 안에서 그들을 이끄는 종의 정신이 본능적 감정이 아니라 명확한 개념으로 말한다면 지금은 단지 영원한 열광적 동경, 한없는 환희의 예감, 말할 수 없는 행복, 영원한 사랑의 약속에 관한 환상적 상징들과 형이상학적 비유들, 그리고 진주 같은 이, 장미 같은 뺨, 태양 같은 눈, 설화석고雪花石膏 같은 젖가슴, 이러저러한 고귀한 정신 등의 과장법적 찬미로만 자신의 여신에게 말하는 고상한 시 같은 그들의 사랑의 대화는 아마도 다음과 같은 내용이 될 것이다.

다프니스: 나는 다음 세대에게 한 개인個人을 선사하고 싶은데, 나에겐 없는 것을 네가 그에게 줄 수 있을 것이라고 생각해.

클로에: 나도 같은 마음이야. 그리고 나도 내가 갖고 있지 못한 것을 네가 그에게 줄 수 있을 것이라고 생각해. 어디 볼까?

다프니스: 나는 그에게 큰 키와 근력筋力을 줄 거야. 그 두 가지 모두 너에겐 없는 것이지.

클로에: 나는 그에게 풍만한 육체와 아주 작은 발을 주지. 너에겐 그 두 가지가 모두 없잖아.

다프니스: 나는 그에게 너에겐 없는 기품 있는 흰 피부를 주지.

클로에: 나는 그에게 검은 머리털과 검은 눈을 줄 거야. 너는 금발이 잖아.

다프니스: 나는 그에게 매부리코를 주지.

클로에: 나는 그에게 작은 입을 줄 거야.

다프니스: 나는 그에게 용기와 자비심을 주지. 그것들은 너로부터는 유전받을 수 없어.

클로에: 나는 그에게 높고 둥근 이마, 지력 그리고 분별력을 주지. 이 것들은 네가 유전해 줄 수 없는 것들이야.

다프니스: 곧은 몸매, 고른 이, 건강 체질은 그가 우리 두 사람 모두에 게서 받게 될 거야. 정말로 우리 두 사람은 앞으로 태어날 그 사람에 게 뛰어난 자질들을 갖춰 줄 수 있어. 그렇기 때문에 나는 다른 어떤 여자보다도 너를 원해.

클로에: 나도 마찬가지야.

9장

자연은
철저하게
귀족주의적이다

인류 발전의 가장 큰 장애 중 하나는,
사람들이 가장 현명하게 말하는 사람들의 말이 아니라
가장 크게 말하는 사람들의 말을 듣는다는 것이다.

독일 독자들은 이 장이 약간 껄끄럽게 느껴질 것이다. 왜냐하면 독일에 대한 쇼펜하우어의 정치적 입장은 매우 독특했기 때문이다. 우선 그는 독일인의 친구가 아니었다.

말이 나온 김에 이 자리에서 유언처럼 고백한다. 나는 그 기막힌 어리석음 때문에 독일인들을 경멸하며, 독일인인 것이 부끄럽다.

그는 이미 다른 곳에서 어리석음은 독일인의 국민성이라고 말한 바 있다. 그런데 이제 그와 같은 취지로 독일인들의 타민족 흉내에 대해서도 다음과 같은 평가를 내린다.

독일인들은 때로는 프랑스인들을, 때로는 영국인들을 흉내낸다고 비난받았다. 그러나 그것이야말로 그들이 할 수 있는 가장 현명한 행동이다. 왜냐하면 그들은 제힘으로는 훌륭한 것을 아무것도 내놓을 수 없기 때문이다.

독일인의 일상생활에서 영어 사용이 늘어나고 있는 최근의 경향도 전적으로 이런 관점에서 볼 수 있다. 다음의 언급 역시 시사하는 바가 크다.

『우프네카트Oupnekhat』*가 30년이 지난 지금은 별로 읽히지도, 별로 알려져 있지도 않고 리히텐베르크Lichtenberg의 논문 모음은 33년이 지난 지금 신판新版으로 나오기는커녕 가격을 매우 낮춰야 했다는 것, 괴테의 『색채론』은 22년이 지난 지금도 여전히 틀린 이론으로 여겨지고 있다는 것, 이것이야말로 독일 독자들의 특징이다. 그들에게 기대를 걸 때는 절대 이것을 잊어서는 안 된다.

한편 그는 '아르투어 쇼펜하우어는 독일 철학자'라는 오늘날의 사전설명을 본다면 단호히 항의할 것이다.

조국 독일은 나를 애국자로 키우지 못했다. 독일인들을 칭찬하라고? 내가 받은 몫을 보면서도 그런 조국애를 나에게 요구할 수 있다고 보는가?

독일인들의 '군집본능群集本能'은 문화계에서도 기승을 부린다.

그저 권위만 통할 뿐이다. 스스로 판단하려는 자는 아무도 없다. 그럴 능력이 없다는 것을 자기도 아니까. 그래서 그들은 더 영리한 자를 기다린다. 그러나 그 대신 더 파렴치한 자가 와서 그들을 대신해 판단을 한다. 그러면 무리는 따른다.

---

* 페르시아어로 번역된 우파니샤드. 앙크틸 뒤페롱(Anquetil Duperron)이 이를 라틴어로 번역하여 서유럽에 소개함.

만세를 외치는 자들은 히틀러 시대에만 있었던 것이 아니다. 그런 자들은 이미 쇼펜하우어가 살던 사회를 특징짓고 있었다.

어디든 상관없이 모두 그저 앞사람만을 쫓아가는 맹추들, 바보들의 무리를 보면 나는 항상 그들의 날카로운 외침, 재잘거리는 소리 사이로 다음과 같이 힘주어 말하는 소리를 듣는 듯하다. "외톨이가 되지는 않을 거야!"

한편 그는 교육을 통한 변화의 가능성에 대해서는 상당히 회의적이다.

만일 교육이나 훈계가 조금이라도 효과가 있다면 어떻게 네로 같은 자가 세네카의 제자였을 수 있겠는가?

그런데 이 점은 교수와 학생이 매한가지다.

사람들은 돈을 벌려고 공부하는 학생들은 자주 꾸짖으면서, 돈을 벌려고 가르치는 교수들은 당연하게 생각한다.

그는 칭호와 훈장의 뿌리를 다음과 같이 간결하게 설명한다.

"인간에게는 숭배 본능도 있다."라고 괴테는 어디선가 말했다. 그런데 진정으로 존경할 만한 것이 무엇인지 모르는 사람들의 숭배욕도 만족시키기 위해 그것의 대용물로 왕, 왕족, 귀족, 칭호, 훈장, 큰 부자들이 있는 것이다.

학자나 예술가를 그의 '조국'과 동일시하거나 심지어는 '국민의 아들'이라고까지 내세우는 것은 한심한 짓거리라고 그는 생각한다.

왜 갑자기 생각났는지는 모르겠지만, 어쨌든 학문의 세계에서 애국심이란 멱살을 잡고 내던져 버려야 할 더러운 녀석이다. 그럼에도 불구하고 순전히 애국심 때문에 라이프니츠의 철학을 숭배하는 사람들도 있다. 그런 사람들은 온통 단자^{單子}들만 있는 곳에 가두어 예정조화^{豫定造化}에 귀를 기울이며 '구별 불가능한 것의 동일성'이 펼치는 드라마를 지켜보게 해야 한다.

그는 끊임없이 독일인 이야기를 한다.

나는 이전의 어떤 사람보다도 진리의 베일을 더 깊이 벗겨냈다. 그럼에도 불구하고 나보다 더 시대를 잘못 만났다고 할 수 있는 사람은 없을 것이다.

그는 다른 사람들도 그런 경험을 했을 것이라는 점은 인정하면서도 자기만큼은 분명히 아닐 것이라고 확신한다.

뛰어난 정신을 가진 사람은 누구나 자기가 사는 시대를 가장 한심한 시대로 여긴다는 것은 알지만, 그럼에도 불구하고 나는 그 착각에서 벗어나지 못하겠다는 점을 솔직히 고백하는 바이다.

그는 특히 독일 사람들을 향해 다음과 같은 괴테의 시구를 던진다.

그들도 기꺼이 위대한 사람들을 존경하려 하지만
단 그 위대한 사람들이 사기꾼일 경우에만 그렇다.

한편 그는 자기는 교수직에 어울리는 사람이 아니라고 생각한다.

교육부의 사람들은 나를 필요로 하지 않았다. 그리고 나도 내가 그들에게는 필요 없는 사람인 것에 대해 하늘에 감사한다. 왜냐하면 그들은 사실 부려먹을 수 있는 사람들만을 필요로 하기 때문이다.

더 나아가 그는 교수들을 공격한다.

나는 개인적 이익을 위해 정부에 맞장구치는 사이비 어용御用 철학자들의 시장市場을 깨고 그들의 명성을 파괴할 작정이다.

계몽을 위한 그의 투쟁은 모든 영역에서 전개된다.

15세 미만의 아이들에게는 종교교육을 실시하지 않을 만큼 정직한 세상이 되어야 비로소 세상에 뭔가 기대를 할 수 있게 될 것이다.

이런 입장을 표명하며 구체적인 예들을 든다.

모든 유신론자들에게 다음과 같은 질문을 던져보라. "당신의 신은 개아個我인가, 아닌가?" 만일 아니라고 하면 그것은 신이 아닐 것이고, 만일 그렇다고 하면 이상한 귀결들이 뒤따를 것이다.

한편 반복적인 그의 반反유대적 공격들은 그가 종종 '유대적 유신론'이라고 불렀던 유신론에 대한 반감反感에서 비롯되었다. 이 때문에 그는 유대인 배척주의자라는 비난을 받았다. 그러나 오히려 대학 시절의 유대인 친구 요제프 간스Josef Gans를 다른 사람들의 온갖 적대감에도 불구하고 자기 어머니의 문학모임에 데려왔을 뿐만 아니라 늙어서는 특히 유대인 학자들을 자기 주위에 모은 사람이 바로 쇼펜하우어였다. 특히 그의 유명한 '네 명의 추종자', 즉 율리우스 프라우엔슈테트, 에른스트 오토 티모테우스 린트너Ernst Otto Timotheus Lindner, 데이비드 아셔, 마르틴 엠덴Martin Emden이 그런 경우다. 이 열광적인 쇼펜하우어 추종자들은 모두 유대인이었다.

이들은 스승이 가끔 하는 그런 말들, 예를 들어 소고小考「웃음론」에 등장하는 '유대인 사기단'과 같은 농담은 너그럽게 웃어넘겼다.

또한 이들은 때때로 자기들의 우상에게 스스럼없는 직언直言을 했는데, 그것은 종종 세련된 재치로 표현되었다. 프라우엔슈테트가 쇼펜하우어에게 보낸 1850년 11월의 편지가 그런 경우다.

> 더구나 나는 당신과는 달리 교수들을 증오하고 있지도 않기 때문에, 교수들이 말한 것이라도 참되면 그것을 인정할 준비가 되어 있습니다. 또한 나는 당신과 같은 천재가 아니기 때문에, 사기꾼이니 허풍선이니 심술꾼이니 하는 욕설을 남발할 수도 없겠지요. 그런데 교수들에 대한 당신의 욕설이 당신의 불멸의 작품에 온전히 몰입하는 데 지장을 초래한다는 점에 대해서는 전에 이미 나의 의견을 말씀드린 바 있습니다.

정당했든 부당했든 다른 사람들을 향한 비난에 거리낌이 없었던 쇼펜하우어는 '맷집도 좋았던' 것 같다. 그렇지 않다면 프라우엔슈테트가 일종의 반어적 표현인 "당신과 같은 천재가 아니기 때문에"까지 써가면서 그에게 맞섰겠는가? 그러나 이들의 경우는 분명 서로 좋은 파트너를 만난 경우다.

그러면 이제 유신론에 대한 쇼펜하우어의 비판에 대해 계속 이야기해 보자. 그의 비판은 종종 '통속적인 낙관론'에 대한 공격과 결부되어 있다. 다음의 언급은 그 사실을 매우 구체적으로 보여준다.

그런데 일전에는 한 낙관주의자가 나에게 눈을 뜨고 세상을 바라보라고 했다. 그것이 얼마나 아름다운지……. 보기에는 그것들이 아름답다. 그러나 그것들이 되어보면 전혀 다를 것이다.

즉 어떤 것을 외부에서 바라볼 때의 인식지평과 자기 자신이 그것일 때의 인식지평은 전혀 다르다. 예를 들어 오늘날 미의 이상으로 부각되고 있는 패션 모델들도 자신들을 바라보는 사람들과는 전혀 다른 기분일 것이다.

외양과 존재의 차이는 철학적 견지에서 세계를 표상의 영역과 의지의 영역으로 나누는 쇼펜하우어의 기본 사상에 잘 부합된다. 한편 다음의 언급은 단순한 말장난이 아니다.

무신론Atheismus이라는 낱말이 하는 사취詐取는 얼마나 영리하며, 그것의 귓속말은 얼마나 교활한가? 마치 유신론Theismus은 당연한 것이라는 투가 아닌가?

실제로 무신론자들은 자신들 스스로가 끊임없이 신에 대해 이야기하고 있다는 비판을 받았는데, 이는 옳은 말이다. 즉 오늘날 정치에서 반反 파시즘이 파시즘을 전제하듯, 무신론은 '하나님'을 전제한다. 그러나 쇼펜하우어는 '상대방에게 당하고 싶지 않은 것은 그에게 가하지도 말라'라는 원칙으로 이 딜레마에서 빠져나오기는 어렵다고 생각한다.

"남이 너에게 하지 않기를 바라는 것은 너도 남에게 하지 말라."는 말은 너무 많은 것을 증명하는, 아니 요구하는 원칙인 것 같다. 예를 들어 범법자가 재판관에게 그렇게 말한다고 생각해 보라.

서글프게 들릴지는 모르겠지만, 정의와 인간애는 궁극적으로 이기주의에 뿌리박고 있다.

이런 관점에서 나의 이기주의는 정의와 인간애의 편에 서기로 결정한다. 즉 그것은 그것들을 베풀고 싶어서가 아니라 받고 싶어서 그렇게 결정하는 것이다. 이는 마치 자선慈善에 대한 설교를 들은 후 "그것이 철저히 실천된다면 얼마나 멋질까? 나도 구걸하러 나서고 싶은걸."이라고 외쳤다는 수전노와 같다.

이런 이기주의적 동기들을 결코 잊어서는 안 된다.

다른 경우를 생각해 보자. 적들에게 쫓기며 죽음의 공포에 싸여 우연히 마주친 행상인에게 샛길을 물을 경우 그는 "혹시 필요하신 물건 없으세요?"와 같이 되물을지 모른다.

스피노자와 마찬가지로 쇼펜하우어도 성격을 개조하려고 할 것이 아니라 지성을 계발시키라고 권고한다.

도덕적 감화는 인식교정認識敎正 이상의 일은 하지 못한다. 그러므로 사람의 성격적 결함을 훈계나 교화敎化로 제거하여 그의 성격 자체, 그의 도덕성 자체를 개조하려는 것은 외적 작용을 통해 납을 금으로 변화시키려 하는 것 또는 정성스런 재배를 통해 떡갈나무가 살구를 맺도록 하려는 것과 같다.

그는 종교기관이 교육을 맡는 것은 부적절하다고 생각한다.

이 모든 것을 볼 때 로마 가톨릭교는 기독교를 파렴치하게 악용하는 기독교로, 그리고 개신교는 변질된 기독교로 보인다. 즉 기독교는 전체적으로 보아 모든 고귀한 것, 숭고한 것, 위대한 것이 인간들에게 주어지는 순간 빠지게 되는 운명을 겪은 것으로 보인다.

그는 즐겨하던 대로 또다시 시구를 인용한다.

산과 구름은 서로를 위해 창조되었다.

곤충과 꽃도 그렇고, 왕들과 성직자들도 그렇고.

그러나 산문도 쓸 만하다.

정부政府들이 성직자들을 다시 일으켜 세우자마자 그들은 또다시 서로 싸운다. 그래서 나는 정말 기쁘다.

그는 어떤 종류든 광신은 퇴치하기 힘든, 인류의 가장 위험한 적이라고 생각한다.

덧붙여 말하자면 광신은 그래서 가장 큰 악이다. 왜냐하면 광신자는 도덕률에 따라 행동하지만, 이 행동의 지향점으로 그 도덕률과 엄격하게 결부되어 있다고 그가 믿는 대상들은 허구虛構이기 때문이다. 또 그의 의지가 아니라 그의 이성이 길을 잘못 든 것이기 때문에 그는 오직 이성으로만 이길 수 있는 상대, 즉 어려운 상대다. 반면에 의지로 말미암은 죄를 범한 사람은 단 한 번의 반성으로도 회복될 수 있다.

사리사욕을 좇는 정치활동은 이미 쇼펜하우어 시대에도 흔한 일이었다.

부富는 바닷물과 같다. 즉 마시면 마실수록 더 갈증이 난다. 명예도 마찬가지다.

그는 수염 기르는 유행을 풍기문란으로 본다.

수염은 인간에게 자연스런 것이라고들 한다. 물론이다. 그러므로 그것은 자연 상태의 인간에게는 매우 어울린다. 그러나 문명 상태의 인간에겐 면도한 얼굴이 바로 그렇다. 왜냐하면 그것은,

여기서는 동물적인 적나라한 폭력, 즉 남성에게만 자라는 그 물건에 의해 모든 사람이 즉시 느낄 수 있을 만큼 분명하게 상징되는 그 동물적인 폭력이 법과 질서 그리고 예의에 굴복해야만 했다는 것을 나타내는 것이기 때문이다.

수염은 얼굴의 동물적인 면을 더 확대하고 부각시킨다. 그 때문에 그것은 얼굴을 그토록 잔인하게 보이도록 만든다. 식사 중인 수염 기른 사람의 옆모습을 관찰해 보라. 경찰은 반가면인 수염을 금지할 권한이 있다. 왜냐하면 추적 대상이 수염을 기르고 있으면 알아보기 어렵기 때문이다. 즉 수염은 온갖 비행을 조장한다.

쇼펜하우어는 국가의 목적에 대해 매우 구체적인 견해를 갖고 있었으며, 종교적 또는 사회주의적 목적을 위해 국가를 변화시키려는 세력에 단호히 반대했다.

이를 강제하기 위한 기구가 국가다. 그것의 유일한 목적은 개인을 다른 개인으로부터, 전체를 외적으로부터 보호하는 것이다. 잇속에 물든 이 시대에 독일의 몇몇 사이비 철학자들은 국가를 윤리 교육 기구나 종교교화 기구로 변질시키려 한다. 그런데 그 뒤에는 개인의 자유와 개인의 개성 계발을 종식시키고 개인을 중국식 국가·종교 조직의 단순한 톱니바퀴로 만들려는 예수회적 목적이 숨어 있다. 과거에 종교재판이나 종교전쟁을 초래한 것이 바로 그것이었다. 그리고 "나의 나라에서는 누구나 자기 방식대로 자신의 행복을 추구할 수 있도록 할 것이다."라는 프리드리히 대왕의 말은 자신은 결코 그 전철을 밟지 않겠다는 뜻이었다.

다음의 고찰은 "은행 설립에 비하면 은행 강도는 아무것도 아

니다."라는 브레히트의 말에서 영향을 받은 것이 아닐까 의심이
들 정도다.*

국고國庫에서 사취했다면 비난의 수위는 더 낮을 것이다. 왜냐하
면 국가를 동정할 사람은 없기 때문이다.

그를 혁명가로 의심한다는 것은 우스운 일이지만, 그래도 소유
권에 대한 그의 다음과 같은 언급은 깜짝 놀랄 만한 내용이다.

단순히 어떤 것을 누려준 보답으로 그것을 앞으로도 계속 누릴
수 있게 배타적 권리까지 달라는 요구인 이른바 선취권先取權은 도
덕적으로 전혀 근거가 없다. 즉 단지 이 권리에만 기반을 두고 있
는 사람에게는 새로 온 사람이 훨씬 더 설득력 있는 논거로 다음
과 같이 맞설 수 있을 것이다. "오히려 네가 이미 그렇게 오래 누
렸으니, 이제는 다른 사람들도 누리는 것이 옳지."

쇼펜하우어의 이 언급은 어려움에 처한 오늘날의 사회주의자들
에게는 분명 어느 정도 격려가 될 것이다. 이 점은 다음의 언급도
마찬가지다.

그러므로 모든 진정한, 즉 도덕에 맞는 소유권은 오직 가공加工
에만 그 기반을 둘 수 있다. 이는 칸트 이전에도 상당히 널리 퍼져
있던 입장이었다. 심지어는 가장 오래된 법전까지도 분명하고 아
름답게 다음과 같이 말한다. "과거를 아는 현자들은 한 경작지의
주인은 나무를 뽑고 땅을 정화淨化하고 간 사람이라고 말한다. 이
는 영양羚羊이 그것에 제일 먼저 치명상을 입힌 사냥꾼의 것인 것

---

* 실제로는 베르톨트 브레히트(Bertolt Brecht)는 쇼펜하우어 사후에 태어난 작가다.

과 마찬가지다." 서로 꼬리를 무는 착각들이 기묘하게 얽혀 있는 칸트의 법학 전체뿐만이 아니라 소유권의 근거는 최초의 점유획득占有獲得이라는 그의 주장 역시 나로서는 그의 노쇠老衰 때문인 것으로밖에는 설명이 안 된다. 왜냐하면 어떻게 어떤 물건에 대해 다른 사람은 그것을 사용할 수 없다는 내 뜻을 단순히 표명하는 것만으로 곧 그것에 대한 권리 자체를 얻을 수 있단 말인가? 오히려 그런 의지표명 자체가 법적 근거를 필요로 하는 것이 아닌가? 그럼에도 불구하고 칸트는 그것 자체가 하나의 법적 근거라고 주장하고 있다.

그는 유럽이 경제적으로는 전성기를 구가하고 있지만 정신적으로는 후진적인 대륙이라고 규정한다.

그러나 진심으로 말하건대, 만일 고지高地 아시아인*이 나에게 유럽이 무엇이냐고 물으면 나는 그것은 모든 사람이 자신의 탄생은 자신의 절대적 시작이며 자신은 무에서 생겨난 존재라고 믿는, 전대미문의 황당한 망상에 사로잡혀 있는 대륙이라고밖에 말할 수 없을 것이다.

그는 기독교의 관례慣例를 국가적 차원에서 법제화하는 유럽의 전통도 정신적 후진성을 보여주는 예로 간주한다.

성직자들은 일요일에 빈둥거리는 것과 교회에서 울부짖는 것이 미덕의 반을 차지하며, 만 가지 악의 근원이 되는 가장 큰 악덕은 '안식일을 지키지 않는 것', 즉 일요일에 빈둥대지 않는 것이라고

---

* 히말라야 산맥 북부에 사는 아시아인.

민중들을 속이는데, 이 거짓말은 사람들을 주눅 들게 만들고 있음이 분명하다. 그렇기 때문에 그들은 또한 교수형에 처해지게 될 사형수들로 하여금 자기가 나쁜 길로 들어서게 된 것은 전적으로 이 무시무시한 악덕, 즉 안식일을 지키지 않은 때문이라는 말을 신문에 공표하도록 하는 방법을 아주 애용한다.

한편 모든 범죄의 원인을 항상 '안식일을 지키지 않은' 탓으로 돌렸던 심문기관의 이와 같은 행태는 현대사에서 모든 악덕의 원인을 반 사회주의적 태도에서 찾았던 동구권 국가들의 악습이나 모든 책임을 미디어에 전가한 서방 세계의 악습과 매우 흡사하다.

나는 이 시대 사람들에게 후세 사람들의 눈에 자기들이 어떻게 보일 것인지를 요술거울에 비춰 보여주고 싶다. 어느 사이에 이 시대 사람들은 내가 방금 칭찬한 그 시대를 '댕기머리 시대'라고 부르고 있다. 그러나 그 댕기에는 머리가 달려 있었다. 반면에 지금은 줄기와 함께 열매도 사라져 버린 듯하다.

쇼펜하우어의 견해로는 이 댕기머리 시대의 사상가들이야말로 정신적인 질곡桎梏에서 인류를 해방하는 일을 시작한 사람들이다.

카르테시우스를 근대 철학의 아버지라고 부르는데, 그것은 옳은 말이다. 그것의 직접적이고 일반적인 이유는 그가 이성에게 자립을 가르쳤기 때문이다. 즉 그는 사람들에게 자기 자신의 머리를 사용하라고 가르쳤다. 왜냐하면 그때까지는 한편으로는 성경이, 다른 한편으로는 아리스토텔레스가 그들의 머리를 대신하고 있었기 때문이다…….

그런데 '이단자' 바니니의 경우에서 보듯, 정신의 해방을 위한 이 투쟁에는 부분적이지만 음흉한 수단까지 동원되었다. 쇼펜하우어는 바니니의 운명을 특유의 방식으로 뛰어나게 논평한다.

바니니의 경우에는 그가 대개 자기의 진짜 의견을 말할 때는 그것을 혐오하며 반박하려는 반대자의 입을 통해 그것을 설득력 있고 자세하게 설명하지만, 그 다음에 자기 입으로 말할 때는 독자들의 경멸을 불러일으킬 것을 뻔히 알면서도 피상적인 근거, 빈약한 논거로 그것에 대해 반론을 펼친 다음 마치 일이 다 잘 된 것처럼 의기양양하게 퇴장하는 전략을 사용한다는 것을 유념해야 한다. 그의 이 교활한 전략은 소르본 대학교까지 속였다. 즉 소르본 대학교는 그 모든 것을 곧이곧대로 믿고, 그의 가장 심한 무신론적 저술들까지 인쇄 허가를 내줬던 것이다. 이런 이유로 소르본 대학교는 그가 3년 후 산 채로 화형당했을 때 더욱더 통쾌해했다. 한편 그는 그 전에 신성 모독죄로 혀가 잘렸다. 사실 이것이야말로 신학자들의 전가傳家의 보도寶刀인데, 이것을 빼앗기고 난 후에는 그들의 형편이 매우 안 좋아졌다.

그러나 철학 분야에서는 형편이 나빠지지 않았다. 즉 여기서는 어디서나 정치적인 의도를 감지할 수 있었다.

그러나 지금은 위대한 사상가들이 200년 전부터 말해 온 것을 모두 무시하고, 나도 전前 장에서 분석한 바 있는 자의식을 우중과 마찬가지로 잘못 이해하고서는 그것을 토대로 '의지의 자유'를 실재하는 사실로 선언하는 바보들이 독일에도 많아졌다. 그러나 나는 어쩌면 그들에 대해 부당한 말을 하고 있는지도 모른다. 왜냐하면 어쩌면 그들은 보기와는 달리 그렇게 무지한 것이 아니라 단지 배가 고파서 형편없이 마른 빵 한 조각을 위해, 높으신 장관님의 마음에 들겠다 싶은 것은 아무것이나 가리지 않고 가르치고 있는지도 모른다.

쇼펜하우어는 참된 철학과 강단철학을 대비시킨다. 그런데 강단철학은 진리가 아니라 해당 정부 부처가 세운 목적에 봉사한다.

대학철학 즉 강단철학은 대개 단순한 속임수에 불과하다. 그것의 참된 목적은 교수직을 관할하는 각 정부부처의 의도에 맞는 정신 성향을 학생들의 사고 기저基底에 심는 것이다. 정부 부처가 그렇게 하는 것은 정치적 의미에서는 전적으로 옳은지도 모른다. 그러나 이 경우 문제는 그런 강단철학은 '이리저리 돌릴 수 있는 물건'이 되어버리며, 진지한 철학이 아니라 단지 철학 같은 농담으로밖에 인정받을 수 없다는 사실이다. 만일 그런 감시 또는 지도의 범위가 강단철학에만 국한된다면 그것은 어쨌든 정당하다고 할 수 있다. 그러나 그것이 진지한 진짜 철학에까지 미쳐서는 안 된다. 왜냐하면 이 세상에서 가치 있는 것이 있다면, 즉 속되고 둔감한 무리라도 평소보다 더 분별 있는 상태에서는 금은보다 더 귀하게 여길 만큼 가치 있는 것이 있다면 그것은 어둠에 싸인 우리의 존재에 한 줄기 빛이 비치고 비참과 무상無常밖에는 아무것도 분명한 것이 없는, 이 수수께끼 같은 실존에 대해 어떤 깨달음을 얻는 것이기 때문이다. 설사 그것이 그것 자체로는 성취 가능한 일이라 할지라도, 만일 그 문제에 대해 억지 해답을 강요한다면 그것의 성취는 불가능하게 될 것이다.

한편 그에게 의사표현의 자유는 침해할 수 없는 권리였다. 또한 그는 '무조건적인 당위'라는 '프로이센적' 개념을 단호히 거부했다.

우리는 당위에 관한 말은 조금도 하지 않을 것이다. 왜냐하면 아이들 또는 유아기의 민족들에게나 그런 식으로 말하는 것이지 성년이 된 시대의 모든 지식을 습득한 사람들에게는 그럴 수 없기 때문이다. 게다가 '의지는 자유롭다'라고 주장하면서 '이렇게 하고 싶어 해라'라고 규정하는 법을 그 의지에 지우려는 것은 명백한 모순이다. '싶어 해라'라니? 아예 '나무로 된 쇠'라고 해라!

이 철학자는 진리가 국가의 자의에 의해 조종된다는 것은 있을 수 없는 일이라고 생각한다.

칸트는 말했다. "이성에게 계몽을 기대하면서 그것에게 반드시 어떤 편을 옹호하는 결론을 내리라고 미리 지시하는 것은 매우 앞뒤가 맞지 않는다." 반면에 우리 시대의 한 철학교수는 다음과 같이 천진난만하게 말한다. "만일 철학이 기독교의 기본 이념을 부정한다면 그 철학은 틀렸든지, 아니면 맞더라도 쓸모가 없다." 1840년 7월, 예나의 한 문예신문에 모든 동료들을 대표하여 자기들의 원칙을 이렇게 누설한 사람은 바로 고故 바흐만Bachmann 교수였다. 이제는 진리가 복종하려 하지 않을 때는 가차 없이 나가라고 문을 가리키는 것이 대학철학의 주목할 만한 특징이 되어버렸다. 이런 식으로 말이다. "진리, 나가! 너는 필요 없어. 우리가 네게 무슨 빚진 것이 있니? 아니면 네가 우리에게 봉급을 주니? 그러니 나가!"

쇼펜하우어는 정신의 자유를 무엇보다도 소중히 여긴, 정치가의 빛나는 모범으로 프리드리히 대왕을 든다.

프리드리히 대왕의 치세 때 칸트가 발전할 수 있었다. 『순수이성비판』을 발표할 수 있었던 것은, 프리드리히 대왕의 업적 중 결코 작은 것이 아니다. 다른 정부 아래였다면 봉급쟁이 교수가 그런 것을 발표하기는 어려웠을 것이다. 실제로 칸트는 이미 대왕의 후계자에게 이제는 책을 쓰지 않겠다고 약속해야 했지 않는가?

그는 종교적 편협이 어떤 결과를 초래할 수 있는지 예를 든다.

이는 결국 일신교를 믿는 민족들에서는 무신론 또는 무신앙이 도덕성의 전적인 결여와 동의어가 되는 결과를 초래했다. 사제들에게는 이런 개념 혼란이 반가울 것이다. 그러나 오직 그것 때문에 그 무시무시한 괴물, 광신狂信이 탄생했다. 그런데 이것은 단지 몇몇 심술궂고 악한 녀석들뿐만이 아니라 민족들 전체를 사로잡았다. 이것은 결국 종교재판으로 구체화되었는데, 이런 일이 인류 역사상 단 한 번밖에 없었다는 것은 인류의 명예다. 그런데 이 종교재판은 드디어 신뢰할 만한 최신 소식에 따르면 마드리드에서만(스페인의 다른 지역에도 그런 살인殺人 성직자들의 소굴들이 있었지만) 300년 동안 30만 명을 신앙에 관한 문제 때문에 화형으로 고통스럽게 죽였다고 한다. 그러므로 만일 어떤 광신자든 소리를 높이려고 한다면 그때마다 즉시 이 사실을 그에게 일깨워 줘야 한다.

인간에게는 생계 문제뿐만이 아니라 지루함도 고통이 된다는 사실은 이미 언급한 바 있다. 쇼펜하우어가 축구의 인기를 알지는 못했겠지만, 그 당시에도 예를 들어 경마나 화려한 파티 등의 오락은 국가적으로 장려되었다.

살아 있는 모든 사람들의 노동과 활동의 동인動因은 살려는 노력이다. 그러나 그들은 일단 자신의 삶이 보장되면 그 삶을 주체하지 못한다. 그들 활동의 두 번째 동인이 삶이라는 짐에서 벗어나려는, 삶이 느껴지지 않도록 하려는, '시간을 죽이려는', 즉 지루함에서 벗어나려는 노력인 것은 이 때문이다. 그래서 우리는 궁핍도 걱정도 없는 사람은 거의 누구나 마침내 다른 모든 번거로운 일들까지 벗어버리고 나면 이제 자기가 자기에게 짐이 되어, 보낸 모든 시간을, 즉 자기가 지금까지 있는 힘을 다해 가능한 오래 지속시키려고 했던 바로 그 삶이 줄어드는 것을 소득으로 여기고 있는 것을 보게 된다. 그러나 지루함은 결코 얕볼 수 있는 악이 아니다. 그것은 결국은 극심한 절망감을 얼굴에 그려놓는다. 그리고 그것은 인간같이 서로를 좋아하지 않는 존재로 하여금 그토록 절실히 서로를 찾게 만드는 사교社交의 원천이 된다. 또한 그것에 대해서는 어디서나 이미 정략적인 차원에서 다른 일반 재해들과 마찬가지로 공적인 예방대책을 강구한다. 왜냐하면 이 악은 그것의 대극對極인 기근飢饉만큼이나 사람들을 극심한 통제 불능 상태로 몰고 갈 수 있기 때문이다. 즉 민중은 '빵과 서커스'를 필요로 하는 것이다. 엄격한 필라델피아의 속죄제도는 혼자 있게 하는 것과 일거리를 주지 않는 것을 통해 야기되는 단순한 무료無聊를 형벌의 도구로 사용한다. 그런데 이것은 형벌을 받다가 자살을 하는 사람들이 생겼을 정도로 무서운 것이다. 궁핍이 민중의 지속적인 재앙이라면 무료함은 상류층의 지속적인 재앙이다. 한편 시민의 경우 무료함은 일요일로, 궁핍은 6일 동안의 평일로 나타난다.

국가는 국민복지에 힘써야 할 뿐만 아니라 그에 못지않게 외치에도 관심을 가져야 한다.

기본적으로 모든 나라는, 다른 나라를 기회만 생기면 자국을 습격하려는 강도떼로 본다.

급격한 변화가 일어났을 경우에는 다음과 같이 대처하라.

체제가 전복되었거나 군대가 패배했을 경우에는 가장 먼저 도망가는 사람이 가장 영리한 사람이다.

쇼펜하우어는 순수 역사학은 중요하게 생각하지 않았다.

나는 모든 역사연구에 대한 반론으로 역사가에 대한 다음 질문보다 더 좋은 것을 알지 못한다. 즉 "그런데 내가 이 모든 일들이 일어나기 전에 살았다면 필연적으로 덜 현명해졌을까요?"

역사학의 가치가 의심받는 이유는, 무엇보다도 국가 공문서 또는 당시 신문들에서의 발췌문 등과 같은 사료가 항상 신뢰성 문제를 수반하며 진실을 반영한다고 보기 어렵기 때문이다. 왜냐하면 그것들은 항상 지배자들의 이익을 대변하기 때문이다.

신문은 역사의 초침이다. 그런데 초침은 시침이나 분침보다 더 저급한 금속으로 만들어져 있을 뿐만 아니라 정확히 가는 일도 드물다. 예를 들어 이른바 '신문의 사설들'이라는 것은 각 사건이라는 연극을 구성하는 합창에 불과하다. 또 온갖 종류의 과장은 연극에서와 마찬가지로 기사 작성에서도 본질적이다. 왜냐하면 각 사건들을 가지고 될수록 많은 흥미를 불러일으킬 수 있도록 기사를 써야 하기 때문이다. 그래서 모든 기자들은 직업상 호들갑장이일 수밖에 없다. 왜냐하면 그것이 대중의 이목을 끄는 그들만의 방법이기 때문이다. 그러나 이것은 그들을, 조금이라도 움직이는 것이 있으면 즉시 큰 소리로 짖기 시작하는 작은 개들과 흡사하게 만든다. 그러므로 그들의 경보나팔 소리를 들을 때는 이 점에 유의하여 판단해야 한다. 그렇게 해야 그것 때문에 속이 뒤틀리는 사람이 나오지 않을 것이다. 또 기본적으로 신문은 확대경이라는 사실을 알아야 한다. 아무리 바람직한 경우에도 말이다. 오히려 그것은 단지 벽면에서 펼쳐지는 그림자극일 뿐인 경우가 아주 많다.

다음의 대비對比는 어디서나 이중잣대가 적용되고 있다는 사실을 설득력 있게 보여준다.

유럽의 정부들은 국교에 대한 어떤 공격도 금지하고 있다. 그러나 그들 자신은 브라만교 국가들과 불교 국가들에 선교사들을 보내고 있다. 그리고 이 선교사들은 자신들의 종교를 침투시키기 위해 현지 종교들을 열심히 그리고 철저히 공격한다. 그런데도 유럽의 정부들은 중국의 황제나 통킨*의 권신權臣이 그런 사람들의 목을 베면 비명을 지른다.

그는 오마르의 분서焚書 사건에 대해 반어적인 논평을 한다.

종교는 무지의 자식이다. 그런데 그것은 자기 어머니보다 오래 살진 못한다. 오마르는 알렉산드리아 도서관을 불태웠을 때 이것을 알고 있었다. 그는 자기가 도서관을 불태우는 이유를 장서藏書들의 내용이 이미 코란에 있거나 아니면 불필요하기 때문이라고 설명했다. 사람들은 그런 그를 어리석다고 생각하지만, 조금만 새

---

* 유럽인들이 베트남 북부를 일컫던 이름.

겨들으면 그것은 매우 현명한 말이라는 것을 알게 될 것이다. 왜 냐하면 그것은 코란을 넘어서는 학문은 종교의 적이며 그러므로 용납될 수 없다는 것을 뜻하기 때문이다. 만약 기독교 세계의 지배자들이 오마르처럼 영리했다면 기독교의 형편은 지금보다 훨씬 나았을 것이다.

민주주의를 반박하는 듯한 다음의 언급을 실제로 그렇게 해석할 수 있을 것인지는 독자들 스스로가 판단하라.

분별력은 외연적인 가치가 아니라 내포적內包的인 가치다. 그러므로 여기서는 한 명이 당당하게 1만 명과도 겨룰 수 있으며, 바보 1천 명이 모여도 현명한 사람 한 명만 같지 못하다.

예절이 점점 사라져 가는 사회현실에 쇼펜하우어는 진지한 충고를 던진다.

예의 바른 것은 영리한 행동이다. 그러므로 예의 없는 것은 어리석은 짓이다. 무례한 언행으로 불필요하고 경솔하게 적을 만드는 것은, 자기 집에 불을 지르는 것 같은 짓이다. 왜냐하면 예의는, 가짜라는 것을 알면서 사용하는 계산용 모조화폐** 같은 것이기 때문이다. 이런 것을 아끼는 것은 어리석음을, 반면 그것을 넉넉히 쓰는 것은 분별력을 증명한다. 어떤 국민이든 편지를 마칠 때는 "당신의 충직한 종"***이라고 쓴다. 단지 독일인들만 '종'이란

** 계산용 모조화폐(Rechenpfennig)는 중세 때 널리 퍼져 있던 주판계산에 사용되던 보조도구다.
*** 편지글의 맺음말로 일종의 관용어구를 설명하고 있다. 원문에는 "votre tres-humble serviteur, your most obedient servant, suo devotissimo servo"로 되어 있다.

말을 쓰길 꺼린다. '사실이 아니잖아'라는 얘기일 것이다.

그러나 예절을 위선과 혼동해서는 안 된다.

그 길고 느린 장례행렬은 얼마나 침울하게 다가오는가? 마차들의 행렬은 끝이 없다. 그러나 안을 한 번 들여다보라. 그것들은 모두 비어 있다. 즉 고인을 장송葬送하는 것은 사실 그 도시 전체의 모든 마부들뿐인 것이다. 이 세상의 우정과 존경이란 것이 어떤 것인가를 웅변으로 보여주는 장면이 아닌가? 거짓되고 얄팍한 위선적인 짓거리가 아닐 수 없다. 한편 또 다른 예는, 초대를 받아 예복을 입고 온 잔치 손님들이다. 예복은 고상하고 수준 높은 교제의 상징이다. 그러나 그런 교제 대신에 대개는 거북함, 난처함, 지루함만 생긴다. 왜냐하면 손님들이 많으면 상놈들도 많기 때문이다. 그들 모두가 가슴에 별을 달았다고 해도 상놈은 상놈이다.

그런데 '가슴에 별을 단' 이 사람들은 오늘날의 우리에게는 다만 우스꽝스럽게만 느껴지는 그들 나름의 명예규범을 갖고 있었다.

욕에 대해서는 이 정도로 해두자. 오히려 욕보다 더 나쁜 것이 있다. 그것은 이 기사도적 명예규범에서는 아주 끔찍한 것이어서 그것을 단순히 입에 올릴 때라도 나는 이 '명예를 중시하는 사람들'에게 용서를 빌지 않을 수 없다. 왜냐하면 나는 그들로선 그것이 '극악', 세상에서 가장 큰 화, 죽음과 지옥보다도 더 나쁜 것이기 때문에 그것을 생각만 해도 소름이 끼치고 머리칼이 곤두선다는 것을 알기 때문이다. 즉 말하기도 두렵지만, 누가 다른 사람을 손바닥 또는 주먹으로 한 대 때리는 일이 발생할 수 있는 것이다. 이것은 끔찍한 사건으로, 명예의 완전한 죽음을 초래한다. 이 때문에 다른 모든 명예훼손은 사혈^{瀉血}로도 치료가 되는 반면 이것을 완전히 치료하기 위해서는 살인 외에는 다른 방법이 없다.

고대인들에게는 그런 문제가 없었다.

예를 들어 튜턴족의 추장이 마리우스에게 결투를 청하자 이 영웅은 그에게 다음과 같이 전하도록 했다. "사는 것이 지겨우면 스스로 목을 매시오." 그러나 그는 그러면서도 퇴역 검투사를 제공하면서, 싸우고 싶으면 그와 싸우라고 말했다.

그런데 이 '명예' 때문에 종종 어처구니없는 일들이 생겼다.

많은 귀족들 또는 장교들은 자기가 혹시라도 기사도적 명예라고 불리는 그 바보규범에 충실히 따르지 않은 일은 없나 하고 은밀한 자책감에 시달린다. 이 때문에 이 신분에 속하는 많은 사람들은 자기가 명예를 걸고 한 약속을 지킬 수 없거나 그 규범(기사도적 명예)을 충족시킬 수 없을 때 자살을 하기까지 한다. (나는 그 두 가지 경우를 모두 체험했다.) 만약 '명예'라는 암호만 덧붙지 않았다면 매일 거리낌 없이 약속을 어겼을 사람들이었는데도 말이다.

쇼펜하우어는 이 악습의 제거를 위한 구체적 제안을 내놓는다.

정부들이 이제는 정말로 결투를 없앨 생각으로 정말로 노력은 하지만 능력이 없어 별 효과를 거두고 있지 못한 것이라면 유혈조치, 단두대, 교수대, 종신형의 도움 없이도 성공을 보장할 수 있는 법률안 하나를 그들에게 제안한다. 이것은 오히려 간단하고 아주 손쉬운 동종요법^{同種療法}적 방법이다. 그것은 중국식으로 대낮에 경비본대 앞에서 무관^{武官}이, 결투를 신청했거나 그에 응한 자에게는 열두 대를, 도전장 전달인과 결투 입회인에게는 각 여섯 대씩을 치는 태형笞刑이다. 한편 이미 일어난 결투의 결과에 대해서는 그것이 어떤 것이든 일반 범죄와 동일한 기준으로 죄를 묻는다. 기사도 정신에 젖어 있는 사람들은 나에게 다음과 같이 이의를 제기할지도 모른다. "명예를 중시하는 많은 사람들은 그런 처벌을 받으면 총으로 자살할지도 모른다." 그에 대한 나의 대답은 이렇다. "그런 바보들은 다른 사람들보다는 자기를 쏴 죽이는 것이 낫다."

상상도 할 수 없는 일이지만, 만약 '명예를 중시하는' 그런 사람들에게 자신의 '흰 피부색'을 결점으로 지적한다면 얼마나 흥분할 것인가?

흰 얼굴색은 일종의 변질變質로서 부자연스런 것이라는 점은, 아프리카 내륙의 몇몇 민족들이 흰 얼굴을 가진 사람을 처음 봤을 때 구역질을 하며 질색을 했다는 사실에서도 알 수 있다. 왜냐하면 그것은 그 민족들에겐 일종의 병적인 변성變性으로 느껴지기 때문이다. 아프리카를 여행하던 어떤 사람이 아주 친절한 흑인 소녀들에게 우유를 대접받았는데, 이때 그들은 이렇게 노래했다고 한다. "아, 불쌍한 이방인, 이렇게 하얗다니, 정말 딱하기도 해라."

쇼펜하우어는 인종차별주의를 단호하게 반박한다.

더운 지역에 사는 사람들은 검든지 아니면 적어도 어두운 갈색이다. 인종과는 상관없이 이것이 인류의 진짜 색, 자연색, 본래의 색이다. 본래 흰 인종은 전혀 없었다. 그러므로 백인종이란 말을 쓰거나 아직도 모든 책에서 다 그렇듯 유치하게도 인간을 백인종, 황인종, 흑인종으로 나누는 것은 심한 편견 또는 생각의 부족을 나타낼 뿐이다.

아담뿐만 아니라 그리스도도 사실적으로 그리려면 검은 피부로 그려야 한다.

그러므로 우리 인종은 적어도 아담은 검다고 생각해야 한다. 그렇기 때문에 화가들이 이 최초의 인간을 퇴색으로 인해 생긴 색인 흰색으로 표현하는 것은 우스운 일이다. 더 나아가 아담은 야훼께서 자기 자신의 형상에 따라 지으셨다고 하므로, 그도 역시 예술 작품에서 검게 표현되어야 한다. 이때 그의 흰 수염은 지금까지와 마찬가지로 그대로 두어도 될 것이다. 왜냐하면 성긴 수염은 검은 피부의 특징이 아니라 단지 에티오피아 인종의 특징일 뿐이기 때문이다. 실제로 동양뿐만 아니라 몇몇 오래된 이탈리아 교회들에서도 볼 수 있는 가장 오래된 성모상들은 아기 예수와 함께 검은 피부색으로 표현되어 있다.

쇼펜하우어의 이 요구는 여가수 카테리나 발렌테Caterina Valente가 부른 '검은 천사들Schwarze Engel'을 통해 다시 호응을 얻은 바 있다. 이 노래는 인간의 자연색을 잊지 말라고 화가들을 일깨운다. 화가들에 대한 쇼펜하우어의 또 다른 제안은 정치적인 성격을 띠고 있다.

한번쯤 천성적 귀족과 인위적 귀족을 대비해 묘사해 보는 것도 화가에게는 나쁘지 않은 주제일 것이다. 예를 들어 특권을 상징하는 온갖 휘장들을 달았지만 가장 비천한 골상을 가진 왕과 최상의 정신적 기품을 드러내는 골상을 가졌지만 누더기를 걸친 사람을 어떤 내면의 대화, 연관관계 속에서 묘사하는 일 말이다.

그는 빈자와 부자를 대조하면서, 제삼의 세력을 해결책으로 제시한다.

지체 높은 상류계층의 생활은 정말로 단지 지루함과의 지속적이고 필사적인 싸움일 뿐이다. 반면에 낮은 신분인 민중들의 삶은 궁핍과의 끊임없는 싸움이다. 중산층이야말로 황금 신분이다.

한편 만연한 어떤 어리석음은 정치 발전의 장애가 되고 있다.

인류 발전의 가장 큰 장애 중 하나는, 사람들이 가장 현명하게 말하는 사람들의 말이 아니라 가장 크게 말하는 사람들의 말을 듣는다는 것이다.

쇼펜하우어는 그리스의 극작가 소포클레스의 경구 "가장 큰 악은 무절제다."와 일치하는 다음의 결론에 도달한다.

인간 사회의 제도는 진자振子처럼 두 종류의 극단, 즉 두 종류의 대극적인 악인, 전제정치와 무정부 상태 사이를 왔다갔다한다. 이 때문에 그것은 한편에서 멀어지는 만큼 다른 편에는 더 가까워진다. 그래서 사람들은 정가운데가 정답이라는 생각을 하게 된다. 그러나 절대 그렇지가 않다. 그 두 가지 악은 결코 같은 정도로 나쁘거나 위험한 것이 아니기 때문이다. 즉 전자인 전제정치가 훨씬 덜 나쁘고 덜 위험하다. 왜냐하면 그것의 폐해는 우선은 단지 가능성으로나 존재할 뿐이며, 또 실제로 발생한다고 해도 백만 명 중에 한 명 꼴로나 당할 뿐이기 때문이다. 반면에 무정부 상태에서는 가능성과 실제가 불가분으로 결합되어 있다. 즉 그것의 폐해는 모든 사람이 매일 당한다. 그러므로 모든 국체國體는 무정부 상태보다는 전제정치에 훨씬 더 가까워야 한다. 즉 그것은 전제정치를 할 수 있는 가능성을 적으나마 내포해야 한다.

한편 에른스트 클라르Ernst Klaar는 쇼펜하우어가 거부한 '정치적 중도파'의 문제를 격언시 「신중한 사람Einem Vorsichtigen」에서 풍자적으로 지적한다.

너는 비틀대며 오른쪽으로, 비틀대며 왼쪽으로 가면서
신중하게 가운데로 걸어간다.
그러나 언젠가 난국이 해소되면
너는 양쪽으로부터 발길질을 당할 것이다.

쇼펜하우어가 전제정치를 무정부 상태보다 더 낮게 평가한 것과 관련해서는 그가 아직 '히틀러' 같은 현상을 알 수 없었다는 사실을 참작해야 한다. 한편 그는 때때로 정치적 중도의 화신化身으로 '완벽한 속물'을 제시한다.

예를 들어 티크Tieck는 『체르비노 왕자Prinz Zerbino』에서 그것의 화신인 니카노르Nikanor라는 인물을 우리에게 제시한다. 그는 예를 들어 다음과 같이 그것을 꾸밈없이 표현한다. "언제나 오려느냐? 너, 꿈에도 그리는 시대여! 아쉬울 것 없이 사는 가족들에 둘러싸여 신문 『함부르크 통신』과 그것의 수많은 부록들 사이에 앉아 있게 될 날들이여!"

속물에 대해서는 쇼펜하우어도 일가견이 있었다.

매력.

추종자를 모으시려고

사상과 유머를 이용한다고?!

먹고 마실 좋은 것을 내놓아 보시오.

떼로 몰려올 것이오.

그는 인류의 발전사를 유머러스하게 논평한다.

40년 전까지는 천연두가 아이들의 5분의 2, 즉 모든 약한 아이들의 목숨을 앗아갔고, 이 불의 시험을 견뎌낸 아이들만 남겨놓았다. 그런데 우두는 약한 아이들을 지켜주었다. 이제는 어디서나 너희 다리 사이로 뛰어다니는, 긴 수염의 난쟁이들을 볼 수 있을 것이다. 그들의 부모는 그저 우두의 은총으로 살아남았던 사람들이다.

그는 '무산계급', 특히 채찍질 소리로 그의 철학 명상을 방해한 자들에게 쌓인 감정이 좀 있다.

무산계급에게 자기들보다 더 높은 계급들의 정신노동에 대해 주의를 환기시키는 것도 나쁘지는 않을 것이다. 왜냐하면 그들은 정신노동에 엄청난 두려움을 갖고 있기 때문이다. 그런데 짐을 싣지 않은 역마役馬들을 몰거나 또는 짐마차를 안 단 말을 타고 주민 많은 도시의 좁은 골목길들을 질주하면서 한 발이나 되는 채찍으로 쉬지 않고 있는 힘껏 채찍질을 해대는 녀석들은 곧바로 말에서 내리게 해서 곧장 다섯 대의 태형에 처해야 한다. 세상의 어떤 박애주의자도, 훌륭한 이유에서 모든 체형體刑제도를 폐지하려는 어떤 입법회의도 그것은 잘못된 것이라고 나를 설득하진 못할 것이다.

쇼펜하우어는 공화제에 대해 대체로 부정적인 입장이었다. 그것은 다음의 가벼운 언급에서도 이미 확연히 드러난다.

학계는 전체적으로 보아 멕시코 공화국과 비슷하다. 이 나라 사람들은 누구나 전체야 어떻게 되든 자기 이익만 생각하고, 자기의 명예와 권력만을 추구한다. 이 때문에 전체는 망해가고 있다.

쇼펜하우어는 자기가 죽은 지 4년 후에 발발하여 오스트리아인 멕시코 황제 막시밀리안의 총살로 끝난, 멕시코의 혁명가 후아레스와 막시밀리안의 싸움에서는 분명히 막시밀리안의 편을 들었을 것이다. 그러나 쇼펜하우어가 멕시코 공화국의 상황에 대한 신뢰성 있는 정보를 토대로 위의 말을 했는지는 분명하지 않다. 아마도 그것은 민주주의, 즉 대중의 지배에 대한 그의 기본 입장에서 비롯되었을 것이다.

그뿐만 아니라 종종 언급한 그 동질성의 법칙 때문에라도 명성이 빨리 찾아왔을 경우에는 무엇인가 잘못되어 있는 것은 아닌지 의심해 봐야 한다. 왜냐하면 '명성'이란 대중의 직접적인 박수이기 때문이다. 그것이 어떤 것인지는 포키온이 잘 알고 있었다. 왜냐하면 대중이 자신의 연설에 박수를 치자 옆에 서 있던 친구들에게 "내가 혹시 나도 모르는 새에 무슨 형편없는 말을 했어?"라고 물었기 때문이다.

그는 '천민들의 변덕'을 혐오한다.

환호를 받으려고 천민들의 일시적 변덕에 영합하는 정치 성향의 연극, 즉 우리 시대의 작가들이 즐겨 만드는 그런 제품들은 물론 고려하지 않았다. 왜냐하면 그런 작품들은 금세, 많은 경우 그 다음해에 이미 옛날 달력처럼 나뒹굴기 때문이다. 그러나 작가들은 그런 것에는 신경도 안 쓴다. 왜냐하면 자신들의 뮤즈에게 드리는 그들의 기도가 구하는 것은 오직 한 가지이기 때문이다. "오늘날 우리에게 일용할 양식을 주옵시고."

특기할 만한 것은, 그가 무산자들의 운명보다는 오히려 예를 들어 마차 끄는 말들의 운명에 더 마음을 쓴다는 사실이다.

철도의 가장 큰 유익은, 그것 덕분으로 수백만 마리의 마차 끄는 말들이 비참한 운명을 면하게 되었다는 사실이다.

그는 끊임없이 공화제를 폄하할 구실을 찾는다.

심지어는 행성계行星界조차 군주제다. 게다가 공화제는 인간에게 부자연스러울 뿐만 아니라 고급 문화, 즉 예술과 학문에도 불리하다.

그는 심지어 주요 증인으로 중국인들을 내세운다.

중국인들은 오직 군주제 정부만을 정부로 생각한다. 즉 그들은 공화국이 무엇인지 전혀 이해하지 못한다. 1658년에 네덜란드의 외교사절단이 중국에 갔을 때, 그들은 오라녜 공公이 자신들의 왕이라고 말할 수밖에 없었다. 왜냐하면 그렇게 하지 않을 경우 중국인들은 네덜란드를 통치자 없이 사는 해적 소굴로 볼지 몰랐기 때문이다.

그러나 굳이 공화국을 하겠다면 그는 특별한 제안이 있다.

만일 유토피아적 계획을 묻는다면 나는 다음과 같이 대답하겠다. "이 문제의 유일한 해결책은 생식生殖의 방법으로 생겨난, 즉 가장 고매한 남자들과 가장 영리하고 가장 분별력 있는 여자들을 결혼시켜 생겨난 진짜 귀족, 진짜 명문에 속하는 현자賢者들과 군자君子들이 전제정치를 하는 것이다." 이 제안이 나의 유토피아고 나의 플라톤적 국가다.

이제까지의 내용을 살펴본 독자라면 쇼펜하우어의 정치적 입장은 철저한 보수주의이자 전제주의라고 생각할 것이다. 실제로 그렇게 볼 수 있는 소지가 많다. 하지만 그는 거의 사회주의와 유사한 주장도 했다.

자신을 위한 오두막 대신, 수천 명의 사람들이 소수를 위한 호화주택을 짓는다. 또 그들은 자신과 자신의 가족을 위한 거친 천 대신 부자들을 위한 고운 천, 비단, 심지어는 레이스까지 짤 뿐만 아니라 부자들을 만족시키기 위한 수많은 사치품들도 만든다. 도시 인구의 대부분이 바로 이런 사치품 제작 노동자들이다. 그런데 농부 역시 그 노동자들과 그들의 고객들을 위해 밭을 갈고 씨를 뿌리고 가축을 키워야 한다. 즉 그는 자연이 자기에게 원래 부과했던 것보다 더 많은 일을 해야 한다. 그뿐만 아니라 그 자신도 또한 곡물, 감자, 축산 대신에 포도주, 비단, 담배, 홉, 아스파라거스 등에 많은 힘과 땅을 사용해야 한다. 더 나아가 많은 사람들이 농업을 포기하고 설탕, 커피, 차 등을 운반할 선박의 건조에 종사해야 한다. 그런데 다른 한편 그 불필요한 것들의 생산은 수백만 명의 흑인 노예들에게는 고통의 원인이다. 즉 그들은 자기 조국에서 끌려와서 고역과 고통 속에서 그 기호품들을 생산한다. 간단히 말해 인류 역량의 대부분은 모든 사람에게 필요한 물건을 생산하는 데 쓰이는 대신 전혀 불필요한 것, 없어도 되는 것을 소수에게 공급하는 데 쓰인다. 이로 인한 사치가 한쪽에서 지속되는 한, 다른 쪽에서는 필연적으로 중노동과 열악한 삶이 지속될 수밖에 없다. 그 삶의 이름이 가난이든 아니면 노예, 무산자 혹은 농노든 말이다. 그러나 이 둘 사이에는 근본적인 차이가 있다. 즉 노예는 폭력 때문에 생긴 반면에 가난한 사람들은 간계 때문에 생겼다.

이것은 마치 「공산당 선언」에 나오는 말 같지 않은가? 그런데 이보다 더한 것도 있다.

우리 문명사회는 결국 큰 가장무도회에 불과하다. 여기에는 기사, 성직자, 군인, 박사, 변호사, 사제, 철학자 등, 온갖 사람들이 다 있다. 그러나 그들의 실재와 외양은 다르다. 즉 그들이 무엇으로 불리든 그것은 가면에 불과하다. 그 뒤에는 대개 돈벌이에 혈안이 되어 있는 자들이 숨어 있다.

학자들, 사제들, 철학자들 등, 모두가 자본의 지배를 받고 있으며 결국은 모두 '돈벌이에 혈안이 된 자들'에 불과하다는 것이다. 이것이 쇼펜하우어가 맞는가? 아니면 카를 마르크스Karl Marx인가? 그는 심지어 범신론을 비판하는 중에도 사회주의적인 시각을 드러낸다.

도대체 어떤 신이 어떤 말을 듣고 이 세상, 이런 배고픈 세상으로 변신하여 이곳에서 모두들 서로 잡아먹지 않으면 잠시 동안도 삶을 연장할 수 없는, 수많은 겁에 질린 고통 받는 생물들의 형상으로 비탄과 궁핍과 죽음을 끝없이 겪는 것, 예를 들어 600만 흑인 노예의 형상으로 매일 평균 6,000만 대의 채찍질을 맨몸에 당하며

300만 유럽 직조공의 형상으로 배고픔과 근심 속에 후덥지근한 골방 또는 삭막한 공장에서 겨우겨우 버텨나가는 것을 재미로 삼고 있단 말인가? 그 신은 자기가 평소에 신으로서 누리는 생활이 지루해서 색다른 것을 찾아 즐기고 있다고나 봐야 할 것인가?

상위 1만 명에 대한 그의 비판도 이와 비슷하다.

화려, 호화, 호사, 장중莊重 그리고 모든 종류의 품위를 누리는 최상위 신분들의 사람들이 다음과 같이 말할 수 있다. "우리의 행복은 전혀 우리 자신 안에 있는 것이 아니라네." 실제로 그것은 다른 사람들의 머리 안에 있다.

1848년의 혁명을 일관되게 반대했을 뿐만 아니라 바울 교회에서의 사건들을 경멸했던 그의 면모를 보여주는 증거를 제시할 자리로는 여기가 좋을 듯하다.

예를 들어 수많은 책들과 저널들이 괴테의 생애를 도덕적 측면에서 상세히 다룬 것도 그 때문이다. 그런 연구들의 내용은 예를 들어 그가 소년 시절 사귀었던 이런 소녀 또는 저런 소녀와 결혼을 했어야 옳았던 것이 아니냐, 또는 그가 단지 성실히 자신의 주군만을 섬길 것이 아니라 민중의 일원으로서 독일의 애국자로서 바울 교회 회의의 의원으로서 활동했어야 옳았던 것이 아니냐는 것 등이다. 그런 파렴치한 배은망덕과 악의에 찬 비방은 그 자격 없는 판관들이 지적으로 뿐만이 아니라 도덕적으로도 바로 그런 천민임을 증명한다. 나는 이 말 한 마디로 천 마디를 대신하고 있는 것이다.

그의 눈에는 당시의 민주주의자들이 '나쁜 독일인들'로 비춰

졌다.

독일인들에게는 국민적 자부심이 없다. 이것은 독일인들은 정직하다는 칭찬이 과연 사실임을 증명한다. 반면에 그들 중에는 국민적 자부심이 있는 체하면서 가소롭게도 그것을 꾸며 보이는 자들이 있는데, 그들은 그 반대의 것을 증명한다. 그런 짓을 하는 자들은 주로 민중을 꾀기 위해 그들에게 아첨을 하는 '독일 형제단'과 민주주의자들이다. 예를 들어 화약을 독일인들이 발명했다고 하는데, 나는 그 의견에 동의할 수 없다.

그는 어떤 국민이든 대수로울 것은 없다고 생각한다.

어떤 국민이든 다른 국민을 비웃는데, 그들은 모두 옳다.

특히 귀족제貴族制를 포기하는 국민은 비웃음을 받아 마땅하다.

"자기만이 유일하게 구원을 준다고 주장하지 않는 철학!" 고타Gotha의 사이비 철학자 회의는 그렇게 외친다. 그것을 우리말로 고치면 다음과 같다. "객관적 진리를 추구하지 말라. 범속凡俗 만세! 정신적 귀족제, 자연의 총애를 받은 자들의 전제專制는 안 돼! 대신 천민들이 지배해야 돼. 우리는 누구나 생각하는 바를 거리낌 없이 말할 수 있어야 하고, 모든 사람의 의견은 동등하다." 그렇게 되면 불한당들은 신날 것이다. 왜냐하면 그들은 철학사에서도 군주제를 폐지하고 무산자들의 공화국을 세우려 하기 때문이다. 그러나 자연이 이의를 제기한다. 왜냐하면 자연은 철저하게 귀족주의적이기 때문이다.

그러나 그는 자기 자신이 국정에 참여하는 어리석은 짓을 할 생각은 없다. 왜냐하면 그의 지침은 플라톤의 경구, "현자는 공직을 멀리한다. 공직은 현자가 할 일이 못 된다."와 존경하던 피타고라스의 다음과 같은 조언이었기 때문이다. "콩을 멀리하라!"(그리스인들은 콩을 사용한 제비뽑기로 공직을 맡을 사람을 가려냈다.) 그래서 그는 항상 정치적 독립성을 지향했다.

왜냐하면 "나는 로마 제국을 돌보지 않아도 되는 것에 대해 매일 아침 신께 감사드린다."가 항상 나의 좌우명이었기 때문이다.

한편 그는 군주제를 가장 편안하게 느낀다.

왕정의 주요 가치, 즉 기본 이념은 인간은 인간일 뿐이기 때문에 한 사람을 아주 높여 그에게 아주 많은 권력, 부, 안전, 그리고 절대 불가침의 지위를 주어 그가 자신을 위해서는 더 원하는 것, 두려워하는 것이 없도록 만듦으로써 다른 모든 사람들과 마찬가지로 그도 갖고 있는 이기심을 무력화시켜 그가 이제는 마치 사람이 아닌 것처럼 공의를 베풀고 자신의 행복이 아닌 공익만을 생각하도록 하려는 데 있는 것 같다. 이것이 바로 어디서나 왕위에 수반되는, 그것을 단순한 대통령직과는 그토록 천지 차이로 구별 짓는, 말하자면 초인적인 위엄의 근원이다. 그러므로 그것은 세습되어야만 하며, 선출직이어서는 안 된다. 그것은 한편으론 아무도 왕을 자기와 같은 사람으로 보지 못하게 하기 위함이며, 다른 한편으론 국가의 안녕을 왕가의 안녕과 완전히 일치시켜 왕으로 하여금 국가의 안녕을 돌봄으로써만 자신의 자손들을 돌볼 수 있도록 만들기 위함이다.

이런 맥락에서 그는, 왕은 '하나님의 은총을 입은 짐朕' 대신에 솔직하게 '두 가지의 악 중 작은 악인 짐'이라고 서명해야 한다는 주장을 한다. 또한 왕정에 대한 깊은 호감에도 불구하고 사령관이나 장관이 가장 위대한 것은 아니라고 말한다.

그러므로 위대한 사령관이나 위대한 장관은 자신들의 활동에 유리한 외적 환경이 조성되기만 하면 언제든지 나타날 수 있다. 반면에 위대한 작가나 철학자는 수백 년을 기다려야 한다. 그러나 인류는 그들의 이러한 희소한 출현에도 만족할 수 있다. 왜냐하면 그들의 작품들은 남고, 그것들은 사령관들이나 장관들의 업적과는 달리 현재를 위해서만 있는 것이 아니기 때문이다.

그는 왕과 국민의 대표자는 질적으로 다르다고 생각한다.

그러므로 한번쯤은 이 말을 단도직입적으로 해두는 것이 좋겠다. 즉 이따금씩 다른 사람들을 일깨우기 위해 태어나는, 비샤Bichat를 포함한, 정말로 뛰어나고 특별한 사람들이야말로 '하나님의 은총을 입은' 사람들이며 그들과 학술원(그들은 여기서 대개 41번째 회원 석에 앉아 있었다) 및 저명 학술회원들의 관계는 세습 왕과, 무리에서 선출된 수많은 국민 대표자들의 관계와 같다.

그는 철학사상哲學史上 유례없는 독특한 시각으로 브라만교와 사회주의를 대조하면서, 후자를 '금수주의禽獸主義'라고 규정한다.

인간에게 자기 자신을 본질 자체로, 즉 본질상 모든 생멸生滅을 초월한 '브라마'로 볼 것을 가르치는 브라만교와 불교가, 인간은 무에서 만들어졌으며 타자로부터 받은 개아個我의 존재는 실제로 출생과 함께 시작된다고 주장하는 가르침들보다 그 문제의 해결에 훨씬 큰 효과를 발휘할 수 있다. 실제로 인도 사람들은 확신에 찬 생활태도와 죽음을 멸시하는 성향을 갖고 있는데, 이런 것은 유럽인들의 시각에서는 전혀 이해할 수 없는 것이다. 사실 이 중요한 문제에서 빈약하고 근거가 박약한 사고방식을 사람들에게 어릴 때부터 주입시켜 더 옳고 견고한 사고방식을 영원히 받아들이지 못하게 하고 있는 것은 걱정스런 일이 아닐 수 없다. 예를 들어 사람들에게 그들이 겨우 얼마 전에야 무에서 생겨났고 그래서 영원의 시간 동안 무였지만 이제부터는 영원히 존재할 것이라고 가르치는 것은, 그들에게 그들이 어떤 타자의 작품이지만 그럼에도 불구하고 자신의 행동거지에 대한 책임은 영원토록 져야 한다고 가르치는 것과 마찬가지다. 그런데 이제 정신이 성숙하고 분별력이 생겨 그런 가르침들은 별로 근거가 없다는 것을 깨닫게 되면 사람들은 어떤 더 좋은 것으로 그것을 대치해야 할지 모를 뿐만이 아니라 심지어는 더 좋은 것을 이해하지도 못하는 상태가 되어, 자연이 죽음의 확실성에 대한 보상으로 자신에게도 주려고 했던 위안마저 잃게 된다. 이런 현상의 결과로 바로 오늘날(1844년) 영국에서는 못된 공장 노동자들 중 사회주의자들이, 독일에서는 못된 학생들 중 청년헤겔파가 저급한 절대적 물질주의를 취하게 되었다. 그것의 결론은 '먹고 마시자. 죽고 나면 무슨 낙이 있으리오.'이며, 이런 의미에서 그것은 '금수주의'다.

사회주의에 대한 그의 혐오는 애국주의에 대한 경멸을 수반하고 있었는데, 이는 해방전쟁에 대한 그의 태도에서도 나타난다. 예를 들어 그는 괴테에게 보내는 1813년 11월 24일자의 편지에서 자신의 박사학위 논문에 대해 다음과 같이 쓴다.

제가 그것을 베를린에서 착수하고 전쟁의 모든 난리법석과는 산맥으로 절연된 채 여름을 보낸 루돌슈타트Rudolstadt에서 완성한 후…… 보시다시피 저는 세상이 전쟁에 휩싸여 있는 중에도 문예에 전념하고 있었습니다. 아마도 많은 사람들이 그것을 비난하겠지요. 그러나 저는 기껏해야 '하려고는 한다'라는 말밖엔 못 들었을 세계로 들어가기 위해 운만 따른다면 더 큰 일을 할 수도 있게 될 세계를 떠나지 않은 것은 잘한 일이라고 생각하고 있습니다.

그는 1848년의 혁명에 대해서는 해방전쟁에 대해서보다 더 신랄한 말을 한다.

소동이 있었던 1848년은 학자들 사이에 무지의 씨가 뿌려진 해였다. 그런데 그 전에 그것을 위해 땅을 갈아놓은 것이 바로 헤겔 짓거리였다. 지금은 무지가 만개해 있다. 그것은 도처에서 볼 수 있다. 여송연 피우기, 정치를 논하기, 기차여행 하기가 진지한 연구를 대치했고 담배로 누렇게 된, 긴 수염의 안경 낀 면상들이 골빈 머리로 감히 댕기머리 시대를 조롱하고 있다. 그러나 그 댕기머리 시대는 가장 위대한 천재들이 활동했으며, 철저한 고전어 지식이 일반화되어 있던 때였다.

그는 당시의 폭동을 자신의 경제기반에 대한 위협으로 보았던 것이 틀림없다. 그는 프라우엔슈테트에게 보내는 1848년 6월 11일자의 편지에서 다음과 같이 쓴다.

나의 건강은 여느 때와 같습니다. 때문에 후세는 아직 조금 더 문밖에서 기다려야만 할 것 같군요. 그러나 나는 정신적으로는 지난 4개월 동안 두려움과 근심으로 엄청나게 괴로웠습니다. 왜냐하면 모든 재산, 더 나아가 법제도 전체가 위험에 처해 있었기 때문입니다. 내 나이에는 그런 일들이 큰 충격을 줍니다. 즉 인생행로에서 처음부터 끝까지 의지가 되어주던 지팡이가, 그것을 가질 자격이 있다는 것을 증명해 보였음에도 불구하고 흔들리는 것을 보는 것 말이지요. 나는 30년 전에 베네치아의 한 묘비석에서 "구원은 그것이 생긴 곳에서 온다."라는 글을 읽은 적이 있습니다. 파리 사람들은 그것을 부스러뜨려 수프에 넣어 깨끗이 먹어치웠더군요. 또 그들은 우리를 똥물에 끌어 넣은 다음 다시 신의 도움으로 꺼내 놓았습니다. 그저 지당할 따름입니다.

그는 혁명의 종말을 기쁜 마음으로 환영한다.

그것 또한 옳은 일이다. 즉 폭풍이 일면 모든 돛을 접고, 해가 나오면 다시 펼치는 법이다. 지금 이 순간 여기 그 해가 멋지게 나타났다. 대공 요한Johann이 바로 그 해다. 이제 곧 그의 입성을 알리는 대포 소리가 울릴 것이다. 어디서나 하늘이 개고 있다.

이성이 다시 말하기 시작하고
희망이 다시 꽃피기 시작한다.

반면에 불한당들은 어디서나 실망한 표정을 짓고 있다.

그러나 이 철학자는 너무 일찍 기뻐한 것이었다. 왜냐하면 그는 프라우엔슈테트에게 보내는 1849년 3월 23일자의 편지에서 다음과 같이 전하기 때문이다.

　나는 예전과 조금도 변함이 없습니다. 아트마*도 진심어린 안부를 전해달라고 합니다. 그러나 우리는 큰일을 겪었답니다. 9월 18일에 다리 위에는 바리케이드가 쳐 있고 악당 녀석들은 우리 집 바로 앞까지 와 서서 파르가세에 있는 군대를 향해 총을 쏘고 있는 광경을 상상해 보세요. 군대의 응사는 집을 흔들고 말입니다. 갑자기 잠긴 방문 앞에서 목소리가 들리며, 누군가가 문을 마구 두드렸습니다. 나는 악당일 것이라고 생각하고는 빗장을 질렀습니다. 그러자 이제는 난폭하게 문을 마구 쳐요. 마침내 우리 집 하녀의 가냘픈 목소리가 들렸습니다. "오스트리아 사람들 몇이 온 거예요!" 나는 그 귀한 친구들에게 즉시 문을 열어주었습니다. 그러자 푸른 바지를 입은 20명의 순수 보헤미아 사람들이 나의 창문들에서 악당들에게 총을 쏘려고 들이닥쳤습니다. 그러나 그들은 곧 옆집에서 쏘는 것이 더 낫겠다고 판단하더군요. 1층에서는 장교가 바리케이드 뒤의 악당들을 정찰하고 있었습니다. 나는 즉시 그에게 오페라 관람용의 큰 쌍안경을 보냈습니다. 당신이 예전에 기구氣球를 볼 때 쓰던 것 말입니다.

　내가 이미 다른 곳에서 언급한, 나와 에른스트 블로흐의 라이프치히에서의 대화에서 블로흐는 이 편지 구절을 떠올리고는 치를 떨며 벌떡 일어나 "이 쇼펜하우어는 혁명에 맞서 자기 방을 제

---

* 쇼펜하우어가 애완용으로 기르던 푸들의 이름.

공하는 자요. 당신, 이에 대해 할 말이 있소?"라고 외쳤다. 나는 그
때나 지금이나 별로 할 말이 없다. 왜냐하면 누가 사람의 마음을
들여다볼 수 있어 그 안의 비밀스런 생각들을 알 수 있겠는가? 분
명히 민주주의는 쇼펜하우어에겐 후퇴를 의미했다. 그것은 프라
우엔슈테트에게 보내는 그의 1852년 7월 12일자의 편지에도 나타
나 있다.

그자들은 어리석게도 창피한 줄도 모르고 에르트만Erdmann을 욕하
고 있습니다. 단지 그가 1848, 49년의 난동을 비웃었다고 욕하는 것입
니다. 왜냐하면 그런 난동이 다시 일어나길 바라니까요. 정체를 숨기
고 있는 민주주의자들, 바로 그자들 말입니다.

그런데 그는 국내에서 벌어지는 적대 세력들 간의 싸움뿐만이
아니라 국제적인 적대 관계도 비웃는다. 역시 프라우엔슈테트에
게 보내는 1850년 12월 1일자의 편지에는 그것이 다음과 같이 나
타난다.

우리는 서로 싸우지 맙시다. 왜냐하면 그럴 경우 우리는 프로이센과
오스트리아보다 더 나을 것이 없으니까요. 우리가 그런 말을 들어서야
되겠습니까? 다른 사람들에게야 창피를 당하고 싶으면 당하라고 하겠
지만요.

쇼펜하우어같이 호전적인 사람에게 상냥한 어조의 정치사조 비

평을 기대할 수는 없는 일이다. 그는 자기 나름의 확고한 견해를 갖고 있었고, 그것을 솔직하게 표현했다. 비록 그것이 많은 면에서 오늘날의 사고방식과는 일치하지 않는다 해도 우리는 그것을 있는 그대로 받아들여야 한다. 왜냐하면 그는 어쨌든 우리와는 다른 시대, 다른 세계를 산 사람이기 때문이다. 더구나 그의 말은 아무리 이상해 보이는 것이라 할지라도 우리에게 생각하도록 자극을 주고, 새롭고 신선한 시각에서 이 시대를 바라볼 수 있도록 해준다. 그러므로 우리는 마치 정치적 유언처럼 들리는, 노인의 다음과 같은 호통을 들을 때 단지 미소만 지을 것이 아니라 어느 정도 깊이 생각해야 하는 것인지도 모른다.

죄인들이란! 모든 것이 각각의 유일한 천재들의 업적인데도 그렇지 않은 것처럼 말한다. 이 천재들은 이 세상의 형편없는 사람들 틈에서 그들을 야만과 우매愚昧의 굴레에서 구원하고 구제하기 위해 한동안 이리저리 내쫓겨 다녀야만 한다. 그들은 희소한 만큼이나 개성적이어서 아리오스토의 "자연은 그를 주조鑄造한 후 그 주형鑄型을 부수어 버렸다."라는 말이 그들 각각에게 꼭 들어맞는다. 그런데도 죄인들은 만일 칸트가 천연두로 죽었을지라도 『순수이성비판』은 어떤 다른 사람에 의해 쓰였을 것처럼 말한다. 자연이 대량으로 찍어낸, 이마에 제조공장의 상표가 붙어 있는 자들 가운데 한 명이? 1인치 두께의 두개頭蓋 속에 잘 담긴, 3파운드 표준 중량의, 아주 질기게 직조織造된 질박한 두뇌, 70도의 안면각顔面角, 무기력한 심장 박동, 혼탁하고 기웃거리는 눈, 아주 잘 발달된 먹이섭취기관, 더듬거리는 말투, 두꺼비같이 어디로 튈지 모르는 생각과 박자를 맞추는 느릿느릿하고 질질 끄는 걸음걸이를 가진 자들 가운데 하나가? 그래, 그래, 기다려 봐. 그들이 너희에게 『순수이성비판』들을 써주고 학설들도 세워줄 테니까. 교수들이 미리 계산해 놓은 때만 되면. 자기 차례만 오면. 그러니까 떡갈나무에 살구가 맺히는 날이 오면. 그 신사 양반들은 실로 육아와 교육의 영향력을 가능한 한 높이 평가하고 심지어는 몇몇 사람들이 실제로 그렇게 하듯 천부적인 재능의 존재를 완전히 부인하는 등, 모든 방법을 동원하여 진리, 즉 한 사람의 됨됨이는 그가 자연의 손에서 어떻게 만들어졌는가, 그를 낳은 아버지는 누구며 그를 수태한 어머니는 누군가, 그뿐만 아니라 수태 시각은 언제인가에 달려 있다는 사실에 맞서 진▨을 칠 충분한 이유들을 갖고 있는 사람들이다. 멍청한 어머니, 굼뜬 아버지를 가진 사람은 『일리아드』를 쓸 수 없다. 여섯 개 대학에서 공부를 한다 해도 말이다. 왜냐하면 진리는 어디까지나 진리이기 때문이다.

즉 자연은 귀족주의적이다. 어떤 봉건제도, 카스트제도보다 더 귀족주의적이다. 이로 인해 자연의 피라미드는 저변은 매우 넓고 꼭대기는 아주 뾰족하다. 자기 위에 있는 것은 어떤 것이든 두고 못 보는 천민들과 불한당들이 다른 모든 귀족제는 뒤엎는다고 해도 자연의 귀족제는 남겨둘 수밖에 없을 것이다. 그러나 그렇게 했다고 해서 그들이 감사를 받을 수 있는 것도 아니다. 왜냐하면 그것이야말로 철두철미 '하나님의 은총'이기 때문이다.

10장

참된 가치는
죽은 후에
비로소 드러난다

만일 어떤 신이 이 세계를 만들었다면 나는 그 신이고 싶지는 않다.

왜냐하면 이 세상의 비탄이 나의 가슴을 찢을 것이기 때문이다.

쇼펜하우어의 철학과 인품을 살펴볼 때 눈에 띄는 특징의 하나
는, 이 '대^大 염세주의자'가 철학의 궁극 목표는 '초월'에 두면서도
동시에 항상 현세의 사람으로 머물렀다는 사실이다. 즉 그는 심지
어 생의 의지를 부정하라고 요구할 때조차 생의 실제적 문제들을
결코 소홀히 여기지 않았다. 또한 그는 가장 진지한 고찰을 하는
중에도 유머러스한 시각을 잃지 않았다. 이 점에서 그는 철학자들
가운데 독보적인 존재였다.

즉, 온 세상 그리고 그 안의 모든 것이 저의^{底意}로, 대개는 저속하
고 야비하고 악한 저의로 가득 차 있다. 그런데 저의를 배제하고
전적으로 오직 통찰에만, 더 구체적으로 말하면 가장 중요한, 모
든 사람의 최고 관심사에 관한 통찰에만 개방하기로 합의되어 있
는 한 작은 장소가 있다. 그것이 철학이다. 아니면 혹시 다른 견해

를 갖고 계시는가? 만일 그러시다면 모든 것이 농담이고 희극일 뿐이다. 사실 "정말로 때때로 그렇긴 하지만."*

여기서도 그는 평소 즐기듯 절묘한 인용 솜씨를 발휘하고 있다. 그러나 적절한 인용문이 생각나지 않을 때는 자기 힘으로 해나간다.

반면에 인간의 그 형이상학적 욕구를 생계의 토대로 삼고 그것을 최대한 재화화財貨化하려는 자들은 항상 있었다. 이 때문에 어느 민족이나 그것의 전매업자專賣業者들과 일반 청부업자들이 있는데, 그들이 사제다. 그러나 어디서나 그들은 자신들의 직업을 보호하기 위해 자신들의 형이상학적 교리들을 사람들에게 아주 일찍, 즉 판단력이 아직 새벽잠에서 깨어나기도 전인 영·유아기에 주입시킬 권리를 얻어야 했다. 왜냐하면 그때에 잘 새겨진 교리들은 아무리 터무니없는 것이라도 모두 평생 동안 지속되기 때문이다. 만약 판단력이 성숙할 때까지 그들이 기다려야만 한다면 그들의 특권은 유지되지 못할 것이다.

나는 이 주장의 타당성을 1957년에 직접 체험한 일이 있다. 당시에 나는 아이스레벤의 교구감독敎區監督에게, 내 막내 아이의 세례는 아이가 그것에 대해 스스로 결정할 수 있을 때까지 미루려 한다고 말했었다. 그러자 그는 솔직하게 다음과 같이 말했다. "그러면 그는 우리에게 절대 안 와요."

그런데 쇼펜하우어가 이렇게 사제들을 싫어하니, 적어도 개신

---

* 괴테의 『파우스트』 제1부 중 「밤」의 한 구절.

312

교도들에게는 너그럽지 않을까 생각한다면 그것은 오산이다.

개신교도들만이 그들의 고지식한 성경 신앙으로 인해 영원한 지옥 형벌이 있다고 고집하고 있다. "많이 드세요." 냉소적인 사람은 이렇게 말할지 모른다. 그러나 그래도 다행스런 것은, 그들도 사실은 그것을 믿지 않으며 일단 그 문제는 덮어두고 지낸다는 사실이다. 마음속으로는 이렇게 생각하면서 말이다. "글쎄, 그렇게까지야 되겠어?"

단테의 『신곡』 내지는 거기에 묘사된 몇몇 사건들에 대해 그는 다음과 같이 간결한 평가를 내린다.

하늘에서는 그런 것이 관례慣例고 칭찬받을 만한 일인지는 모르겠지만, 지상에서는 그렇게 행동하면 악당이라고 한다.

그는 이성과 도덕의 관계에 대해 매우 독특한 주장을 한다.

완벽한 실천이성이란 것은 속물들의 이상밖에는 못 된다. 또한 행동의 도덕성을 이성에서 도출하려는 것은 신성모독이다. 도덕적 행위가 드러내는 것은 더 나은 의식이다. 이 의식은 모든 이성을 훨씬 초월하는 것으로, 행동으로 나타날 때는 성스러움이 되는, 세계의 진정한 구원이다. 또한 그것은 예술에서는 무상을 위로하는 천재성으로 나타난다.

독일어의 어법도 이 주장의 정당성을 증명한다. 왜냐하면 누가 속물들을 비이성적이라고 꾸짖겠으며, 그들이 자신들의 일을 매우 이성적으로 도모하고 있다는 사실을 부인하겠는가? 반면에 누가 예수 그리스도가 십자가형을 자초한 것, 토머스 모어Thomas More가 자신의 머리를 자신의 신념에 반反해 왕에게 바치기보다는 사

형 집행인에게 내준 것, 아르놀트 빙켈리트Arnold Winkelried*가 자기
몸에 창들을 꽂은 것을 아주 이성적인 행동이었다고 말하겠는가?

기본적으로 인간은 특이한 존재다.

의사는 인간의 연약함의 전모를, 법률가는 인간의 악함의 전모
를, 신학자는 인간의 어리석음의 전모를 본다.

이미 말한 바와 같이, 쇼펜하우어는 범신론도 어리석음의 하나로
본다.

왜냐하면 전능하고 게다가 전지한 존재가 고통 받는 세계를 창
조한다는 것은 어쨌든 생각할 수 있기 때문이다. 비록 그렇게 할
이유가 무엇인지는 알 수 없지만. 그러므로 그런 가르침은 그 존
재에게 최고의 자비라는 속성까지 부여한다고 해도, 그의 뜻의 불
가해성不可解性을 내세움으로써 터무니없다는 비난은 면할 수 있다.
반면에 범신론에서는 창조자인 신 자신이 그 끝없는 고통을 받고
있는 자이며, 이 작은 지구에서만도 1초에 한 번씩 죽음을 겪고 있
는 자이다. 그것도 자발적으로 말이다. 이것은 터무니없다.

물론 그는 기독교의 창조 신화도 터무니없긴 마찬가지라고 비난
한다.

내가 어떤 개아적 존재 앞에 서서 "나의 창조자여! 나는 예전에
는 없었는데 당신이 나를 만드셔서 나는 이제 무엇인가로, 더 구
체적으로 말하면 나로서 존재하게 되었습니다", 그리고 "그 은혜

---

* 젬파흐(Sempach) 전투에서 오스트리아 군인들의 창을 한 다발 붙잡아 자기 몸에 꽂음으
  로써 동료들에게 돌파구를 열어주었다는, 스위스의 전설적인 영웅.

에 감사드립니다", 마지막으로는 심지어 "내가 쓸모가 없었다면 그것은 내 죄죠"라고 말하는 것을 상상하려 할 때 내가 인정할 수밖에 없게 되는 것은, 철학 연구와 인도 연구로 인해 내 머리가 그런 생각을 견딜 수 없게 되었다는 사실이다.

이 말을 짧게 표현하면 다음과 같다.

만일 어떤 신이 이 세계를 만들었다면 나는 그 신이고 싶지는 다. 왜냐하면 이 세상의 비탄이 나의 가슴을 찢을 것이기 때문이다.

반면에 쇼펜하우어는, 인도 철학은 말하자면 격이 더 높은 사상이라고 생각한다. 그러나 그는 여기서도 유머러스하고 여유 있는 시각을 잃지 않는다.

왜냐하면 교리들은 더 난삽難澁해지고 다채로워지고 복잡해질수록 더 신화적으로 되었기 때문이다. 이 문제를 가장 잘 파악한 사람들이 '요긴' 또는 '산냐시'이다.[**] 이들은 체계적인 수행을 통해 자신의 모든 감각을 자신 안으로 퇴거시킴으로써 온 세상, 더 나아가 자기 자신까지도 잊어버린다. 이렇게 되면 그의 의식에는 본질만이 남게 된다. 다만 문제는 그것이 말처럼 쉽지가 않다는 것이다.

쇼펜하우어가 얼마나 신비주의적인 생활태도를 갖고 있었는가는, 그가 1830년에서 1831년으로 넘어가는 밤에 새해에 자기가 죽게 될 것을 암시하는 꿈을 꾸었을 때 보인 반응에서 잘 나타난다. 쇼펜하우어는 다음과 같이 쓴다.

[**] 요긴은 요가 수행자, 산냐시는 힌두교 고행자를 이르는 말이다.

1831년에 콜레라가 발생했을 때 내가 베를린을 떠난 데에는 이 꿈이 크게 작용했다. 그것은 가설적인 진리, 즉 일종의 경고였던 것 같다. 즉 만일 내가 머물러 있었다면 나는 콜레라로 죽었을 것이다.

이에 대해 운명은 비극적인 논평을 한다. 즉 베를린을 떠나지 않았던 헤겔은 1831년 11월 14일 콜레라로 사망한다.

왜냐하면 우리는 정말로 어려운 처지에 놓여 있기 때문이다. 우리는 잠시 동안 사는 인생을 수고와 가난과 두려움과 고통 속에 보내면서도, 어디에서 와서 어디로 가며 왜 사는지 전혀 모른다. 게다가 온갖 색깔의 성직자들이 이 문제에 대한 제각각의 계시를 주장하며 불신자들을 협박한다.

쇼펜하우어의 생존 시 많은 건물의 복도에는 이 불확실한 '어디에서, 어디로, 왜'에 관한 한 경구가 붙어 있었는데, 이 경구는 쇼펜하우어에게 깊은 인상을 주었던 것이 틀림없다. 왜냐하면 그것은 말하자면 그의 생활태도의 핵심이었기 때문이다.

나는 존재한다. 그러나 나는 내가 누군지 모른다.
나는 온다. 그러나 나는 내가 어디서 오는지 모른다.
나는 간다. 그러나 나는 내가 어디로 가는지 모른다.
그런데도 나는 이렇게 즐거우니 이상한 일이 아닌가?

이 지혜는 그의 모든 염세주의적 고찰들에 녹아 있다. 그런데 이 고찰들은 대개 다음과 같은 뜻밖의 익살로 결론을 맺는다.

사람들은 나의 철학이 침울하고 비관적이라고 야유했다. 그러나 그것은 단지 내가, 나중에 죄의 대가를 치르게 될 지옥이란 곳을 꾸며내는 대신에 세상에 죄가 있는 곳에는 이미 지옥 같은 것이 있다는 것을 증명한 데 따른 것일 뿐이다. 그것을 부인하려는 자는, 때가 되면 어렵지 않게 그것을 체험적으로 확인하게 될 것이다.

그는 청춘과 노년의 차이를 간략한 예를 통해 분명히 제시한다.

소년 시절에는 문에서 벨이 울리면 마음이 설레었다. 왜냐하면 '이제 왔나보다'라고 생각했기 때문이다. 그러나 나이가 들어서는 같은 상황에서 오히려 공포 비슷한 것을 느꼈다. 왜냐하면 '올 것이 왔구나'라고 생각했기 때문이다.

그에게는 현재만이 실질적 의미를 갖는다.

인생은 사실 길다고도, 또 짧다고도 할 수 없다. 왜냐하면 아무리 오래 사는 사람이라도 그가 가진 것은 결국 항상 불가분의 현재뿐이기 때문이다. 한편 기억은 매일 쌓여 느는 것보다 더 많은 양을 망각으로 잃어버린다.

따라서 현재는 유익하게 쓰여야 한다.

일반적으로 사람들은 할 일이 없으면 누구나 무엇인가를 하기 위해 각자 자신의 지배적인 성향에 따라 놀이를 고른다. 예를 들어 볼링 또는 장기, 사냥 또는 미술, 경마 또는 음악, 카드놀이 또는 시작詩作, 문장학紋章學 또는 철학 등등.

늙는 것도 나름대로 장점이 있다.

남자는 늙을수록 지루함을 점점 덜 느낀다. 노인들에게는 시간이 항상 짧게 느껴지며, 세월은 쏜살같이 흐른다. 물론 지금 나는 사람에 대해 말하고 있는 것이지, 늙은 짐승에 대해 말하고 있는 것은 아니다.

늙어서도 자신의 정신적 밑천에 의지할 수 있다면 그것은 얼마나 멋진 일이겠는가?

나이가 많이 들면 정신력도 쇠퇴하지만, 원래 많이 있었다면 무료함을 퇴치하기에는 그래도 충분할 만큼의 양이 남을 것이다.

생을 마감할 때쯤이 되면 모순 같은 것이 나타난다.

늙어봐야, 즉 오래 살아봐야 인생이 얼마나 짧은가를 알 수 있다.

그런데 인도 철학은 인간의 최대 수명을 분명하게 제시한다.

베다의 우파니샤드는 자연수명을 100세로 제시한다. 나는 그 말이 옳다고 생각한다. 왜냐하면 90세가 넘은 사람들만이 편안하게 죽는 것, 즉 아무 병이 없이도, 그리고 뇌졸중이나 경련 또는 그르렁거림이 없이, 심지어는 창백해지지도 않고 대개는 앉아서, 그것도 식사 후에 죽는다는 것, 아니 죽는다기보다는 단지 살기를 멈춘다는 것을 알았기 때문이다. 그 전에 죽는 것은 모두 병사, 즉 때 이른 죽음이다.

죽음 자체는 우리가 신경 쓸 문제가 아니다.

죽음은 올 것이고, 그래서 '나'와 '나의 즐거움'을 끝낼 것이다. 이것은 시간에 구속되어 있는 존재인 나에게 시간을 헛되이 보내지 말 것을 일깨워 주지만, 나에게 두려움을 주진 못한다. 왜냐하면 '있지 않다'는 것은 고통도 없다는 것을 의미하기 때문이다. 또한 내가 있는 한 죽음은 없고, 죽음이 있으면 내가 없다. 그러니 두려워할 것이 무엇인가?

심지어는 유머러스한 태도로 미래를 내다보는 여유까지도 가질 수 있다.

항상 누구나 이해할 수 있는 위안은, '죽음도 삶만큼이나 자연스런 것이니 그다음에는 어떻게 되나 지켜보자'는 것이다.

사람들이 갑자기 자신의 저술에 관심을 보이기 시작하자 쇼펜하우어는 그들이 자신이 곧 죽을 것이라 생각하고 있다고 여긴다. 그는 요한 아우구스트 베커에게 보내는 1852년 4월 20일자의 편지에서 다음과 같이 쓴다.

얼마 전부터 저는 뜻밖의 사람들로부터 익숙하지 않은 많은 갈채를 받고 있습니다. 12월 17일, 함부르크의 패션 신문인 『계절』에 실린 아주 정중한 평론이 그 예입니다. 심지어는 편집자가 그것을 제게 보내기까지 했습니다. 곧 퇴장할 것 같으니까, 그 전에 그래도 박수 한 번 쳐주자 그런 것이겠지요.

1852년 5월 5일에는 특유의 노회老獪함을 발휘하며 다음과 같이 부연한다.

아닌 게 아니라 지금의 이 박수는 정말로 퇴장하기 전에 재빨리 구색을 맞추려고 치는 박수 같아요. 그렇지 않고서야 그것이 패션 저널과 학교 연보같이 극과 극으로 상반되는 두 가지 문예계에서 나올 수가 있겠습니까? 그러나 저는 그들을 등치려고 합니다. 즉 저는 박수는 챙길 겁니다. 그러나 그들은 저의 퇴장에 대해서는 20년 후에나 다시 물어봐야 할 겁니다.

덧붙여 말하자면 그는 자신의 건강은 아주 좋다고 자랑했는데, 그 예가 율리우스 프라우엔슈테트에게 보내는 1850년 9월 16일자의 편지다.

저는 자비 출판은 결코 하지 않기로 맹세했고, 유고 출판은 앞으로도 상당 기간 이루어지지 않을 것입니다. 왜냐하면 저는 건강이 아주 좋고, 예전에 당신을 끌고 밤에 눈과 폭풍 속을 산책할 때처럼 여전히 민첩하기 때문입니다.

10년 후 그의 나이 72세가 되었을 때도 그의 정신은 여전히 명민明敏했다. 그가 바이스키르헨 사관학교의 두 생도에게 보낸 1860년 9월 1일자의 상세한 편지도 그것을 증명한다.

나의 젊은 친구들이여. 그대들이 젊은 나이에 어떤 철학과도 관련이 없는 환경에서, 게다가 멀리 떨어진 오스트리아의 시골에서 그토록 진지하게 나의 철학을 연구하고 있다니 매우 놀랐고 기뻤으며, 그대들에 대해 존중의 염念을 갖지 않을 수 없었습니다. 그래서 이렇게 그대들에게 답신을 보냅니다.

그다음에는 생도들이 제기한 질문들에 대한 상세한 답변이 이어진다. 그리고 나서 그는 다음의 말로 편지를 끝맺는다.

그대들의 군 생활에 행운과 건승이 있고, 철학의 정신이 그대들과 평생토록 함께하기를 진심으로 빕니다.

그런데 그는 이 편지에서 특히 『의지와 표상으로서의 세계』 제 2권의 마지막 장을 읽을 것을 권한다. 여기에는 다음과 같은 반어적 언급이 있다.

스코투스 에리우게나Scottus Eriugena는 범신론적 입장에서 철두철미 수미일관하게 모든 현상은 신의 현현顯現이라고 선언한다. 그렇다면 이 개념은 끔찍하거나 혐오스런 현상에도 적용되어야 한다. 그래야만 참으로 흠잡을 데 없는 신의 현현이 아닌가?

그는 위의 두 사관생도들에게처럼, 라이프치히 출신의 젊은 대학생 카를 베르Carl Bähr에게도 칭찬을 아끼지 않는다. 그의 1857년 3월 1일자의 편지에는 다음과 같이 쓰여 있다.

이 성숙한 정신, 신중함, 판단력, 안정된 논술, 칸트 및 나의 철학에 대한 철저한 이해는 당신의 나이를 생각하면 (22세 아닌가요?) 일대 사건이라 아니할 수 없습니다. 아무도 이 책을 젊은 사람의 작품일 것이라고는 생각지 못할 것이며 아주 성숙한, 적어도 40대의 작품일 것이라고 생각할 겁니다. 당신은 여섯 명의 교수들을 합쳐 놓은 것보다도 칸트의 철학을 더 잘 알고 있습니다……. 게다가 당신은 법학도이므로 철학은 부전공으로 공부했을 뿐인 것을 생각하니, 당신의 성과물에 대해 더욱 경탄하게 됩니다.

경탄은 쇼펜하우어의 기본 특징이었다.

가장 흔하고 가장 일반적이고 가장 단순한 현상들은 우리가 가장 잘 이해하는 것들이라는 생각은 널리 퍼져 있는 만큼이나 커다란 착각이다. 왜냐하면 우리는 단지 다른 어떤 것들보다도 그것들의 모습과 그것들에 대한 우리의 무지에 더 친숙해져 있을 뿐이기 때문이다. 예를 들어 우리는 돌이 왜 땅에 떨어지는지, 동물들이 어떻게 움직일 수 있는지 알지 못한다.

그는 사변과 실험은 불가분의 관계며, 그것들이 서로 분리될 경우 심각한 결과가 초래된다고 생각한다.

중세는 우리에게 실험 없는 사변이 어떤 결과를 초래하는지를 보여주었다. 반면에 금세기는 우리에게 사변 없는 실험이 어떤 결과를 초래하며, 청소년에게 물리학과 화학만을 가르치면 어떤 결과가 생기는지를 보여주고 있다.

그는 어디서나 금세 길을 찾는 사람들을 의심스런 눈으로 바라본다.

생각이 적은 사람일수록 눈은 어디에나 있다. 왜냐하면 그에게는 보는 것이 생각을 대신하기 때문이다.

한편 사람은 두 가지 악 중 하나를 선택해야 한다.

사람들을 찾을 것인지, 아니면 피할 것인지는 지루함과 환멸 중 어느 것을 더 두려워하는가에 달려 있다.

특히 현재를 너무 심각하게 받아들여서는 안 된다.

항상 중요하게 보일 수밖에 없는, 그때그때의 현재를 너무 심각하게 받아들이면 우리는 거의 틀림없이 우스운 사람이 되고 만다. 뛰어난 정신을 가진 겨우 소수의 사람들만이 이를 극복하고, 우스운 사람이 아닌 웃는 사람이 될 수 있었다.

웃는 사람은 항상 옳다.

기뻐하는 사람은 그럴 이유가 항상 있다. 왜냐하면 자신이 기뻐한다는 사실 자체가 곧 그가 기뻐할 이유기 때문이다.

그 밖에도 쾌활함은 직접적인 유익을 가져다준다.

그러므로 우리는 언제든 쾌활해질 때마다 그것을 적극 환영해야 한다. 왜냐하면 쾌활해지기에 부적절한 때란 없기 때문이다. 그럼에도 불구하고 우리는 종종 쾌활해지기를 주저한다. 즉 우리는 우리가 정말로 모든 점에서 만족해할 이유가 있는지를 먼저 알고 싶어 하거나, 또는 우리의 진지한 숙고 또는 중요한 염려가 그것 때문에 방해를 받지 않을까 걱정한다. 그러나 우리가 그런 숙고와 염려를 통해 무엇을 개선할 수 있는지는 매우 불확실한 반면 쾌활함은 그 자체가 이미 유익이다.

쾌활하고 태연하게 인생을 대하는 것, 그것은 그의 가장 중요한 신조 중 하나였다.

가장 큰 일에서 가장 작은 일까지, "일어나는 모든 일은 필연적이기 때문에 일어난다(Quidquid fit necessario fit)." 이 경구에 경악하는 사람은 몇 가지를 더 배워야 할 뿐만 아니라, 또한 잘못 배운 몇 가지를 잊어버려야 한다. 그리고 나면 이 경구야말로 위로와 위안의 가장 큰 원천이라는 것을 알게 될 것이다.

그런데 쇼펜하우어가 이 "Quidquid fit necessario fit"를 자신의 몇몇 초상화의 헌사獻辭로 사용했을 정도로 중요시했다는 것은 의미심장하다.

그가 운명의 시련을 결국에는 쾌활하고 태연하게 수긍했던 구체적인 예를 들어보자. 1821년 8월 12일, 그의 베를린 셋집에서, 계약에 위배됨에도 불구하고 대기실용 작은 방에 세 들어 살던 47세의 여재봉사 카롤리네 마르케가 두 소녀와 함께 자기 방에 앉아 있다가 쇼펜하우어와 다툼이 생겨 그에 의해 밖으로 내쫓기는 일이 발생했다. 이때 몇 군데 멍이 들었던 마르케는 수완 있는 변호사의 도움으로 매달 5탈러씩의 생계비를 평생 동안 쇼펜하우어에게 지급받을 권리를 법원에서 인정받게 된다. 20년 후 마르케의 사망진단서를 받은 쇼펜하우어는 펜을 쭉 뽑아 거기에 다음과 같은 라틴어 말장난을 적어 넣는다. "obit anus, abit onus(늙은 여편네는 죽었고, 빚은 사라졌다)." 이처럼 그는 모든 일을 유머러스하게 결산했는데, 위의 예에서는 그것이 토비아누스Tobianus의 글자 바꾸기 놀이로 나타난다.

　요즘에는 그가 사고가 있던 날, 당시의 연인, 여배우 카롤리네 메돈Caroline Medon을 기다리고 있었기 때문에 마르케가 있는 것에 그렇게 민감하게 반응한 것이라고 추측들을 한다. 어쨌든 한 가지 분명한 것이 있다. 그것은 그가 나중에는 그 모든 사건들에 대해 단지 싱긋 웃었을 것이라는 점이다. 그는 심지어 철학의 가장 심오한 주제들에 대해서도 싱긋 웃으며 참된 답변을 할 수 있다.

　그런데 이제 우리가 이 고찰들을 마치고 우리 자신과 우리가 속한 종으로 돌아와서 시선을 앞으로, 저 먼 미래로 던져 낯선 풍습, 낯선 복장의 수백만 명의 개인들로 이루어진 미래의 세대들을 상상하면서 갑자기 '이 모든 사람들은 어디서 오는가?', '그들은 지금 어디에 있는가?', '그들, 즉 다음 세대들을 아직도 숨기고 있는, 세계들을 잉태한 무의 그 풍요로운 자궁은 어디에 있는가?'라는 질문을 던진다면 그에 대해서는 싱긋 웃으며 "실재가 항상 있어왔고 앞으로도 있게 될 유일한 곳, 즉 현재와 그것의 내용, 곧 착각에 빠져 있는 질문자, 너 자신밖에는 그들이 있을 곳이 어디겠는가?"라고 말하는 것이 참된 답변이 아니겠는가? 그처럼 자신의 참된 본질을 깨닫지 못하고 있는 너는 마치 나뭇잎, 즉 가을에 시들어 떨어지려는 순간에 자신의 몰락을 슬퍼하며 봄이 되면 신록이 나무를 덮을 것이라는 위로를 뿌리치면서 "그것은 내가 아니잖아! 그것은 전혀 다른 잎들이잖아!"라고 한탄하는 나뭇잎과 같다.

그러나 이 나뭇잎의 두려움은 논리로 제거될 수 있을 것이다.

만일 '존재하지 않는다'라는 생각 때문에 죽음이 우리에게 그토록 두렵게 느껴지는 것이라면 우리는 우리가 존재하지 않았던 시간을 생각할 때도 같은 두려움을 가져야 할 것이다. 왜냐하면 죽은 후의 '존재하지 않음'은 출생 전의 '존재하지 않음'과 다를 수 없다는 것, 그러므로 더 애석할 이유도 없다는 것은 절대 확실하기 때문이다. 우리가 아직 존재하기 전에 이미 말 그대로 영원이 흘러갔다. 그러나 우리는 그 때문에는 전혀 슬퍼하지 않는다. 반면에 우리는 우리가 일과성一過性 존재로서 펼치는 잠시 동안의 막간극이 끝나면 우리가 더는 존재하지 않는 두 번째 영원이 이어질 것을 생각할 때는 혹독하다고, 아니 참을 수 없다고 느낀다.

그는 유일무이하다는 '인간의 정신'에 대해서도 비슷한 논리를 적용한다.

세계를 포괄하며 그토록 더없이 뛰어난 생각들을 품고 있는 인간의 정신도 함께 무덤에 묻힌다는 것은 생각만 해도 민망하다는 멋진 장광설을 우리는 듣는다. 그러나 그런 훌륭한, 그 정신이 생기기 전에 말 그대로 영원이 흘렀지만 그동안 세계가 그것 없이도 잘 존속되어 왔다는 점에 대해서는 아무 말도 들을 수가 없다.

서로 은밀하게 엮여 하나의 총체를 이루는 생과 사의 관계를 쇼펜하우어는 다음의 심오한 단상斷想으로 표현한다.

나이가 많은 사람은 이리저리로 비틀대거나 구석에서 쉰다. 겨우 예전 자기의 그림자, 허깨비일 뿐이다. 죽음이 거기서 무엇을 더 파괴할 수 있겠는가? 그는 결국 어느 날 마지막 잠이 들 것이고, 그러면 꿈들을 꿀 텐데……. 그 꿈들은 바로 이미 햄릿이 그 유명한 독백에서 묻던 꿈들이다. 내 생각으로는 우린 바로 지금도 그 꿈들을 꾸고 있다.

이것은 칼데론의 『인생은 꿈』에서 영향을 받은 생각일 수 있다. 쇼펜하우어는 종종, 때로는 유머를 섞어가며 인간의 참된 가치는 죽은 후에야 비로소 드러난다고 주장한다.

불어 꺼서 연기가 나고 있는 양초가 서 있는, 테두리에 다음과 같은 글귀가 새겨진 묘비석도 그 한 예다. "꺼진 후에야 수지樹脂 양초였는지 밀랍蜜蠟 양초였는지 알 수 있다."

다른 철학자들은 예외 없이 심각하게 다루는 주제를 그는 특유의 교활한 방법으로(그는 이것을 '작은 대화형 종결오락'이라고 부른다) 형상화한다.

트라시마코스: 요컨대 내가 죽으면 무엇이 된다는 거지? 분명하고 정확하게 말해 봐.

필라레테스: 만유이자 무가 되는 거지.

트라시마코스: 그럴 줄 알았어. 문제의 해답이랍시고 모순을 제시하다니. 그런 속임수는 이제 지긋지긋해.

필라레테스: 그래도 내 말을 들으면 생각이 달라질걸. 내가 너에게 너의 개아가 존속될 것을 보증하면서, 전혀 의식이 없는 상태인 죽음의 잠이 3개월 동안 계속된 후 그것이 다시 깨어나는 것을 조건으로 삼았다고 가정해 봐.

트라시마코스: 나는 그것을 받아들이겠지.

필라레테스: 그런데 의식이 전혀 없는 상태에서는 시간 개념도 전혀 없으므로 우리가 죽음의 잠에 들어 있는 동안 의식을 가진 세계에서 3개월이 지났든, 1만 년이 지났든 우리에게는 전혀 차이가 없어. 왜냐하면 깨어난 우리는 이것이든 저것이든 그대로 믿고 받아들여야 하기 때문이지. 그러므로 너에게는 너의 개아가 너에게 3개월 후에 다시 주어지든, 아니면 1만 년 후에 다시 주어지든 차이가 없어.

트라시마코스: 원칙적으론 틀린 말이 아니지.

필라레테스: 그런데 이제 1만 년이 지난 후 너를 깨우는 것을 완전히 잊었다고 가정해 봐. 나는 그것을 큰 불행이라고 말할 수는 없을 것이라 생각하는데, 왜냐하면 너는 그 아주 짧았던 존재의 시간에 뒤이은 그 오랜 비존재의 상태에 이미 매우 익숙해져 있을 것이기 때문이지. 게다가 네가, '지금의 너'라는 현상을 움직이고 있는 숨은 동력장치가 그 1만 년 동안 한순간도 쉬지 않고 같은 종류의 다른 현상

들을 구현하고 움직여 왔다는 것을 알게 되면 너는 그 일의 슬픔을 완전히 잊을 거야.

트라시마코스: 어라?! 그런 식으로 은근슬쩍 나를 속여 내 개아를 집어삼키려고? 나를 바지저고리로 아는 거야? 나는 나의 개아의 존속을 요구했어. 동력장치니 현상이니 하는 것들이 어떻게 나에게 그것을 대신할 수 있단 말인가? 나는 나의 개아의 존속을 원하며, 그것을 포기하지 않을 거야.

필라레테스: 주위를 한 번 돌아봐. "나는, 나는, 나는 존재하고 싶다."라고 외치는 것은 너뿐만이 아니야. 모든 것, 조금이라도 의식을 가진 것이면 어떤 것이든 모두 그렇게 외치고 있어.

트라시마코스: 너를 비롯해 철학자들이란 모두 유치하고 정말 우습기 짝이 없는 자들이야. 단지 기분전환이나 심심풀이를 위해서가 아니라면 나같이 분별 있는 사람이 무엇 때문에 단 15분만이라도 이런 부류의 바보들과 어울리겠는가? 나는 이제 더 중요한 일을 해야겠다. 안녕^{Gottbefohlen}!

이 'Gottbefohlen!'을 글자 그대로 이해해선 안 된다.[*] 왜냐하면 기본적으로 쇼펜하우어는 심지어 유신론을 빈정대면서도 하나님이 자기편인 것처럼 말하기 때문이다. 예를 들어 그는, 유물론자인 엘베시우스를 연구하고 있다고 자기에게 전해온 프라우엔슈테트에게 1853년 2월 17일의 편지에서 다음과 같이 쓴다.

---

[*] 'Gottbefohlen'의 문자적 의미는 '신에게 의탁된'이다.

그런데 당신이 심지어 엘베시우스까지 읽었다니, 하나님께서 당신에게 그에 대한 보답을 해주실 겁니다. 왜냐하면 그도 종종 엘베시우스를 읽거든요.

덧붙여 말하자면 유신론적 종교들, 특히 이슬람교는 쇼펜하우어에게 좋은 평가를 받지 못한다.

모든 나라, 모든 시대의 화려하고 웅장한 신전들과 교회들, 사리탑들과 이슬람 사원들은 인간의 형이상학적 욕구를 보여준다. 강하고 뿌리 깊은 이것은 물질적 욕구를 바싹 뒤따르고 있다. 그러나 어떤 사람들은, 그것은 보잘것없는 음식에도 만족하는 순박한 녀석이라고 빈정거릴 수도 있다. 왜냐하면 그것은 때로는 서툴게 지어낸 이야기들, 무미건조한 동화들에도 만족하기 때문이다. 더구나 이른 시기에 그것들을 주입받은 사람들은 그것들을 자신의 존재에 대한 충분한 해명 및 자신의 도덕성의 지주로 여긴다. 예를 들어 코란을 보라. 그것은 형편없는 책인데도 거뜬히 세계 종교를 세웠고 1,200년 전부터 수많은 사람들의 형이상학적 욕구를 만족시켜 왔으며 그들의 도덕, 그리고 죽음을 멸시하는 인상적인 태도의 기초가 되었고 그들을 고무하여 피비린내 나는 전쟁들, 매우 광범위한 정복 사업들을 일으켰다. 그러나 우리는 거기서 가장 빈약하고 가장 초라한 형태의 유신론을 발견한다. 번역을 거치면 많은 것이 없어질 수 있다. 그러나 문제는, 나는 거기서 단 하나의 가치 있는 생각도 발견할 수 없었다는 점이다.

반면에 고대 인도 철학과 그것과 결부되어 있는 토속종교들에 대한 그의 태도는 달랐다. 그는 그것들과 자신의 철학 사이에는 직접적 관련이 있다고 보았고, 또한 그것들이 얼마나 진리에 근접해 있는가를 끊임없이 이야기했다.

그렇게 적은 수의 사람들만이 도달할 수 있는 철학적 진리에 신화가, 이 가장 고상하고 가장 오랜 역사를 가진 민족의, 이 태고의 가르침에서보다 더 근접한 경우는 없었으며 또한 앞으로도 없을 것이다. 이 가르침은 비록 오늘날 많은 부분 변질되었지만 여전히 보편적인 민간신앙으로 군림하며 4,000년 전과 다름없이 오늘날에도 삶에 결정적인 영향을 끼치고 있다. 그래서 이미 피타고라스와 플라톤은 이 신화적 형상화의 극치極致를 이해하고 감탄하였으며, 인도 또는 이집트에서 수입하여 존중하고 적용하였을 뿐만 아니라, 어느 정도까지였는지는 알 수 없지만 자기 스스로도 그것을 신봉했다. 반면에 우리는 지금 동정심에서 브라만교도들의 어리석음을 깨우쳐 주고 그들에게 사람은 무에서 만들어졌으며 그것에 대해 감사하며 기뻐해야 한다고 가르치기 위해, 영국 국교회의 성직자들과 헤른후트파의 아마포 직공들을 그들에게 보내고 있다. 그 결과 우리는 바위에 총을 쏘는 사람의 꼴을 당하고 있다. 우리의 종교들은 결코 인도에 뿌리를 내리지 못할 것이다. 즉 인류의 태고의 지혜가 갈릴리에서 일어난 사건들에 의해 밀려나지는 않을 것이다. 오히려 인도의 지혜가 유럽으로 역류하여 우리의 지식과 사고를 근본적으로 변화시킬 것이다.

그런 근본적인 변화는 일어나지 않았지만, 반대로 기독교도 불교 지역에 침투하지 못했다. 한편 쇼펜하우어는 자기 방에 작은 불상을 세워두었는데 이것은 그에게 죽을 때까지 의지가 되어준, 말하자면 철학적 닻이었다. 그가 심지어는 행성들과 인간의 나이에 관한 진지한 고찰을 하는 동안에도 유머러스한 논평을 빠뜨리지 않았던 것은, 그 불교적 세계관에 내재된 해맑은 명랑성의 영향 때문인지도 모른다. 즉 그는 어떤 행성 목록에 대해 다음과 같이 말한다.

그 후 더 발견되었다는 약 60개의 소행성들에 대해서는 알고 싶지 않다. 그래서 나는 철학교수들이 나를 대하듯 그것들을 대할 작정이다. 즉 나는 그것들을 무시할 것이다. 왜냐하면 그것들은 내 틀엔 맞지 않기 때문이다.

그러나 주요 행성들은 인생을 보는 그의 틀에서 각각 중요한 위치를 차지한다.

점성술의 주장과는 달리, 행성들이 개인의 인생행로를 미리 보여줄 수는 없다. 그러나 인간의 보편적인 인생행로는 미리 보여준다. 왜냐하면 각 행성은 순서대로 인간의 각 나이 대에 대응하기 때문이다. 따라서 인생은 순차적으로 모든 행성들의 지배를 받는다. 10대는 수성의 지배를 받는다. 그래서 그들은 수성처럼 가장 친숙한 환경 내에서 빠르고 민첩하게 움직인다. 또한 그들의 마음은 사소한 것으로도 바뀔 수 있다. 그러나 그들은 이 꾀와 능변의 신*의 지배 아래서 많이, 그리고 쉽게 배운다. 20세부터는 금성의 지배가 시작된다. 그 결과 사랑과 여자들이 인간을 완전히 사로잡는다. 30대는 화성이 지배한다. 그래서 이 나이의 인간들은

---

* 수성을 뜻하는 '메르쿠어(Merkur)'는 로마 신화의 상업·웅변·과학의 신의 이름이다.

과격하고 억세고 대담하고 호전적이고 고집스럽다.* 40대는 네 개의 소행성들이 지배한다. 이에 따라 이때는 인생의 폭이 넓다. 즉 첫째, 그들은 세레스의 가호를 받는 경제적인 사람들이다. 즉 실용적 활동의 노예들이다. 둘째, 그들은 베스타의 가호로 자기 자신의 가정을 갖고 있다. 셋째, 그들은 팔라스의 가호로 자기가 알아야 할 것들을 이미 배운 상태다. 넷째 집의 여주인, 즉 아내가 주노 역할을 하며 쥐락펴락한다.** 50대는 목성이 지배한다. 이 나이가 된 사람들은 이미 대부분의 사람들보다 더 오래 살고 있는 것이다. 그들은 자기가 현 세대보다 더 뛰어나다고 느낀다. 그들은 아직도 원기 왕성할 뿐만 아니라 경험도 지식도 풍부하다. 그래서 그들은 (그들의 개성과 위치에 비례하여) 주위의 모든 사람들보다 더 높은 권위를 누린다. 이 때문에 그들은 명령을 받는 것이 아니라 자기가 명령을 내리고 싶어 한다. 그들은 이제 자기가 속한 영역의 지도자 또는 지배자로서 누구보다도 더 적합하다. 목성의 남중南中도, 목성에 상응하는 50대의 전성기도 이와 같다. 그 후 60대에는 토성의 지배 그리고 그와 함께 납의 무거움, 느림, 지둔遲鈍함이 뒤를 잇는다.

많은 노인들은 이미 죽은 사람들 같다.

---

* 화성을 뜻하는 '마르스(Mars)'는 로마의 전쟁 신의 이름에서 유래했다.
** 세레스(Ceres), 베스타(Vesta), 팔라스(Pallas), 주노(Juno)는 소행성들로서 각각 로마 신화의 농업의 여신, 화로(火爐)의 여신, 그리스 신화의 지혜의 여신, 로마 신화의 최고 여신의 이름에 따라 명명되었다.

괴테의 서동시집(西東詩集)에 쇼펜하우어가 그린 여백 삽화

그들은 납처럼 무겁고 느리고 뻣뻣하며 창백하다.

-『로미오와 줄리엣』 2막 5장

마지막은 천왕성 차례다. 흔히 말하듯, 이때 사람들은 하늘로
간다. 나는 여기서 해왕성(유감스럽게도 생각 없는 사람들이 이 행성을
이렇게 명명했다)은 다룰 수 없다. 왜냐하면 나는 여기서 그것을 그
것의 진짜 이름인 에로스로 부를 수 없기 때문이다. 만약 그럴 수
있었다면 나는 어떻게 처음이 마지막과 연결되는지, 즉 에로스
와 죽음이 어떻게 서로 은밀하게 연결되어 있는지 보여주었을 것
이다. 오르쿠스*** 또는 이집트인들의 아멘테트가 받는 자이자 주

*** 로마 신화의 죽음·저승의 신.

는 자며, 죽음이 큰 생명 저장고인 까닭이 여기 있다. 그렇기 때문에, 바로 그렇기 때문에 만유는 오시리스에게서 나오며, 지금 생명을 갖고 있는 모든 것은 과거에 이미 그 안에 있었던 적이 있었다. 그러므로 우리가 어떻게 그 일이 일어나는지, 그 마술의 정체를 알 수만 있다면 모든 것은 분명해질 것이다.

이 '마술의 정체'라는 문구가 포함된 마지막 문장을 여러 번 음미해 보라. 그러면 이 프랑크푸르트의 현자가 여기서 미소를 지으며, 세상에 이별을 고하고 있다는 것을 깨닫게 될 것이다. 여기서의 그는 어쩐지 그의 위대한 동시대인인 베르디Verdi와 닮아 있다. 베르디는 인생의 온갖 기복을 다 겪었지만, 자신의 만년 작품 「팔스타프Falstaff」에서 마지막 노래를 다음과 같이 시작한다. "지상地上의 모든 것은 농弄일 뿐이다. 우린, 우린 타고난 바보들이다."

더없이 진지한 삶을 산 쇼펜하우어도 자신의 격언시 「대단원Finale」에서 자신의 인생을 비슷하게 결산한다.

나 이제 여정의 종착지에 지쳐 서 있다.

지친 머리는 월계관을 쓰고 있기도 힘겹구나.

그러나 내 한 일을 기쁘게 돌아보니

다른 사람들이 뭐라 하든 항상 내 할 것을 했음이라.

아르투어
쇼펜하우어의
「웃음론」

A r t h u r
S c h o p e n h a u e r

　나의 「웃음론」도 이미 설명한, 내가 그토록 강조한, 구체적 표상과 추상적 표상의 대립에 기반을 두고 있다. 그러므로 나는 나의 「웃음론」의 이해를 위해 미리 알아두어야 할 것도 여기서 제시할 것이다. 그러나 그것은 본문의 배열 원칙상 나중에 할 것이다.

　이미 키케로는 웃음의 근원은 언제나 동일하다는 사실 및 웃음이 갖는 진정한 의미의 문제를 인식했지만, 곧 풀 수 없다며 포기했다. 웃음을 심리학적으로 해명하고자 하는 시도로서 내가 아는 가장 오래된 글은 허치슨Hutcheson의 『도덕철학 개론Introduction into moral philosophy』 제1권 제1장 제14절이다. 조금 더 늦은 시기의 익명의 저서, 『웃음의 생리적 원인 및 도덕성에 관하여Traité des causes physiques et morales du rire』도 이 주제에 대한 진지한 논의로서 공로를 인정받을 수 있다. 플라트너Platner는 그의 『인류학』 제894절에서

흄Hume부터 칸트Kant까지, 이 인간 특유의 현상을 연구한 철학자들의 견해를 정리해 놓았다. 칸트와 장 파울Jean Paul의 웃음론은 널리 알려져 있다. 나로서는 그들의 이론들을 반증할 필요를 느끼지 못한다. 왜냐하면 웃음을 유발하는 임의의 사례들을 그 이론들로 설명해 보려 할 경우 대부분 누구나 그것들이 불충분하다는 것을 곧 확신하게 될 것이기 때문이다.

제1권(『의지와 표상으로서의 세계』)에서 내가 설명한 바에 의하면 웃음의 근원은 항상, 어처구니없게, 즉 예기치 않게, 대상을 그것과는 이질적인 개념으로 지칭(포괄)하는 것이다. 그러므로 웃음이라는 현상은 언제나 그런 개념과 그 개념과 결부된 실제 대상 사이의, 즉 추상적인 것과 구체적인 것 사이의 불일치를 갑자기 깨닫는 것을 의미한다. 웃는 사람이 이 불일치를 더 크게, 더 뜻밖으로 느끼면 느낄수록 그는 더 심하게 웃을 것이다. 그러므로 웃음을 유발하는 모든 것은 항상 개념과 그 개념에 포함당하는, 따라서 그 개념에 의해 대변될 수는 있는, 그러나 다른 주된 관점에서는 전혀 그 개념에 속하지 않는, 오히려 그 개념이 대변하는 다른 모든 것들과는 현저히 구별되는 개별적인 것, 즉 사물 또는 사건을 가질 수밖에 없다. 이 때문에 재치 있는 농담에서 종종 나타나듯, 그런 구체적이고 실제적인 것 대신에 상위개념 내지 유개념類概念 아래의 종개념種概念이 등장하면 그 종개념은 상상想像이 그것을 구체화함으로써, 즉 구체적인 표상으로 나타냄으로써 개념과 구체적인 것의 갈등이 발생할 때 비로소 웃음을 유발할 수 있게 된다. 내 주장의 요점을 아주 명쾌하게 표현하자면, 모든 웃음은 누구나 인정할 수밖에 없는 대전제와 뜻밖의, 말하자면 겨우 속임수를 통해 유효하게 된 소전제를 가진 제1추론법*에 기인한다. 즉 이러한 결합으로 인해 결론은 웃음을 유발하는 성질을 띠게 되는 것이다.

나는 제1권에서는 이 이론의 설명을 위해 예를 동원하는 것은 불필요하다고 생각했다. 왜냐하면 그 일은 누구나 자기가 웃었던 기억들을 약간 되새겨 봄으로써 알 수 있다고 여겼기 때문이다. 그러나 항상 수동적인 자세만을 견지하려는, 정신적으로 게으른 독자들도 감안하여 내키진 않지만 나는 여기서는 그렇게 하려고 한다. 심지어 나는 이 제3판에서는 예를 많이 들려고 한다. 왜냐하면 나는 여기에 제시된 이론이야말로 그 수많은 과거의 시도들이 찾지 못하던 참된 웃음의 이론이며 키케로가 이미 제기한, 그러나 다루기를 포기한 문제의 최종적 해결이라는 것을 확실히 보여주고 싶기 때문이다.

다음의 경우를 보자. 각이 만들어지기 위해서는 연장했을 경우 서로 교차하는, 두 개의 서로 마주치는 직선이 필요하다. 그런데 접선은 원과 단 한 점에서만 만나며 이 점에서 그 접선은 사실 그 원과 평행하다. 그러므로 우리의 추상적 견지는 원과 접선 사이에서는 각이 만들어질 수 없다는 것을 확신한다. 그럼에도 불구하고 이제 우리가 그런 각처럼 보이는 것을 종이 위에서 본다고 하자. 그러면 우리는 십중팔구 싱긋 웃지 않을 수 없을 것이다. 물론

---

* 아리스토텔레스의 연역·귀납·변증·역설의 네 가지 추론법 중 연역법.

그것은 그리 웃기지는 않다. 그러나 바로 이런 경우야말로 웃음의 근원이 개념과 구체적인 것의 불일치에 있다는 사실을 극명하게 보여준다. 그런데 우리가 그런 불일치를 실제의 것, 즉 구체적인 것에서 개념으로 이동하면서 발견하느냐 아니면 반대로 개념에서 실제의 것으로 이동하면서 발견하느냐에 따라 그 불일치를 통해 발생한 웃긴 것이 재치 있는 농담이냐 아니면 난센스냐가 결정된다. 후자의 경우 정도가 심하면, 특히 실용을 추구하는 영역에서는 바보짓이 된다. 이것도 여기서 설명할 것이다.

  그러면 첫 번째의 경우, 즉 재치 있는 농담의 예를 보자. 우선 널리 알려진 가스코뉴 사람의 일화를 살펴보자. 그가 겨울 혹한에 가벼운 여름옷을 입고 있는 것을 보고 왕이 웃었다. 그러자 그는 왕에게 이렇게 말했다. "폐하께서는 제가 입고 있는 것을 입으신다면 매우 따뜻하게 느끼실 것이옵니다." 왕이 "무엇을 입고 있는데?"라고 묻자 그는 다음과 같이 대답했다. "제가 가진 모든 옷가지이옵나이다." 이 '모든 옷가지'라는 개념은 헤아릴 수 없이 많은 왕의 옷가지와 이 불쌍한 녀석의 단벌 여름상의를 모두 포함한다. 그러나 그것을 입고 떨고 있는 그의 모습은 그것이 그 개념과는 크게 불일치하는 것을 보여준다. 또 언젠가 파리의 한 극장에서 관객들이 '라 마르세예즈'의 연주를 요구하다가 자기들 뜻대로 안 되자 큰 소란을 일으켰다. 결국 제복 입은 경감이 무대에 나와, 프로그램에 없는 것을 극장에서 하는 것은 금지되어 있다고 밝혔다. 이때 한 사람이 이렇게 외쳤다. "그런데 경감님, 당신은 프로그램에 있나요?" 이 돌발 상황에 모두들 웃었다. 왜냐하면 여기서는 개념이 이질적인 것을 포함하고 있는 것이 명확하게 드러나 있을 뿐만 아니라 그 포함 또한 자연스럽게 이루어져 있기 때문이다. 아래의 격언시는 잠자는 양떼들을 지키는 목자의 개념에 모든 예배 참석자들을 잠들게 해놓고서도 계속 혼자서 떠드는 지루한 설교자를 포함시키고 있다.

바프는 성경이 말하는 충성된 목자다.
양떼가 잠들어도 그는 여전히 홀로 깨어 있다.

어떤 의사의 다음과 같은 묘비명도 이와 유사하다. "여기 영웅처럼 그가 누워 있다. 그리고 그의 주위에는 비명에 간 사람들이 누워 있다." 이것은 자기가 죽인 사람들에게 둘러싸여 명예롭게 누워 있는 영웅의 개념에 생명을 지켜야 할 의사를 포함시키고 있다.

개념만을 제시하는 단 하나의 표현으로 이루어진 재치 있는 농담은 아주 흔하다. 이때 그 개념이 갖춰야 할 조건은, 해당 상황을 포함할 수 있어야 할 뿐만 아니라 그 상황 외에 그 개념 아래 생각할 수 있는 것은 어느 것이나 그 상황에 매우 이질적이어야 한다는 점이다. 예를 들어 『로미오와 줄리엣』 중에는 아직은 살아 있지만 치명상을 입은 머큐시오가 아침에 자기를 찾아오겠다고 약속하는 친구들에게 다음과 같이 말하는 장면이 있다. "그래, 오게나들. 자네들은 말없는 사람, 곧 나를 보게 될 걸세." 이 '말없는 사람'이란 개념에는 '죽은 사람'이 포함되어 있다. 배우 운첼만

Unzelmann에 관한 널리 알려진 일화도 이런 종류다. 베를린 극장이 모든 즉흥연기를 엄격히 금지했을 때의 일이었다. 그가 말을 타고 등장하는 장면이 있었는데, 그가 막 무대에 나왔을 때 말이 똥을 쌌다. 관객들은 이미 웃음을 터뜨렸지만, 운첼만이 말에게 다음과 같이 말하자 그들은 훨씬 더 크게 웃을 수밖에 없었다. "너, 도대체 뭐하는 거야? 즉흥연기는 금지되어 있다는 걸 몰라?" 여기서는 보다 일반적인 개념에 이질적인 것을 포함시키고 있는 것이 매우 분명하게 나타난다. 이 재치 있는 농담은 매우 예리하며, 이것의 웃음 유발력誘發力은 매우 강하다. 또 1851년 3월, 할Hall에서 발행 되는 신문에 실린 다음의 기사도 이 경우에 속한다. "언급한 그 유 대인 사기단은 통상적인 호송조치 하에unter obligater Begleitung* 우리 에게 인도됐다." '경찰의 호송'을 음악 용어로 포괄한 것은 매우 절 묘하다. 그러나 이것은 이미 단순한 언어유희에 근접하고 있다.

반면에 자피르Saphir가 배우 앙엘리Angeli와 지상논쟁紙上論爭을 벌 이며 앙엘리를 "정신과 육체가 똑같이 큰 앙엘리"라고 지칭한 것 은, 전적으로 여기서 이야기하는 종류에 속한다. 이 경우 이 배 우의 왜소한 체구는 도시 전체가 다 아는 사실이었기 때문에, 그 '큰groß'이라는 개념은 아주 작은 것을 구체적인 것으로 포괄하게 된다. 이 자피르가 어떤 신작 오페라의 아리아를 "잘 아는 좋은 친 구"라고 부른 것도 마찬가지다. 그는 여기서 여느 경우라면 추천

---

*   여기서 'unter obligater Begleitung'은 '통상적인 호송조치 하에'라는 뜻과 '필수적인 반주
    (伴奏) 속에'라는 뜻을 동시에 갖는다.

사로 쓰였을 개념에 오히려 결점을 포함시키고 있다. 또 선물을
주어야만 호의를 보이는 숙녀에 대해 "그녀는 애교와 유용성^{utile}
^{dulci}을 결합할 줄 안다."고 말하는 것도 마찬가지다. 이것은 호라
티우스가 미학적 견지에서 추천한 원칙의 개념으로, 도덕적으로
저속한 것을 포괄하고 있다. 또한 유곽遊廓을 '조용한 기쁨의 소박
한 거처'라는 말로 암시하는 것도 마찬가지다.

　완전히 무미건조해지기로 작정한 점잖은 사회는 모든 분명한
언사言辭, 따라서 모든 노골적인 표현을 추방했다. 그래서 그들은
비윤리적인 것들 또는 어떤 종류든 추잡스런 것들을 지칭할 때는
완곡하게 표현하기 위해 일반적인 개념들을 사용하곤 한다. 그로
인해 이 일반적인 개념들은 다소간 이질적인 것을 포괄하게 된다.
그 결과 바로 그 이질성에 상응하는 만큼의 웃음유발 효과가 발생
한다. 위의 '애교와 유용성'은 바로 그런 경우다. 또한 다음의 경
우들, 즉 "그는 무도회에서 불쾌한 일을 당했다."라는 말로 매 맞
고 쫓겨난 것을, "그는 조금 과하게 마셨다."는 말로 술 취한 것을,
"그 여자에게는 약한 순간들이 있다고 한다."는 말로 간음하는 것
을 나타내는 것 등도 마찬가지다. 음담淫談도 역시 이에 속한다. 음
담에는, 그 자체로는 음란한 것을 전혀 내포하지 않지만 해당 상
황을 지칭하는 데 사용되면 성적인 표상을 유도하는 개념이 들어
있다. 음담은 매우 흔한 사회현상이다. 셴스톤^{Shenstone}이 치안판사
를 기리며 쓴 탁월한 묘비명은 실재했던 멋진 음담의 완벽한 전형
이다. 이것은 거창한 비문체碑文體로 고상하고 숭고한 것들에 대해
말하는 것처럼 보이지만, 그것의 각 개념들은 전혀 다른 어떤 것

을 포함한다. 이 사실은 전체를 여는 뜻밖의 열쇠 역할을 하는 마지막 단어에서 비로소 밝혀진다. 이때 독자는 자기가 읽은 것이 단지 아주 저속한 음담이었을 뿐인 것을 깨닫고 크게 웃음을 터뜨리게 된다. 그것을 여기에 번역해 놓는 것은 고사하고 그대로 인용하는 것조차도 이 단정한 시대에서는 절대 있을 수가 없는 일이다. 그러므로 그것을 보시려면 셴스톤의 시 중 「비문Inscription」을 찾으시기 바란다. 그런데 음담은 가끔 단순한 언어유희가 되어버릴 때도 있다. 본문은 이 단순한 언어유희에 대해서도 필요한 것을 언급하고 있다.

한편 모든 웃음 유발의 토대, 즉 다른 모든 면에서는 어떤 개념과 적절히 대응하지만 어떤 한 면에서는 그 개념에 이질적인 것을 그 개념으로 포괄하는 것이 의도하지 않게 일어날 수도 있다. 예를 들면 모든 점에서 백인을 모방하려고 애쓰는, 자유민 신분의 북미 흑인 중 한 사람이 죽은 아이를 위해 다음과 같이 시작하는 비문碑文을 만든 일이 최근에 있었다. "일찍 꺾인 사랑스런 백합화여!" 반면에 졸렬한 의도 하에 실제의 것, 구체적인 것을 그것에 정반대되는 개념으로 포괄하면 진부하고 범속한 반어反語가 만들어진다. 예를 들어 폭우가 쏟아지는데 "오늘 날씨 참 좋네!"라고, 신부가 못생겼는데도 "저 사람 참 예쁜 아내 얻었네!"라고, 악당에게 "이 신사"라고 말하는 경우들이 그것이다. 이런 것에는 아이들 또는 전혀 교육을 받지 못한 사람들이나 웃을 것이다. 왜냐하면 여기서의 개념과 실제의 불일치는 총체적인 불일치기 때문이다. 그러나 웃긴 것의 기본 성격, 즉 위에서 말한 불일치는 오히려 웃기기 위한 이런 단순한 과장에서 극명하게 드러난다.

그런데 이런 종류의 웃긴 것과, 과장 및 분명한 의도라는 면에서 어느 정도 유사한 것이 패러디다. 패러디의 방법은 진지한 시 또는 연극에 나타나는 사건 또는 말의 실체를 보잘것없는 저열한 사람들, 하찮은 동기 또는 행위에 의한 것으로 제시하는 것이다. 즉 패러디는 그것이 제시하는 범속한 현실을 해당 주제에 관한 기존의 고상한 개념 안에 포함시킨다. 그런데 이때 그것이 제시하는 현실은 어떤 면에서는 그 개념에 걸맞아야 하지만, 그 밖의 점에서는 그것과 매우 불일치해야 한다. 그렇게 되면 구체적인 것과 개념이 서로 매우 뚜렷한 대조를 이루게 된다. 패러디의 경우에는 널리 알려진 예들이 있다. 그러므로 나는 단지 하나만 들겠다. 그것은 카를로 고치Carlo Gozzi의 「조베이데Zobeide」 제4막 제3장에 나오는데, 여기서는 방금 서로 치고받고 싸우다가 지쳐 나란히 누워 있는 두 멍청이들로 하여금 아리오스토Ariosto의 유명한 스탠자, '오, 옛 기사들의 위대한 미덕이여' 등을 그대로 읊게 한다. 한편 독일에서는 진지한, 특히 실러의 시구를 일상적인 사건에 적용하는 것이 매우 유행인데 이것도 같은 종류다. 이것은 시구가 언명言明하는 일반적인 개념에 이질적인 것을 포함시키고 있음이 틀림없다. 다음의 예는 독창적이고 매우 재치 있다. 방금 결혼한 어떤 신부에게 마음이 끌린 어떤 사람이 그 젊은 부부에게 실러의 담시譚詩, 「보증Die Bürgschaft」의 결어를 인용해 다음과 같이 말했다.

부탁하노니 내가

너희 계약 속의 세 번째 사람이 되게 해다오.

이것은 강하고 불가피한 웃음 유발 효과를 나타낸다. 왜냐하면 그것은 실러가 고결한 도덕적 관계를 생각하라고 우리에게 제시한 개념을 금지된 비도덕적 관계에, 하지만 정확하게, 즉 아무런 수정 없이 적용함으로써 후자를 생각하도록 만들고 있기 때문이다. 여기서 든 재치 있는 농담의 예들을 보면 모두 어떤 개념 또는 일반적으로 말해 어떤 추상적인 생각에, 형식논리로는 그것에 포함되지만 그것의 본래의 의도나 방향과는 엄청나게 큰 차이가 있는 실제의 것을 직접적으로, 또는 보다 좁은 개념을 매개로 포함시키는 것을 알 수 있다. 그러므로 재치 있는 농담을 구사할 수 있는 정신적 능력이란 전적으로 각 해당 대상에 특별한 방식으로 대응하는 개념, 즉 그 해당 대상을 지칭할 수는 있지만 그 개념 안에 포함되는 다른 모든 대상들은 그 해당 대상에 매우 이질적인, 그런 개념을 쉽게 찾아내는 능력을 의미한다.

한편 두 번째 종류의 웃긴 것은 앞서 말했듯이 반대 방향으로, 즉 추상적인 개념에서 그것이 대변하는 실제의 것 또는 구체적인 것으로 진행한다. 이때 후자는 그동안 숨어 있던, 전자와의 어떤 불일치를 드러낸다. 그 결과 어리석음이, 그리고 그것이 실행되었을 경우에는 바보 같은 행위가 발생한다. 그런데 연극에서는 행위가 필수적이므로 이런 종류의 웃긴 것은 희극의 본질을 이룬다. 볼테르가 "연극에서 보건대, 착각만큼 모든 사람의 그런 폭소를 자아내는 것은 거의 없는 것 같다."라고 말한 것도 이에 기인

쇼펜하우어가 그린 여백삽화

한다. 이런 종류의 웃긴 것들의 예는 다음과 같다. 어떤 사람이 자기는 혼자서 산책하는 것을 좋아한다고 말했다. 그러자 한 오스트리아인이 그에게 말했다. "혼자 산책하는 것을 좋아하신다고요? 나도 그래요. 잘 됐네요. 우리 같이 산책하면 되겠네요." 이 오스트리아인은 '취미가 같으면 같이 즐길 수 있다'라는 개념에서 출발하여 그 개념에, 바로 그렇게 어울리는 것을 배제하는 경우를 포함시키고 있다. 또 주인의 닳아빠진 해표海豹 가죽 트렁크에 다시 털이 나도록 마카사르 향유를 바르는 하인도 마찬가지다. 이때 그는 '마카사르 향유는 털이 자라도록 만든다'라는 개념에서 출발하고 있다.

또 다음의 경우도 마찬가지다. 위병실衛兵室에 한 피구금자被拘禁者

가 수감되었다. 그런데 거기 있던 군인들은 그를 자기들의 카드놀이에 끼워 주었다. 그러나 그가 속임수를 쓰자 다툼이 일어났고, 군인들은 그를 내던져 버렸다. 이때 그들은 '나쁜 녀석은 내던져 버려라!'라는 일반적인 개념에 따라 행동했다. 그러나 그들은 이때 그가 동시에 피구금자, 즉 자기들이 잡아두고 있어야 할 사람이라는 것을 잊고 있다. 또 돈키호테의 대부분의 행동들도 여기에 속한다. 이는 그가 기사소설騎士小說들에서 가져온 개념들의 시각으로 현실을 보지만, 그 개념들과 현실은 서로 매우 이질적이기 때문이다. 예를 들어 그는 억압받는 사람들을 돕기 위해 갤리선 노예들을 해방한다.

또한 모든 뮌히하우젠 이야기들도 사실 여기에 속한다. 다만 그것들은 실제로 일어난 사건들이 아니라 실제로 일어난 것처럼 독자들이 믿게 만든, 있을 수 없는 사건들이라는 점이 다를 뿐이다. 그것들이 제시하는 사건들은 항상 다만 추상적으로, 즉 비교적 선험적으로 생각했을 때만 가능하고 설득력 있게 보인다. 그러나 나중에 각각의 경우를 현실적으로 직관하면, 즉 후험적後驗的으로 보면, 사건의 허무맹랑함, 가설의 황당무계함이 분명히 드러나 직관된 것과 추상적인 것의 확연한 불일치로 웃음을 일으킨다. 예를 들면 우편마차의 나팔 속에 얼어붙은 선율을 따뜻한 방 안에서 녹인다든지, 혹한에 나무 위에 앉아 있던 뮌히하우젠이 자기가 떨어뜨린 칼을 얼어버린 자신의 오줌줄기에 붙여 끌어올린다든지 하는 등등이다. 또한 밤에 격벽隔壁을 부수고 들어와 맹렬히 싸우다가 서로 잡아먹어 아침에는 꼬리 두 개만 남았다는 두 사자 이야기도 이런 종류다.

한편 웃음을 유발하는 것들 가운데는 구체적인 것을 포괄하는 데 사용된 개념이 명시적으로 언급되거나 암시되지 않고, 연상 작용에 의해 의식에 저절로 떠오르는 경우들도 있다. 예를 들어 개릭Garrick은 비극 연기를 하다가 1층 관객석의 앞쪽에 서 있던 정육점 주인이 땀을 닦기 위해 자신의 가발을, 앞발을 난간에 올려놓은 채 무대를 바라보던 자기 개의 머리 위에 잠시 씌워 놓은 모습을 보고 웃음을 터뜨렸다. 이는 개릭이 '관객'이라는 개념을 추정적推定的으로 전제했기 때문이다. 원숭이, 캥거루, 토끼 등의 동물들이 우리에게 때때로 우습게 느껴지는 것도 바로 그 때문이다. 즉 그 동물들은 인간을 연상시키는 면을 갖고 있고 그 때문에 우리는 그 동물 형상들을 인간 형상의 개념 안에 포함시키게 되며, 다시 이 개념을 전제로 그 동물 형상들과 인간 형상 사이의 불일치를 깨닫게 된다.

한편 직관과 뚜렷한 불일치를 보임으로써 우리에게 웃음을 유발하는 개념들은 다른 사람의 개념들이든지 또는 우리 자신의 개념들이다. 첫 번째의 경우 우리는 다른 사람에 대해 웃는다. 반면 두 번째의 경우에는, 우리는 종종 기분 좋게, 또는 적어도 재미있어하며 놀란다. 그래서 아이들이나 조야粗野한 사람들은 가장 사소한, 심지어는 좋지 않은 우연에도, 그것이 자기들이 예기치 못한 것이었다면, 즉 자기들의 선입견이 착각이었다는 것을 확인시켜 주었다면 웃는다.

대개 웃음은 유쾌하다. 다시 말해 생각과 직관된 것, 즉 현실 사이의 불일치를 깨닫는 것은 우리에게 기쁨을 주고, 우리는 그런 깨달음이 유발하는 발작적 요동에 기꺼이 몸을 맡긴다. 그 이유는 다음과 같다. 직관과 생각 사이의 그런 대립이 갑자기 드러나면 항상 직관이 분명히 옳다고 인정받게 된다. 왜냐하면 직관은 착각의 가능성이 전혀 배제된 영역이며, 외부로부터의 증명을 필요로 하지 않을뿐더러 명증적明證的이기 때문이다. 직관과 생각 사이의 갈등은 근본적으로는, 추상 개념들로 이루어진 생각은 직관 세계의 무한한 다양성과 섬세한 차이들을 반영할 수 없다는 사실에 기인한다. 사고에 대한 직관 인식의 이 승리는 우리를 기쁘게 한다. 왜냐하면 직관은 원초적인 동물적 본성에 내재하는 인식 방식이기 때문이다. 의지에 직접적인 만족을 주는 모든 것은 이 방식으로 제시된다. 즉 그것은 현재, 향유享有, 기쁨의 매체다. 또한 직관에는 노력이 필요치 않다. 그러나 사고는 정반대다. 그것은 두 번째 층위層位의 인식 능력이다. 이것을 행사하는 데는 몇 가지, 종종 상당한 노력이 필요하다. 또한 사고의 개념들은 종종 우리의 직접적 욕구충족에 이의를 제기한다. 왜냐하면 그것은 과거, 미래, 진지성의 매체로서 우리의 우려, 후회 그리고 모든 걱정의 전달자 역할을 하기 때문이다. 그러므로 이 엄격하고 지칠 줄 모르는 성가신 가정교사인 이성의 허점을 드디어 한번 확인해 보는 것은 유쾌한 일이 아닐 수 없다. 웃음의 표정이 기쁨의 표정과 매우 닮아 있는 것도 그 때문이다.

한편 동물은 이성, 즉 일반개념이 없기 때문에 언어를 구사하지 못하는 것처럼 웃지도 못한다. 그러므로 웃음은 인간의 특권이며 특징이다. 그러나 말하는 김에 말하자면 인간의 유일한 친구인 개도 인간과 유사한 특유의 특징적 행동을 하며, 그 점에서는 다른 모든 동물들보다 더 뛰어나다. 그것은 그토록 정감 넘치고 호의적이며 진심어린 꼬리치기다. 개의 이 본능적 인사는 인간의 절이나 예를 표하는 히죽 웃음에 비해 얼마나 기분 좋은가? 그것은 적어도 그 당시에는 진심어린 우정과 신의라는 점에서 인간의 인사말보다 천 배는 더 믿을 만하다.

웃음 또는 농담의 반대는 진지함이다. 따라서 진지함의 본질은 개념 또는 생각과 직관 또는 현실이 완벽하게 합치 혹은 일치한다는 의식이다. 진지한 사람은 자기가 사물을 있는 그대로 생각하며, 사물은 자기가 그것을 생각하는 대로라고 확신한다. 아주 진지하다가도 갑자기 웃음을 터뜨리는 일이 특히 쉽게 일어나며, 별것 아닌 것으로도 그렇게 만들 수 있는 것은 바로 그 때문이다. 즉 진지한 사람이 믿고 있는 그 일치성은 완벽하게 보였을수록 더 쉽게, 예기치 않게 드러나는 사소한 불일치에 의해서도 뒤집힐 수 있다. 그러므로 온전히 진지해질 수 있는 사람일수록 더 유쾌하게 웃을 수 있다. 항상 억지로 부자연스럽게 웃는 사람은 지적으로나 도덕적으로나 가벼운 사람이다. 일반적으로 말해 웃는 방식 그리고 다른 한편 웃음의 동기는 한 사람의 특성을 매우 잘 나타낸다. 한편 음담의 빈발頻發이 증명하듯, 성적性的 주제는 가장 쉽고 항상 이용 가능하며 가장 어설픈 재치로도 효과를 낼 수 있는 농담 소재다. 이것은 성적 주제만큼 심각하고 진지한 주제도 없다는 사실을 반증한다.

우리의 행위 또는 진지한 말에 대해 다른 사람들이 웃을 경우 우리가 그것을 매우 신랄한 모욕으로 느끼는 이유는, 그 웃음이 "당신의 개념들과 객관적 현실 사이에는 엄청난 불일치가 존재하고 있다."는 메시지를 전하고 있기 때문이다. '웃긴'이라는 술어가 모욕적인 이유도 그 때문이다. 또한 참된 비웃음은 패한 적수에게 그가 품고 있었던 개념들이 이제 그의 앞에 드러난 현실과 얼마나 불일치했었는지를 의기양양하게 외쳐 알리는 것이다. 또 경악스런 진실이 밝혀짐으로써 우리가 의심 없이 품어왔던 기대들이 무너질 때 우리가 웃는 쓴웃음은, 우리가 인간과 운명에 대한 어리석은 믿음 속에 품어왔던 생각들과 드디어 드러난 현실 사이의 불일치를 이제 발견했다는 사실을 생생하게 나타내는 표현이다.

농담은 의도적으로 웃기려 한다. 즉 그것은 다른 사람의 개념들과 현실 중 하나의 위치를 이동시킴으로써 그 둘 사이에 괴리가 생기도록 하려 한다. 반면에 그 반대인 진지성은 그 둘이 서로 정확히 대응하도록 적어도 노력하는 것을 의미한다. 그런데 농담이 진지성 뒤에 숨어들면 반어가 만들어진다. 이것은 예를 들어 우리가 우리의 견해와는 정반대인 다른 사람의 견해를 진지하게 논하는 척, 그와 의견을 같이하는 척하다가 결국 결론에 가서는 그가 우리의 진의와 자기 견해의 타당성에 대해 어리둥절하게 만드는 경우다. 소크라테스는 히피아스, 프로타고라스, 고르기아스 및 다른 궤변가들에게 뿐만 아니라 일반적으로 자신의 대화 상대들에게 종종 그런 태도를 취했다. 한편 위의 설명에 비추어 볼 때 반어의 역은 농담 뒤에 숨은 진지성일 것이다. 그것이 유머다. 유머는 반어의 이중대위법이라고 할 수 있다. 한편 "유머는 유한과 무한의 상호침투다."와 같은 설명들은, 그런 공허한 미사여구들에 만족하는 자들의 전적인 사고력 부재를 나타낼 뿐이다. 반어는 객관적이다. 즉 다른 사람을 겨냥하고 있다. 반면에 유머는 주관적이다. 즉 우선은 자기 자신만을 위한 것이다. 따라서 반어의 걸작들은 고대에, 유머의 걸작들은 요즘에 만들어졌다. 왜냐하면 자세히 보면 유머는 주관적이지만 진지하고 고상한 감정에 기반을 두고 있기 때문이다. 이 감정은 그것과는 매우 이질적인 범속한 세상과 어쩔 수 없이 갈등을 빚지만 세상을 피할 수도, 그렇다고 스스로를 포기할 수도 없다. 그래서 그것은 자기 자신의 의견과 세상을 중재하기 위해 그 둘을 동일한 개념들로 대변시키려 한다. 그 결과 이 개념들은 이중적으로, 즉 때로는 이편에서 때로는 저편에서 그것들이 대변하는 실재와 불일치하게 된다. 이 때문에 유머는 의도적으로 웃기려는 것, 즉 농담이라는 인상을 준다. 그러나 유머의 농담은 그 뒤에 숨어 있는 매우 깊은 진지성을 암시한다. 반어가 심각한 표정에서 시작하여 미소로 끝나는 반면 유머는 그 반대다. 앞서 이미 언급한 머큐시오의 대사도 유머의 한 예다.

『햄릿』에 나타나는 다른 예들을 보자.

폴로니우스: 저하殿下, 소인은 이만 물러가겠사옵나이다. 허락해 주십시오.

햄릿: 그대에게 그것보다 더 기꺼이 주고 싶은 것은 없습니다. 내 목

숨을 빼고는요, 내 목숨을 빼고는요, 내 목숨을 빼고는요.

그 후 궁정에서 연극이 시작되기 전에 햄릿은 오필리아에게 다음과 같이 말한다.

햄릿: 당연히 기뻐해야 하는 것 아닙니까? 아버지가 돌아가신 지 두 시간밖에 안 됐는데도 어머니는 저렇게 즐거워하시는데.

오필리아: 두 달의 두 배가 지났사옵니다, 저하.

햄릿: 그렇게나 오래됐어요?! 아이, 그럼 마귀나 계속 검은 옷을 입고 다니라고 해야겠다. 나는 산뜻한 옷을 만들어 달라고 해야지.

또한 장 파울의 『티탄Titan』에서는 생각이 많아진 쇼페Schoppe가 자기 자신에 대한 사색에 잠겨 자기 손을 종종 쳐다보며 "여기 한 남자가 실제로 앉아 있다. 그리고 나는 그 남자로서 앉아 있다. 그런데 이와 같은 그는 도대체 누구인가?"라고 혼잣말을 한다.

한편 하인리히 하이네Heinrich Heine는 『로만세로Romancero』에서 유머작가의 진면목을 보여준다. 우리는 그의 모든 농담과 익살 뒤에서 위장 없이 나타나기를 꺼리는 깊은 진지함을 발견한다. 위의 예들에서 살펴볼 때 유머는 특별한 종류의 기분(아마도 태음성太陰性 기분)에 기반을 두고 있다. 그것의 개념은 어떤 형태에서도 항상 주관이 객관을 확연히 압도하는 세계관을 대변한다. 따라서 배후에 어떤 진지한 생각이 숨어 있다는 것을 암시하는, 문학과 예술의 희극적 장면묘사는 심지어 익살스런 장면묘사를 포함하여 모두 유머의 산물이며 따라서 유머러스하다. 그 한 예가 티슈바인 Tischbein의 한 채색화다. 그것은 완전히 비어 있는 방 하나를 묘사한다. 그 방의 유일한 조명은 벽난로의 장작불이다. 그 앞에 조끼를 입은 한 사람이 서 있다. 그리고 그의 발에서 시작된 그의 그림자는 방 전체에 뻗쳐 있다. 티슈바인은 이 그림을 다음과 같이 해설했다. "이 사람은 세상에서 무슨 일을 하든 실패했고, 아무것도 이루지 못했다. 그러나 그럼에도 불구하고 자기가 이렇게 큰 그림자를 드리울 수 있다는 것에 대해 그는 지금 기뻐하고 있다." 이 농담 뒤에 숨어 있는 진지성을 가장 적절한 말로 표현한다면 아마도 페르시아의 시인 안와리 소헤일리Anwari Soheili의 시에서 발췌한 다음의 시구 같을 것이다.

세상을 잃었어도
슬퍼하지 말라. 그것은 아무것도 아니니까.
세상을 얻었어도
기뻐하지 말라. 그것은 아무것도 아니니까.
고통과 기쁨은 덧없으니
세상을 지나쳐 가라. 그것은 아무것도 아니니까.

오늘날의 독일 문헌에서는 '유머러스한humoristisch'이라는 말이 대개 일반적인 '익살스러운komisch'의 의미로 쓰이고 있는데 이는 사물에, 그것에 걸맞지 않은 더 고상한 이름, 즉 그것보다 더 고급스런 종류의 이름을 부여하려는 한심한 병적 욕망에 기인한다. 그래서 모든 여관은 호텔로, 모든 환전업자는 금융업자로, 모든 곡마사 천막은 서커스로, 모든 음악회는 음악 아카데미로, 상인의 회계실은 사무실로, 도공陶工은 점토 예술가로, 또한 이에 따라 모든 어릿광대는 유머리스트로 불리고 싶어 한다.

'유머Humor'라는 단어는 영국인들에게서 유래한 차용어다. 이 차용의 목적은 영국인들이 가장 먼저 인지한, 매우 독특한, 심지어는 위에서 보인 대로 고상함과 긴밀한 관계에 있는 어떤 우스운 것의 일종을 특정하고 지칭하기 위함이다. 그러므로 그 말로 모든 익살, 모든 해학을 지칭해서는 안 된다. 그럼에도 불구하고 지금 독일의 문필가들과 학자들은 아무 이의 제기도 받지 않고 관행적으로 그렇게 하고 있다. 왜냐하면 자신들의 독자들에게 영합하려고 모든 것을 통속화, 천박화 하는 그들은 우스움과 고상함이 변종變種으로 독특한 정신적 태도를 가진, 그것들 사이의 자식子息인 유머의 참된 개념은 독자들에게는 너무 미묘하고 어려울 것이라고 생각하기 때문이다. 따라서 기품 있는 '이 시대'의 보편적 표어는 '고상한 말과 속된 의미'다. 그래서 예전에는 어릿광대라고 부르던 사람을 지금은 유머리스트라고 부른다.

독설마저도 기품 있는 유머로 승화시킨 대 문장가

이 책은 쇼펜하우어의 논문, 편지 등에서 발췌한 인용문들을 모아놓은 일종의 편람이다. 이것은 그의 철학을 체계적으로 소개하려는 것이 아니라 일상사, 철학, 예술, 성性, 정치, 종교 등의 주제별로 유머, 위트, 풍자가 돋보이는 재미있는 구절들을 단편적으로 나열하고 있다. 이런 의미에서 저자 랄프 비너Ralph Wiener는 이 책의 저술가라기보다는 오히려 편집자다. 반면에 부록으로 수록된 「웃음론」은 쇼펜하우어가 웃음의 본질에 대해 자신의 견해를 제시하는 진지한 고찰이다. 어떤 분들은 이 소논문에서 프로이트Freud가 쓴, '위트'에 관한 저술의 기본 사상을 발견할 수 있을 것이다.

이 책에서는 쇼펜하우어 철학의 핵심인 '의지'의 형이상학이 외견상 초점 밖으로 밀려나 있는 듯이 보이지만, 실제로는 모든 단상斷想들의 뿌리로서 그것들에 통일성을 부여하고 있다. 이 때문에 나는 이 책을 통해 쇼펜하우어의 글을 처음 접하는 분들도 그의 사상이 어쩐지 매우 친숙하게 느껴질 것이라고 생각한다. 그 이유는 쇼펜하우어의 다음과 같은 자기 인식에서 찾을 수 있다.

"부처와 에크하르트Eckhard 그리고 나는 본질적으로 동일한 것을 가르친다. 그러나 에크하르트가 기독교 신화의 굴레를 쓰고 그렇게 하는 반면 불교에서는 동일한 사상이 그런 신화에 의해 위축되지 않고 나타난다. 그러나 불교의 단순성과 명료성은 종교가 가질 수 있는 명료성의 한계를 벗어나지 못한다. 반면 나의 철학에서는 그것이 전적으로 명료하게 나타난다.”

즉 그의 사상의 기저는 불교 철학인 것이다. 그러나 다른 한편 나는 아직 에크하르트의 저술을 읽어본 적이 없기 때문에, 위의 말이 에크하르트와 관련해서도 타당한지는 알 수 없다. 만일 타당하다면, 예수 그리스도를 믿는 나로서는, 에크하르트의 가르침은 성경의 가르침과 다르다고 말할 수밖에 없다. 왜냐하면 내가 보기에는 ‘개체화의 원칙’에 따라 현상으로 나타난다는 의지의 일원론인 쇼펜하우어 철학, 따라서 또한 불교는 일종의 범신론이기 때문이다. 즉 주·객 분열을 통해 자신을 인식하는, 유일한 실체이면서 동시에 충동적인 존재인 ‘의지’는 신일 수밖에 없다.

이 범신론은 ‘너 자신이 곧 신이다’라고 말한다. 그러므로 여기서는 죄 없는 존재가 죄를 담을 수 있는 그릇, 즉 시공 속의 구체적인 인간이 되어 다른 인간들의 죄를 대신 지고 갈 필요가 없다. 왜냐하면 구원을 위해 필요한 것은 다만 ‘내가 곧 신’이라는 깨달음뿐이기 때문이다. 따라서 여기서는 예수가 기껏해야 그것을 먼저 깨달은 사람들 중 하나로밖에는 자리매김될 수 없다. 이런 주장에 대해 성경은 다음과 같이 말한다.

내가 이 말을 하는 것은 속이는 자들이 세상에 많이 나타났기 때문입니다. 그들은 예수 그리스도께서 사람의 몸으로 오셨다는 것을 인

정하지 않습니다. 이런 자는 속이는 자이고 그리스도의 적입니다. (요한 2서 1장 7절)

한편 성경도 인간이 신성divine nature에 참여할 수 있다고 말한다 (베드로 후서 1장 4절). 그러나 그것은 성령 침례를 통해 그리스도 안으로 들어가 그분의 인성人性(로마서 8장 3절 참조)과 하나가 되어 그분의 죽음과 부활에 참여함으로써 그분이 인류의 죗값을 대신 치르셔서 얻어진, 죄로부터의 해방과 새 생명을 자기 것으로 만듦으로써만(로마서 6장 3~7절) 가능한 일이다. 왜냐하면 하나님과 하나가 되기 위해서는 하나님이신 동시에 인간이시며 또한 성자로서 성부와 하나이신 그리스도와 하나가 되는 것 외에는 다른 길이 없다는 것이 성경의 가르침이기 때문이다.

이런 근본적인 입장 차이에도 불구하고 나는 독설마저도 기품 있는 유머로 승화시킨 이 대 문장가의 예리한 통찰력에 번역작업 내내 매료되었다. 나는 독자들도 그것을 함께 느낄 수 있기를 바랐다. 그 의도가 얼마나 구현됐는지는 독자 여러분이 판단해 주길 바란다.

최홍주

유쾌하고 독한 쇼펜하우어

초판 1쇄 발행 2024년 3월 28일

지은이 랄프 비너
옮긴이 최홍주
펴낸이 김형성
펴낸곳 (주)시아컨텐츠그룹
책임편집 강경수

주소 서울시 마포구 월드컵북로5길 65 (서교동), 주원빌딩 2F
전화 02-3141-9671
팩스 02-3141-9673
이메일 siaabook9671@naver.com
등록번호 제406-251002014000093호
등록일 2014년 5월 7일

ISBN 979-11-88519-44-6 [03160]

책값은 뒤표지에 있습니다.
잘못되거나 파본된 책은 구입하신 서점에서 교환해 드립니다